臺灣歷史與文化 研究輯刊

八 編

第 8 冊

臺灣「贌社」制度始末
及其社會研究(1642～1737)

邵 玉 明 著

花木蘭文化出版社

國家圖書館出版品預行編目資料

臺灣「贌社」制度始末及其社會研究（1642～1737）／邵玉明
著 -- 初版 -- 新北市：花木蘭文化出版社，2015〔民104〕
目 4+210 面：19×26 公分
（臺灣歷史與文化研究輯刊 八編；第 8 冊）
ISBN 978-986-404-434-4（精裝）
1. 臺灣原住民 2. 招標制度 3. 荷據時期
733.08   104015135

ISBN-978-986-404-434-4

9 789864 044344

臺灣歷史與文化研究輯刊

八 編 第 八 冊　　　　　ISBN：978-986-404-434-4

臺灣「贌社」制度始末及其社會研究（1642～1737）

作　　者　邵玉明
總 編 輯　杜潔祥
副總編輯　楊嘉樂
編　　輯　許郁翎
出　　版　花木蘭文化出版社
社　　長　高小娟
聯絡地址　235 新北市中和區中安街七二號十三樓
　　　　　電話：02-2923-1455／傳眞：02-2923-1452
網　　址　http://www.huamulan.tw 信箱 hml 810518@gmail.com
印　　刷　普羅文化出版廣告事業
初　　版　2015 年 9 月
全書字數　179601 字
定　　價　八編 29 冊（精裝）台幣 58,000 元

臺灣「贌社」制度始末
及其社會研究（1642～1737）

邵玉明　著

作者簡介

邵玉明，臺灣臺中市人，東海大學中文系畢業，逢甲大學中國文學研究所碩士班畢業，逢甲大學中國文學研究所博士候選人。學術研究領域「唐詩研究」與「臺灣古典詩學研究」。民國 100 年～民國 103 年參與「臺灣文學館臺灣古典詩箋釋計畫」，現職逢甲大學中文系兼任講師。

提　　要

　　從荷蘭殖民時代 1642 年決議執行「贌社」制度開始，遞沿至明鄭及清治康、雍時期繼承與變革，最終於乾隆二年走入歷史，跨越三個歷史時期「贌社」制度隨著時代轉變，它本身有著各時代演變下的不同內涵，而對原住民社會有著不同的影響，「贌社」不應只是被單一性的解釋與論斷。本論乃欲藉由這樣的一個賦稅制度的分析研究，透過古典文獻數據的爬梳與統計法的運用，進行三個時期，「贌社」制度的連繫與分析異同，建構「贌社」制度發展及演變過程，並透過制度遷變及文人們的傳統詩文創作及方志等文獻的記錄，對於「贌社」制度相關論述、創作進行整理分析與連結。早期臺灣原住民在沒有自己的文獻紀錄，在此百年制度以及文獻的分析建構下，並以詩文中反映原住民社會的各種情狀作為輔證，在此「贌社制度」執行的過程中，體現出原住民社會所面臨的實際境遇，及在不同時期所面臨的問題。

目次

表目次

圖目次

第一章　緒　論

第一節　研究動機

　　十六世紀至十七世紀大航海時代揭開西方世界進入東方從事殖民及貿易
的先聲。臺灣正位於東亞海道上之樞紐位置位，當西方之西班牙人、葡萄牙
人及荷蘭人，進入東南亞分據建立殖民地後，爲擴大與中國日本間的貿易，
這使西方人稱爲「福爾摩莎」的臺灣在海上交通的地位上越發顯得重要。不
只西方人覬覦，連日本之豐臣秀吉也一度思考侵略「臺灣」這個日本所稱之
「高山國」〔註1〕之地。當然，豐臣秀吉並沒有逐其願望，而明王朝沈有容率
軍打擊東南海盜勢力，親歷臺灣，當時稱之爲「東番」〔註2〕，陳第隨軍來臺，
創作了第一篇描述臺灣的文學作品〈東番記〉。當時島上原住民村社分立，臺
灣不屬於任何國家，但也不成爲國家。1604 年沈有容諭退荷蘭人入據澎湖。
1624 年荷蘭轉進在臺灣島上，並且逐步拓展勢力建立殖民政權，也讓臺灣的
歷史發展，進入這些殖民者爲中心的陳述與詮釋角度。從西荷的殖民統治，
接續以「反清復明」爲職志的鄭氏東寧政權，到清康熙二十二年（1683），施
琅領兵克澎湖後終結鄭氏王朝，臺灣正式納歸大清國版圖，臺灣歷史命運就
這麼和中國相連在一起。歷史隨政治舞台的起落遷變。原本的主人「原住民」，

〔註1〕〈豐臣秀吉の臺灣島招諭計畫書〉，《臺北帝國大學文政學部史學科研究年
　　　　報》，第 7 輯，1941；許雪姬、薛化元、張淑雅等撰文：《臺灣歷史辭典》，（臺
　　　　北市：文建會），民 93，頁 1319。
〔註2〕見陳第〈東番記〉，收錄於沈有容：《閩海贈言》，（文叢本第 56 種），頁 439。

　　由於在政治與文化、經濟均處於弱勢之下，原住民成為被統治的一群，被動接受不同統治文明的洗禮。

　　臺灣原住民由於脫離政治的中心，文化居於弱勢，以致於歷史的詮釋角度，完全偏向解釋記錄這些統治者在臺灣的發展脈絡。臺灣原住民的歷史發展，淪為附庸，甚至根本忽略不記。這樣的結果，造成原住民除了缺乏以自己文字的歷史記憶之外，原住民實際所面臨的問題也一同湮滅，僅剩統治者以其自我為中心的統治興衰描述以及對臺灣原住民的零散片斷的描述與紀錄，這些成為勾勒臺灣原住民歷史的材料。但藉由統治者的嬗變，歷史的陳述也藉統治臺灣的政治實體來劃分臺灣的歷史進程，因此從西荷時期、明鄭時期、接續清治而後日治時期，明顯的，歷史的進程以政治統治實體來區隔時代的演變，偏向以政治為中心的興衰轉變論述，而原住民的史證資料更趨貧乏。

　　在外力文化強力侵入之下，原始樸素的臺灣原住民社會所遭受到的衝擊，當然不難想像。沒有文字記錄的原住民，相較於文化成熟的外來政治實體，很明顯的，歷史描述中心是荷蘭人，是漢人，是日本人，紀錄是來自統治者的文字，是來自統治者的思想，傳遞統治者的文化進入臺灣，數百年過去而視之為常態。但在臺灣立基的原住民族，原本生活的空間場域，村社林立於平原之上，過著以獵以漁的生活著。當統治者著眼於經濟貿易的利益，輸出鹿皮鹿肉，開發水利農業讓鹿場成桑田，大量的移墾者開發，漢人視之為「篳路藍縷」，實際上卻是侵蝕原本原住民的生活空間，剝削原住民的經濟利益與土地的行為。

　　「瞨」這一個原為荷蘭時期殖民地經濟管理的制度，其最初本質並非針對臺灣原住民，但經歷明鄭時期，逐漸產生質變，清領之初「瞨社」成為臺灣經濟稅收的重要來源之一，與其原本制度初始有著截然不同的目的。並在經歷百年的之後，於清乾隆年間劃下句點，但對原住民社會造成嚴重的衝擊。原住民本身並無文字史料，藉由統治政權的紀錄中，我們雖可以發掘到制度執行所殘存之「數據」，但也無法表示出原住民社會的情緒反應與意見。從荷蘭時期開始，漢人就參與制度其中，甚至壟斷。政權的更替，雖然瞨社制度的持續，名稱不變，而本質大有不同。據此「瞨社」不應只是被單一性的解釋。它本身有著時代演變的不同內涵。清領時期繼承了此一制度也終結了這一制度，當然也遺留下來不少數據資料，然而數據終究無法理解現實制度的

內涵，也無法從原住民本身去理解原住民社會的血肉。為釐清這現實，必須從臺灣文獻之中加以爬梳諸多牽涉「贌社」這問題，即從最初的制度建立到期演變過程與結束，不論是紀錄、遊記、詩歌、政論、制誥等等，這些臺灣古典文獻之中理清其脈絡與變動，並配合統計數據加以分析整理。

　　在臺灣原住民研究進入以人類學、語言學、考古學等多元方式探源與分類研究，臺灣古典文獻中的原住民主題他強調的是一種以他文化對於臺灣原住民社會的統治紀錄。不論他出自於經濟、教育、政治管理或者觀風、記異之紀錄等目的，雖然不出於原住民本身，卻能體現臺灣原住民的社會的觀察描述，凸顯出無文字記錄的原住民，藉由這樣的文獻紀錄保留了從西荷時期以降的原住民社會樣貌。然「贌社」制度起於西荷時期而終於清領，統治者進入臺灣之後加諸於臺灣原住民社會的制度，本論文欲藉由這百年制度的發展過程透過以文獻的解析，理解「贌社」制度百年之間的變動與「贌社」制度執行對臺灣原住民社會所造成的社會影響。當漢人拓墾臺灣土地我們可以說先民來臺可謂「篳路藍縷，以啓山林」〔註3〕，但對於原本「鹿場乃番窟，乃化良田疇」〔註4〕的原住民而言是何等無辜，是何等無奈的去面對這樣被蠶食鯨吞掉土地的現實。而體現在原住社會又是何等景況，生活空間被壓縮，經濟來源減少，所繳納之稅賦不減，當然會直接影響到其實際生活。本論文的研究，正是為這樣的制度下，原住民社會隨著制度變遷與修正的實際反映，呈現百年制度下的原住民社會情況。並希望藉由本論題之研究，有助於當今社會在原住民政策的制定與執行、影響的借鑑。

第二節　研究方法

　　臺灣原住民本身族群複雜又無文字，沒直接的文獻紀錄，「贌社」制度反映出原住民被動接受統治而無法發聲。為能清楚瞭解其始末還原制度發展及建構贌社發展脈絡是基礎工程。對於臺灣「原住民」社會的寫真，散見於日記、方志、個人文集、詩歌、政論、奏議詔令等文獻中，或牽涉或以主題加以陳述或抒情。當然其中牽涉「贌社」相關的內容解析與建構脈絡重組，才能還原原住民在此制度下的真實情境。對於原住民研究而言這些日記、方志、

〔註3〕連橫：《台灣通史。台灣通史序》（台北市：臺灣銀行經濟研究室），頁15。
〔註4〕孫元衡：《赤嵌集》，卷四戊子，（台北市：臺灣銀行經濟研究室），頁70。

個人文集、詩歌、政論、奏議詔令，或牽涉或以主題加以陳述或抒情的詩文，不以文學作品視之，而是以載記原住民社會的文獻來觀察探討。將在不同的時空環境下的主觀創作，抽離文獻作者主觀的好惡，呈現出客觀的「制度」現實。過度強調某種主義、某種理論去鋪陳臺灣原住民社會現象，則將成為一種片面的解讀，反而失去原住民本無主體的客觀現實與重構其社會的意圖。因此，筆者擬依循下列方法進行本論題研究：

一、圖表說明

統計數據的爬梳與建構對比數據圖表。統計學乃為是在對不確定的情況下，提供人們做出決策的科學，其過程包括資料的蒐集、整理、陳示、解釋與分析。一般將統計學的範圍區分為敘述統計（description statistics）與推論統計（inferential statistics）兩類。所謂敘述統計乃包括統計方法中的蒐集、整理、分析及解釋資料等步驟，即僅就統計資料本身特性的描述。至於根據分析結果，進而推論某些事實現象者，則屬於推論統計的範圍。本論即參考統計學所賦於統計數據的意義及精神，爬梳文獻所列數據，建立統計圖表，而使存在於文獻資料中的紀錄數據變得有意義，並透過不同時代的統計圖表的示意，作為論述「贌社」變動因果關係及論證的依據。

二、回歸文本

將「贌」這制度用於臺灣原住民始於荷蘭時期，明鄭繼之，而康熙統一之後沿用此一制度，而最終終結於乾隆二年。制度之始末相沿百年之久，經歷臺灣歷史三個時期。其牽涉荷蘭文獻與明清臺灣文獻典籍之載記。不論是為殖民利益或者抗清資源，或者政治管理、土地開發、風俗理解，對臺灣這片土地探索都留下許多觀察與謳歌的紀錄。這些古文書、方志、文人見聞作品、繪畫圖籍便成為可資理解原民社會的史料。而臺灣在政治上的變化與政策，更為原住民所處生活環境帶來決定性的改變。因此，以「原住民」為基礎的時代歷史背景的建構為經，「贌社」制度為緯，這些「史料」才能貼近原住民社會的情況。並回歸對文本資料的說釋。

三、語言分析

臺灣古典詩文的開展始於明鄭時期，而對於原住民的描繪亦始於此，然不論是政治或文學都以「中原本位」觀四方文化。這是臺灣古典詩文的基礎

出發觀點，由於時代的遞嬗，遺民文人與遊宦文人，對於原住民社會的接觸時間短暫。特別是清領時期，遊宦者數年一任，接觸時間短暫，文人們往往以自我所見最直接的觀點描述對原住民的看法，反映在其詩文創作之上，古體、律體、竹枝詞、旅記、議論等，運用不同的文學體式進行描刻書寫。由於所見「新奇」，語言的使用上也不免使用新的詞彙。臺灣古典詩文中原住民書寫，不類於中國傳統古典詩文的解釋，往往必須註解說明，這是新事物所造成的結果外，語言描寫形式的類比，往往又需追索典故，甚至出處源頭，因爲文人往往拿華夏故事相比於原住民文化表現。因此，必須對這些作品更詳細的分類、解析，正確的解讀，以與制度互證求眞。

四、歸納眾說

　　一家之言不足徵，面向多元有助於對現象的理解與求眞，況且文人本身對於原住民本就陌生，詩文陳述也不見得爲眞理定律，甚至或有偏頗曲解。這是鑑於以漢人觀點爲出發看待「原住民」社會，以文化先進者看待原始的「赤子」，以禮教觀乎不同文明的行爲，因此呈現出立場不同的觀點與說法。彙集各家詩文，參酌引證，舉錯而就眞。如「新歷史主義」所強調從政治權力、意識形態、文化霸權等諸多角度對文本實施一種綜合性解讀，將被形式主義與舊歷史主義所顚倒的傳統重新顚倒過來。〔註5〕這樣強調多面向解讀當然是進步的，卻落入自我伸張主義而無法會集眾家說法。強調獨立主義思潮解讀則會落入持主的思想面向解釋，故本論持以爲戒。

五、構建過程

　　種類族群複雜的臺灣原住民本身並無完整的歷史記錄，而臺灣史所載記又以各時期主政實體爲中心。主政者視之爲「福爾摩沙人」；視之爲「番民」；視之爲天朝「赤子」，並在時間推移及接觸下，逐漸擴大分類。然「贌社」制度亦隨著時代的變動橫跨臺灣史上的荷蘭時期、明鄭時期與清治初期，統治者加諸於原住民社會的管理及對像也隨著時代有不同的特質，且影響層面與範圍更不盡相同。故不能以一代制度之說述而蓋全，因「贌社」制度並非一層不變的制度，以一蓋全將會導致錯誤認知，反不見「贌社」影響面及不同階段原住民社會的實質面貌。文學能側記歷史並作爲佐證，加之歷史所載記

〔註5〕參見包亞明主編：《二十世紀西方美學經典文本》，（上海：復旦大學出版社），2000年，頁551。

之事件，二元結合之下，讓原住民在此制度下的生活狀態呈現出來。不以史學的片面載記作論斷，亦不以個人的文學描述斷是非，順時間推移，分析揉合各時期文學、文獻史料，重現制度執行的過程始末與對原住民社會的影響。

第三節　研究範圍

　　臺灣「贌社」制度之於原住民社會始於荷蘭而終於清治，近百年之時，影響原住民社會既深且廣，時間流轉，統治階層的改變，制度也隨著朝代的變更持續被繼承與執行。原住民直至清治時期猶未知「白鏹」為何物？人口的不確定性，語言文字又不相通的情形下，這樣的經濟制度究竟是如何的執行，而原住民社會又對於這樣的制度有何反應？而最終制度的終結又是因由為何？重重問題若不全然的始末分析理解，將落得片段半知，不理解制度的變化現實就無法從中獲得原住民對制度的各時期反映。論題以臺灣「贌社」制度為研究討論核心，藉由制度始末發展時間為斷限，欲明「贌社」之始端，牽涉荷蘭文獻紀錄，「古典詩文」是不足分析制度初始發展情況，為求研究論題之完整性，在研究之範圍內之加入翻譯荷蘭之文獻，歸納分析所涉及「贌社」的內容，以理清說明「贌社」制度在最初發展的模式與實質內容的正確性，這將是接續各時期「贌社」制度發展的基礎對照指標。統治者在經濟利益的驅使之下，究竟如何的遂行制度發展與延續，並透過文學的展演，以期全然關照到制度歷時性變化與不同之處。故將本論文研究之範圍分敘如下：

一、研究之地理區塊

　　臺灣原住民社會原始形態並未被歸類，荷蘭時期即以村社名稱來區別不同區域的原住民，由於語言的差異文，文獻上甚至以語區來劃分不同區域之原住民的村落。而據荷蘭文獻上統計最巔峰的時期，南部集會區、北部集會區、淡水集會區、東部集會區中歸順之原住民村社達到 305 個村落。「村社貿易制度」並不是對全部的村落實施，荷蘭自 1642 年決定實施，試辦之後，1645年公開招標，村社貿易制度實施的村落由臺灣西部的逐漸擴大，但並非西部村社全部參與招標。

　　本論文之研究的區域範圍係以參與「贌社」制度的村落，為研究討論之範圍。主要乃是分布於臺灣西部的原住民村落，且分據臺灣西部之北中南之區域，並隨著時代的變動，原住民村社貿易的範圍也根著擴大，從荷蘭執行

之初的十餘村區到清治康熙時期初,「贌社」的村區範圍雖云為 38 個村落,而實際村區範圍則北達雞籠社,南至琅嶠,甚至東部卑南覓社,以及阿里山、水沙連、內幽諸內山之番社也成為為「贌社」制度執行的村社範圍。本論之研究之範圍即以這些村社為探討核心。研究的範圍所顯示的是「贌社」下的原住民村落,並非全部的臺灣原住民。

二、制度的變動與時間斷限

「贌社」緣起於荷蘭時期,其時荷蘭東印度公司,是實際決定制度執行與否的決策單位。臺灣大員長官依照命令執行,即荷蘭將許多稅目依據歐洲當時的傳統承包給商人收取,也就是所謂的「包稅制度」。《巴達為亞城日記》所紀錄為 1642 年底決定〔註6〕實施村社貿易,《熱蘭遮城日記》,出現在 1643～1644 年間試辦並執行。而後才形成慣例,並逐步擴大。

「贌社」之制一直執行到荷蘭人退出臺灣而止,明鄭入主臺灣,對於當時原住民社會,採取繼承荷蘭人的制度。但是,到底是何時開始繼承,又採取什麼樣的徵收方式,由於資料過少,也無法清楚解釋,但是依據清朝的文獻紀錄說明,明鄭時期對於番社採行「贌社」是毫無疑問的,並且對「贌社」制度進行了修正。

清治時期「贌社」的執行又有另一轉折,當時並非全然承接明鄭時期的作法,加上對於制度認定與執行的模糊,落實「贌社」成為一種以原住民為徵收對像之雜稅。隨著廢除社商,落實了徵收稅賦的現實。直至乾隆二年(1737)將原住民納入照民丁例徵收,「贌社」制度才告終止。「贌社」制度經歷三個時代的變動,早已喪失原本制度的內容與實際內容,這也使「贌社」對原住民社會在不同時期造成不同程度的影響。

三、制度執行之對象之義界

從荷蘭時期開始「贌社」制度的執行對像顯然的也有差異。荷蘭時期贌社的對象是荷蘭人與漢商,而原住民並不是政府執行此制度的對像。臺灣大員當局是將歸順的主要村社,劃分出來,從事與原住民的買賣交易。徵收的

〔註 6〕為增加公司收入,及實現地方議會時對各村落頭人之諾言起見,決定在主要各村落、笨港(Ponckan)河及南部全體,在一定條件之下,令中國人或荷蘭人(非公司使用人)之最高標價者包攬商業。郭輝譯:《巴達維亞城日記》,(台北:台灣文獻委員會印行),民 78,第二冊,頁 423。

是交易權利金，原住民村社無須繳納一分一毫給商人。商人必需準備交易的物品與原住民村社進行物產交易。取得原住民的物產再行轉賣獲利，而且商人必須受到大員當局的約束。

明鄭時期，「贌社」制度雖有微變，但對象大致上和荷蘭時期的制度相當。最大的轉變在於南路八社，也就是清人所云的鳳山八社原住民。在荷蘭時期八社乃是村社交易制度之一員，但明鄭時期已開始改變徵收「丁米」，但卻沒有徵收「田賦」，制度與原漢之民各異。但「贌社」的徵收對像依舊是商人。

清治時期，不論是「贌社」制度、或者南路八社番之「丁米」乃被完全繼承，社商包攬番社貿易，也同樣被承受。但是，對於原住民村社，不是以招標方式，而是參照明鄭的「贌社」金額酌減議定。社商不過包攬代輸，稅之所出乃歸於原住民。因此又名曰「社餉」。「贌社」制度至此一變成為雜稅之一，也不必公開召標。徵收對象完全由原住民負擔。另歸化生番則年納「鹿皮」作貢，又稱之為「鹿皮餉」以別於納餉熟番，對像雖屬原住民，但屬於貢賦和社餉不同。至於生番，不納「餉稅」，非本論文所討論之對像。

四、文獻探討

荷蘭人在臺灣的時間自 1624 年至 1661 年。荷蘭東印度公司是荷蘭人在亞洲的最高行政、經濟、軍事指揮中心，所在位置巴達維亞城，並在亞洲各處建立商館，推展殖民貿易。臺灣則為大員商館，即當時的熱蘭遮城。荷蘭人當時繼承歐洲的制度，在殖民區域有城市日記的書寫，而命令與各地報告往返殖民地、商館與巴達維亞城之間，因此《巴達維亞城日誌》中記錄了臺灣之事，而《熱蘭遮城日記》更詳細的紀錄所在臺灣各項政治、軍事、宗教、商業貿易及其統治下原住民及漢人的紀錄，此二本城市日記為本論文探討荷蘭時期「贌社」制度的核心文本，並輔以今日學者對於荷蘭時期社會、歷史的研究提出分析論述。

本論文除上述荷蘭時期外，以「臺灣古典文獻」為各分期制度探討核心，但凡制度發展期間牽涉所及的傳統詩、文皆為論文討論之範圍。凡牽涉所及之古典詩和奏疏、詔令、公移、傳記、碑銘、書信、贊序等文章皆為討論之內容。唯此諸多資料散見於文人遊宦之別集、方志、文書檔案之中並不以專題集中，凡有作品與「贌社」所牽涉者皆廣為搜羅並納入論文之討論範圍並加以分析。

　　臺灣古典文學創作，自明鄭起遺民陸續創作。鄭氏取得臺灣之地，更開啓漢人對臺灣的認識，盧若騰在其「東都行」的序言云：「澎湖之東有島，前代未通中國，今謂之東番。其地之要害處，名臺灣。紅夷築城貿易，垂四十年。近當事率師據其全島，議開墾立國，先號爲東都名京云。」〔註7〕就其所云臺灣島這塊土地名爲「東番」而地之要害「臺灣」所指今臺南安平、赤崁一帶，其時稱「東都」。而後鄭經又改「東都」爲「東寧」，因此，「東番」、「東都」、「東寧」均爲明鄭以前臺灣之代稱。

　　明遺民文人，本身初來乍到，對臺灣「原住民」本身並無太多理解，一方面，正如盧若騰所云：「前代未通中國」可知文獻有限，另一方面「原住民」未有文字，語言又複雜，可資理解「東番」內涵、歷史源流有限。因此，這些以漢文字創寫的原住民主題的詩文，變成爲理解並記錄明鄭及清領時期臺灣原住民的有力史料之一。信史的可徵信，則必錄以書面記錄，而文學作品，不論寫作觀點如何，都或多或少遺留對「東番」所在的「原住民」事物的描刻與情感，不論是正面或是反面，鄙視或者同情，成爲今日對於理解「臺灣」這片土地上「原住民」的文化資產之一。

　　對於臺灣「原住民」從中國文獻上來看，指涉大都不清楚。陳第所撰述的〈東番記〉〔註8〕是對臺灣原住民有較多描述。「東番」本身乃是與「漢」文化分別的區別文字。中國周代時即有東夷、西戎、南蠻、北狄，歷史演進，就以這種方式來對於華夏四周的民族區分定名，但終是以華夏爲中心的觀念，也就是以中原爲本位，視之四方不同民族，以方向界別之。周時蠻、夷、戎、狄，分別代表周代四圍不同的民族，不同文化圈，而產生「東夷」、「西戎」、「南蠻」、「北狄」的稱呼，而「東番」代表的地域也就是如此，以別於

〔註7〕盧若騰：〈東都行〉，收錄於《全台詩》（台南市：國家台灣文學館），第一冊，頁33～34。

〔註8〕《東番記》連江陳第著，是漢文中第一篇有關臺灣的報導文學，寫於1603年。是年浯嶼都司沈有容來臺剿倭，事後又接見原住民頭目大彌勒。陳第隨行，記載分布今曾文溪以南西拉雅族的習俗、狀況、物產，與漢人間的關係及甚畏海的特性，復述鄭內監於永樂初航詔諸夷，東番獨不聽約，故家貽一銅鈴與之，遂爲其寶。陳第之友爲寫〈讀東番記〉後，以「東番之入紀載也，方自今始」，可見在萬曆中葉以前，漢人尚未詳知臺灣也。另一〈東番記〉爲周嬰所記，大抵本乎陳第，以賦體爲之，約在崇禎年間成文，記中云「彼好事之徒，爰有郡縣彼土之議矣」，可證當時臺灣並非明朝領土。許雪姬等撰：《臺灣歷史辭典》（台北市：文建會），民93年，頁439。

中原文化之地而已。臺灣方志書中，對於臺灣「原住民」冠以「土番」、「外番」、「內番」、「野番」、「社番」、「生番」、「熟番」、「化番」等等稱呼來區別、形容臺灣原住民開化程度區域活動範圍，實不需過度解讀這些分類用語。對於原住民情感及其描述，真正落實的情感則必須去解讀文學作品的內在意涵，而不是看文字的表象。

　　何以用傳統詩文來做研究論文佐證之材料，歸結在於臺灣原住民本身並無自己發展的文字記錄，接續荷蘭治臺的明鄭政權，移植漢文學傳統進入臺灣，繼之滿清政府入主臺灣之後文學發展亦以漢文學為中心，所書寫的時文體式均為古典詩文。雖探討當時原民社會卻無法以其自有文獻做討論。特別在古典詩歌的創作，明鄭已降，臺灣古典詩歌創寫逐漸開展，文人們去國懷鄉，詩歌表現上，以遺民、鄉愁的抒發為主要基調。雖見臺地風候物異，然牽涉臺灣「原住民」詩篇卻是極少。康熙一統，宦臺官員所見，風物殊異，吟詠風物之作，各顯對臺情思，詩人創作，抒情、寫物，乃真情述寫，愛惡喜怒藏其間，非官牘奏章之屬，公務所需，條陳事狀，或以人類學、語言學的研究法所能觀見。因此牽涉「原住民」之篇章，頗能反映出文人對「原住民」的情感與對於原住民風土民情之記錄，若能條理細分則必有可觀之處。臺灣「原住民」因無文字，故其歷史自無所存記。有清一朝，方志發達，文人舞墨，絃歌以紀實，對「原住民」社會文化各層面涉略頗多，然散雜於眾宦文員中，故需蒐羅、別類、分析，方可統觀其一朝一代文人對於「原住民」心態、情感，朝廷與地方公文書之往來，其中也不乏牽涉對於原住民事務的執行與說明，若加以推演與說明，之於原住民社會的揭櫫則更加的清晰。

　　由於近年臺灣在原住民研究上族群分類、人類學研究上，都有可觀的研究成果，這些研究上，或從人類學、語言學、族群分類研究角度，或從官方檔案紀錄、方志、甚至圖表及統計數據角度來詮釋臺灣原住民的「問題」，據以推演因果關係。這些研究紀錄，無疑的對臺灣清領時期「原住民」的理解具有一定的意義。然而成千上萬的臺灣傳統詩文中涉及「原住民」議題的詩篇、文稿，吾人認為，若能加以整理分類解析，應可對「原住民文化」認識有更完整的理解。這些傳統文學作品更可輔助解釋「人類學、語言學、族群分類研究角度」學者們以科學研究推演原住民文化內涵不足處，並作為建構「原住民」歷史文化之參考。對於臺灣早期的「原住民」文化、社會的認識，具有相輔相乘的雙重意義。

第四節　研究成果回顧

　　關於「贌社」這一牽涉原住民的管理制度的研究，學界到底呈現出什麼樣的現實狀況呢？綜觀對於「贌社」制度的學位論文的檢索，明顯的，未被研究原住民論題學者所關注並且全盤加以研究。但卻是一個研究臺灣原住民社會、早期台灣史與原漢關係的論述的學者們所不被忽略的問題。

　　日人伊能嘉矩所著《臺灣文化志》（下卷）第三章「對番人之課租」〔註9〕中，對於清領時期之初期原住民納餉之情況進行說明，將番餉概分爲熟番番餉及生番番餉，此應是指清治時期歸化生番之鹿皮餉。其資料大體緣自方志資料，勾勒清治初期番民納餉狀況以及，但實際上不過集方志中政府對番民徵稅的內容進行評論，但伊能氏太多自己揣度之詞，如伊能嘉矩認爲熟番餉「乃以漢人之丁賦即人頭稅而徵收者」，此應單指鳳山八社熟番而已。「一石三斗，折銀，將約等於四錢五分八釐，比之徵自漢民丁銀四錢七分六釐；大致尚保持均衡」，鳳山八社乃徵米折粟乃變成二石六斗，以官價折算及與市價折算又有差異，鳳山八社均不折銀而納穀，實際折算二者決不相當；並歸結「雍正九年北路番變，其原因之一，不外對此苛政（番餉過高）之反動」，但實際上出自勞役過度與殺害效順番民所造成等等。但也述及番餉承襲於荷蘭、明鄭而終於乾隆二年的事實，並引用番曲反映原住民對於「納餉」的現實，民間書契的徵引，更引用詩歌的內容推敲反向思考「表面番情之和穩」實際上暗示著侵削番人的社會現象。推敲清治「贌社」制度下原住民社會的反映。

　　連橫編著《臺灣通史・關征志》也曾云：

> 明季，荷蘭人始闢斯土，以通東洋貿易之途，設官行政，制王田，募民耕之，而納其賦，語在田賦志。是時歸附土番歲納鹿皮，視社之大小爲差。其後因之，每年五月初二日，主計官集公所，召民贌社，眾環視之。官歷舉各社餉銀之數，高呼於上，贌者應之，至最多者而畀之。乃具姓名及社餉於冊，取殷戶爲保，以四季分納，謂之「社商」。社商時率夥記至番社貿易。夥主財物，記任會計，而社商領之。凡番耕獵之物悉與社商，而以布帛、鹽鐵、煙草、火藥易之。其令嚴密，番不敢私。社餉之入，大社數千金，小亦數百，是

〔註9〕伊能嘉矩著：《臺灣文化志》（下卷），〈第三章對番人之課租〉，（南投：台灣省文獻委員會），民80，頁355～359。

爲雜稅之一。」〔註10〕

　　但連橫先生說明了荷蘭人實施「贌社」制度，卻將「歲納鹿皮」的「貢賦」和「村社貿易稅」混淆一起。又：「清人得臺之際，議遷其民而墟其地。靖海將軍施琅力陳不可，乃設一府、三縣。田賦之制略同行省，而雜稅仍舊，或更立之，名目繁多，變本加厲。其設於陸者曰「陸餉」。」〔註11〕已將「贌社」納入雜稅之列徵收。且連橫的鄭氏徵收雜稅表中贌社：凡二十七所，年徵三千六十兩。港潭：年徵一萬九千三百八十八兩。〔註12〕中「贌社」「港潭」之數據，此明顯徵引季麒光餉稅文內部資料，然亦有錯置之疑問。

　　曹永和在《臺灣早期歷史研究》中：「崇禎十七年（清順治元年，一六四四年）荷蘭人爲欲驅逐對荷蘭人抱有惡意的漢人，且爲滿足土人的需求起見，歲創立了以招標包辦番產的交易制度，即臺灣志書所謂贌社，以利控制鹿皮交易，並謀由此增加其收入。同年此項收入就有二一四〇里爾〔註13〕又「荷蘭人於每年四月招標，得標者必須付半數現金，而其餘額須於一年後付清。荷蘭人既允許漢人在各設貿易的權利，而由此獲得鹿皮的供給。」〔註14〕再「一六四〇年（崇禎十三年）荷蘭人爲欲驅逐對荷蘭人抱有惡意的漢人，且爲滿足土人的需求起見，遂創立了以招標包辦番產的交易制度，即臺灣志書所謂贌社，以利控制鹿皮交易，並謀由此增加其收入。同年此項收入就有一六〇〇里爾（real），一六四五年爲四七七一里爾。隨其勢力範圍的擴大，其收入亦增多，一六四六年爲九七〇三里爾，一六四七年爲一二九八五里爾，至一六五〇年竟達六一五八〇里爾。」又「荷蘭在勢力範圍內，從土人以貢納方式收取鹿皮。」〔註15〕已多次提及荷蘭人在臺灣實施的「番產的交易制度」，其說明了這種制度與納貢是分別爲二，並且指出「番產的交易制度」乃是一種商業的行爲，不過曹永和主要針對的是漢人開發臺灣問題著墨，並未

〔註10〕連橫編著：《台灣通史‧關征志》（台灣文獻叢刊第 128 種），頁 481。

〔註11〕連橫編著：《台灣通史‧關征志》（台灣文獻叢刊第 128 種），頁 483。

〔註12〕連橫編著：《台灣通史‧關征志》（台灣文獻叢刊第 128 種）頁 489～490。

〔註13〕曹永和：〈荷蘭與西班牙佔據時期的臺灣〉（原載臺灣文化論集，民國四十三年九月），收錄於《臺灣早期歷史研究》（台北市：聯經出版社），民 68，頁42。

〔註14〕曹永和：〈荷蘭據時期臺灣開發史略〉（原載臺灣文化論集，民國四十三年九月），《臺灣早期歷史研究》（台北市：聯經出版社），民 68，頁 61。

〔註15〕曹永和：〈中華民族的擴展與臺灣的開發〉（原載中原文化與臺灣，民國六十年十月）《臺灣早期歷史研究》（台北市：聯經出版社），民 68，頁 11。

再深入「贌社」制度的種種問題所衍生的問題。另尹章義《臺灣開發史研究》：「貿易和番遠在荷蘭據臺之前已經開始。荷、鄭時代，向先住民各社收取「社餉」等稅，以及將各社貿易權標售給「社商」包辦的「贌社制度」，加上政府行政和治安的需要，使臺灣早期出現了許多具有行政權責的「通事」與無權責的「番割」。」〔註16〕尹章義完全立基於漢人開發北臺灣的歷史推演北臺開發，認為對於荷、鄭向先住民各社收取「社餉」，但卻將「贌社制度」乃是「各社貿易權標售給「社商」包辦」二者不同，顯然其言之「社餉」與「贌社制度」不等同。但同樣也未再深入其中之問題。

　　隨著時間流轉，相關臺灣史料的發覺及譯解，早期臺灣時期的資料日漸清析，若如《巴達維亞城日記》及《熱蘭遮城日記》的先後譯出，對於荷蘭時期的臺灣社會狀況的解讀頗有助益，地圖與漢文獻的搜集與研究如《康熙輿圖》及《乾隆輿圖》的研究，臺灣早期地理形態也逐漸清稀，加上文獻的發覺如《東寧政事集》、《蓉洲詩文稿》、《巡臺記》等文獻的補充，對於早期臺灣原住民社會的研究也逐漸勃興。加以公文書之彙編，田調、民間文書的蒐集、可資參考的文獻資料也加深加廣，研究原住民文化社會內容的範疇也擴大。而對於「贌社」制度，研究者已逐漸掌握制度的內涵與精要，民國89年翁佳音，針對「原住民賦稅的問題」提出：

> 贌社也源於荷治時期，然而此制度與明鄭以後所行的略有不同，所課稅為針對包辦番漢貿易的漢人贌商，而非番社中的人頭稅。儘管早在公司安平設立據點之時，巴達維亞城便要求向原住民課稅，然而台灣方面總以原住民貧困不堪負擔而反對。教會的進駐與學校、牧師館的設立一度是向原住民課稅以負擔費用的一部分，然而迫於原住民的經濟狀況最後仍不得不取消，改由公司支付。此後原住民的經濟負擔從稅餉改為繇役，主要負責信件、行李的運送，並在軍事行動中提供協助。相對於徵收自漢人的人頭稅，原住民僅繳納實物為主的貢賦，且由公司或教會人員直接徵收，並非透過贌商之手。〔註17〕

〔註16〕尹章義：〈臺灣開發史的階段論和類型論——代序〉，《臺灣開發史研究》（臺北市，聯經出版社），民78，頁15。

〔註17〕翁佳音，〈地方會議，贌社與王田臺灣近代初期史研究筆記（一）〉，收錄於《臺灣文獻》51卷3期，民89年9月，頁263～282。

又：

> 「贌」字廈門話、福佬話唸 Pak，近人多認其源於荷語的 Pacht 一字，
> 而此字在歐洲中古時期的日耳曼語系裡，係借自拉丁文 Pactum、
> Pactus，意為領主與包稅人對稅額取得一致。……據《巴城總督暨議
> 會一般報告書》所載，贌社制首次實行在 1642 年，漢人主要以布匹、
> 鹽、鐵等廉價什物換取鹿皮鹿肉。〔註18〕

其研究認為「贌社稅」與「獵人稅」有關。「明鄭時期，可能為因應戰爭之所
需，「按丁輸納」的人頭稅被交付給贌商代徵，而此原則也被清代所繼承，成
為具有一種中國特色的「贌社」制度。」

詹素娟在〈贌社、地域與平埔社群的成立〉在贌社與社餉徵收一節中引
用 Pol Heyns 原著，鄭維中譯，《荷蘭時代臺灣的經濟·土地與稅務》的相關
贌社制度的說明，並且引用了翁佳音〈地方會議.贌社與王田臺灣近代初期史
研究筆記（一）〉對於「贌社」贌字字元解釋，並且向下延伸對於明鄭的繼承
與清治初期贌社制度的轉變。實際上對於明鄭時其繼承「贌社」的狀況，掌
握到資料，但由於，偏重到國家執行與稅務之間的關係，因此，分析認為「荷
蘭時代到清代，統治者都藉由無所不在的社商，滿足番社的需求，只是荷蘭
以標售稅權的金額作為收益，而清代則以象徵性的徵收，宣示國家對番社的
領有；兩者在制度精神上雖有差異，原住民以市場所需物資換取生活用品卻
是相同的。」〔註19〕尚無深入到制度執行面上的觀察之外，對於「贌社」金
額轉變，亦缺乏說服力，未有論證。

《福爾摩沙傳奇──臺灣歷史的源流》〔註20〕在其中陳述荷蘭時期的「贌
社」制度，實際引用的是方志《諸羅縣志》與《彰化縣志》的說明，由起於
荷蘭，但說明的內容上是指清朝本身執行的狀況，並不符荷蘭「贌社」時代
的現實。且引述《諸羅縣.雜識篇》：對「贌社」內容實際應是明鄭時期的「贌
社」內容。但指明了此制度乃是對漢人實施的貿易稅。雖然此制度終於乾隆
二年，明鄭以及清治繼承、執行的狀況反而無所涉及。舉此例說明，實際上，
通史之纂編者，往往據方志之論而論，特別是引述連雅堂的《臺灣通史》資

〔註18〕 同前上註。
〔註19〕 詹素娟：〈贌社、地域與平埔社群的成立〉，《臺大文史哲學報》（第 59 期），
　　　　頁 125～126。
〔註20〕 簡後聰等編：《福爾摩沙傳奇──臺灣歷史的源流》，（行政院文化建設委員會
　　　　中部辦公室），民 89 年。

料，或往往據學者之研究論述納入其中再加以說明之，然而可據資料有限，又加上對制度內容的不了解，卻理解成為荷蘭時期創制對於原住民社會的一種經濟剝削制度。然而，明鄭時期的「贌社」往往闕如，只道是明鄭繼承荷蘭的政策之一。又加上歷史的紀錄與陳述往往以政治主體為優先，故荷蘭時期乃以殖民統治論其治理態勢，根本上對於原漢間「贌社」問題脫勾。而明鄭資料的闕乏，或根本忽略不記。

　　韓家寶對于「贌社」制度有深入的探討，從經濟面觀察制度開展問題，分析「贌社」制度的緣起〔註21〕。大體而言，「贌社」制度之研究，從「贌社」之起由及定名問題，逐漸的擴展到制度執行的內容與變動因素，且研究集中在「荷蘭時期」的問題上。從政治面很難理解早期臺灣原住民社會的實質情況，但從經濟面來比較分析或許能夠開闢出理解原住民社會的另一途徑。如以個別番社經濟為研究〈荷蘭時代麻豆社之經濟景況（1624～1661AD）〉〔註22〕分析，但必竟無法宏觀當時原住民經濟社會，但卻反映出「贌社」執行後的社會形態。吳聰敏在〈荷蘭統治時期之贌社制度〉〔註23〕其主要闡述「1648～1650 年贌金上漲的因素乃是因中國內戰的原因所造成的。」在其探討「贌社的起源」引用韓家寶之說「1642 年 12 月大員會議決定，除了駐有公司政務官的原住民村社外，其餘各原住民村社的中國人強制搬遷到赤崁或熱蘭遮市。中國人如果要到原住民村社貿易，必須申請許可證，每張許可證月費 1 里爾，但駕駛戎克船進出原住民村社者，每月須付 10 里爾。1644 年 VOC 在台殖民政府對於中國人出入村社的管制放鬆，允許 6～10 名中國人在指定的村社居留進行貿易。但須取得許可，許可是公開競標。」〔註24〕以上研究者多以研究荷蘭時期「贌社制度」為主。

　　以臺灣古典詩歌、文人作品為研究主體，其反映原住民社會或有牽涉者之論述如：施懿林《清代臺灣詩所反映的漢人社會》〔註25〕注意到傳統文學

〔註21〕（Pol Heyns）原著，鄭維中譯，《荷蘭時代臺灣的經濟・土地與稅務》，（臺北：播種者文化），2002 年，頁 149～150。

〔註22〕陳景峰：〈荷蘭時代麻豆社之經濟景況（1624～1661AD）〉，《致遠管理學院學報》第 1 期，民 95.08，頁 161～175。

〔註23〕吳聰敏：〈荷蘭統治時期之贌社制度〉，《臺灣史研究》，15:1，民 97.03，頁 1～29。

〔註24〕吳聰敏：〈荷蘭統治時期之贌社制度〉，《臺灣史研究》，15:1，民 97.03，頁 7。

〔註25〕施懿林：《清代臺灣詩所反映的漢人社會》，國立臺灣師範大學，博士論文，民 79。

載記原漢關係這個區塊，並且專節論述先住民的族群分類及在臺分佈情形、清代理番政策、東渡漢人與臺灣先住民之關係、漢人優勢時期先住民的自處之道。以台灣古典文學關注原住民社會。又林淑慧《黃叔璥及其《臺海使槎錄》研究》〔註26〕以《臺海使槎錄》為研究論述之中心專章討論「《臺海使槎錄》所反映的社會面貌」，探討平埔族經濟生活、社會結構的轉變，及移民拓墾社會的形成。與「《臺海使槎錄》呈現的文化特色」，探討平埔族文化面貌，漢人移墾社會的習俗；平埔族與漢族不均衡的涵化關係，及平埔族受到儒學教化的衝擊等文化變遷的議題。而王幼華《清代臺灣漢語文獻原住民記述研究》〔註27〕論云：「有關移入者與原住者之間的衝突，二百餘年間未曾停止，有相當多的詩文作品，以不同心態記載了不同時期的衝突狀況，這是清代本島發展過程中不應忽略卻最缺乏討論的記述。本文一一爬梳文獻記述中原漢衝突的歷史原委，以逆寫方式重作新詮釋，突顯清朝二百餘年原／漢接觸各階段的演變，及一頁可歌可感的人文情懷。」

　　當然對於臺灣原住民社會所牽涉的研究類型當然不只如此，以上列舉均以不論是臺灣史學方面或詩歌、漢文學文獻、著作的研究，都進入以臺灣古典文學研究對原住民社會的探討，進而建構原住民社會的狀況與原漢關係的分析。簡言之，對於臺灣早期原住民經濟、社會、文化、歷史的分析研究，實際上文、史學界從未缺席且日益精進。而與原住民社會、歷史、文化，不論是高山族或者今日幾乎消失之平埔族原住民相關的議題、文獻的發掘與釋譯，都還待學者深入研究與探討。對於「贌社」制度的研究而言，必竟缺乏了一種文史的貫串與連繫，以多元視角分析「贌社」制度的始末發展及其變化更透過制度內涵的釐清與執行之數據，作為研究分析早期原民社會的情況與變化的證明，這也是筆者以此作為論題最要之企圖之一。

第五節　研究章節安排

　　本論主要以荷蘭殖民時期起加諸於原住民社會的「包稅制度」為研究的核心，藉由文學、文獻、史料，企圖就制度發展的始末斷限，重新建構制度

〔註26〕林淑慧：《黃叔璥及其《臺海使槎錄》研究》，國立臺灣師範大學，碩士論文，民88。

〔註27〕王幼華：《清代臺灣漢語文獻原住民記述研究》，國立中興大學，博士論文民93。

發展的內容之外，特別從經濟稅賦、村社區域、數據的角度分析原住在制度
執行之下，不同統治時期，特別是繼承者對於制度的修正，以及漢民移墾下
原漢之間的土地、經濟、社會互動關係。但是量化數據還有其不足理解之處，
但輔以漢文學的質性分析，二者相乘，以分析並說明其社會狀況的反映之必
要。因此，本論文不但從敘述「贌社」制度歷史源流分析之外，特別對於各
時期之數據資料加以統計並分析對比，找出期間之變化性與規律性。對於明
鄭的「贌社」制度及執行的資料缺乏的問題，以有限文獻資料的分析與連結
進行擬測，推演其時「贌社」制度規模與情況。對於清治初期臺灣各種相關
於「原住民」的文獻，分別就康熙與雍正二朝之內容，特別針對於反映原住
民社會的記述，進行分析研究。

　　針對前述，本論除序論與結論二章之外，共分為五個部份。第二章以荷
蘭時期贌社制度，為討論分析為主，共分為三大部份首先真對貢稅與贌社制
度開展關係釐清二者之分野與內涵；其次真對荷蘭時期的「贌社」制度執行
實際進行制度的分析；再次對於制度之下原住民、贌商與 VOC（為荷蘭東印
度公司的簡寫，全名 Verenigde Oostindische Compagnie。）三方面，在「贌社
制度」之下的互動與分析至其社會面臨的實況推測。

　　第三章以明鄭時期「贌社」繼承作探討，此章分為兩大部份，首先以傳
統文學原住民描述的先導分析古典詩文在臺灣的萌長與對臺灣、原住民的描
寫與明鄭來臺的台灣開拓與原住民之互動分析；第二部份乃是真對明鄭對原
住民政策與「贌社」制度繼承之範圍與內容推測，以補明鄭時期「贌社」史
料的缺乏進行重建，此亦為本章節之要，為「贌社」制度承先啟後之重要橋
樑。

　　第四章以統一的康熙朝臺灣「贌社」制度之嬗變為題，真對於統一之後
「贌社」制度的修正與變革進行分析研究。本章亦分為三大部份，首先康熙
時期原住民的納餉制度與「贌社」關係進行繼承差異的釐清；其次，就原住
民「餉稅徵收」問題的浮現，分析制度執行後產生的社會現象與原住民社會
的境遇；再次，針對原番漢稅賦的不平等與「贌社」制度的修正探討分析原
漢稅賦之差異與官方對制度進行之修正情形。

　　第五章對於雍正朝原住民政策的續變與商榷為題，共分為四大部份。首
先，以生番歸化與鹿皮餉為題分析原住民分類納餉之差異；其次，侵剝土利
與勞役壓榨激變的苦果——生番殺人與熟番作亂探討原住民的動亂變因；再

次，流移墾荒與社餉，分析拓墾數值與社餉之間的交互關係使原住民生活日蹙的說明；最後，雍末理番三議。雍正末期對於原住民勞役、教化與社餉三項關係其民生社會的議題，朝廷執行變革的過程的分析研究與社餉制度廢除的過程。

第六章贌社制度下詩歌反映原住民社會。內容以原住民社會為題材的抒寫的主題詩歌，對於此類作品反映臺灣原住民社會面像進行分析，探討原住民在「贌社──社餉」制度下，原住民社會的情況，並體現詩人們對於原住民社會問題的關懷。在臺灣古典文學的發軔期，此種原住民主題更為臺灣古典文學創作的重要類型之一，而藏諸於各文學體式之中。它是漢文學也是原住民社會的歷史文獻。對於清治原住民缺乏自己直接的文獻資料，當然無法直窺其社會，但透過臺灣古典文獻諸體的「原住民主題」分析反映，卻是深究清代原住民文化社會，輔證原住民生活境遇所不可或缺的材料。

第二章 荷蘭時期贌社制度

　　本章以荷蘭時期贌社制度爲討論分析爲中心，荷蘭人將「包稅制度」引進臺灣執行，並非直接移植。原住民社會的特殊性，與貿易方式，與成熟的西方社會，有著顯著的差異，因此東印度公司、贌商、原住民在制度推展期間不斷的拉扯磨合。1642 年驅逐在島北的西班牙勢力，臺灣全島納入勢力範圍，同年也開始對於原住民徵收貢賦，並獲准實施村社貿易制度。由於制度上二者過於緊密，且幾乎同時執行，荷蘭時期的村社貿易制度亦有錯置或混淆爲一的情形。本章論述除荷蘭「村社貿易制度」初建過程外，共分爲三大部份首先眞對貢稅與贌社制度開展關係釐清二者之分野與內涵；其次針對荷蘭時期的「贌社」制度執行實際進行制度的內容分析；再次對於「贌社」制度之下原住民、贌商與 VOC 三方面，在「贌社制度」之下三方互動關係論述。以荷蘭東印度公司的《巴達維亞城日誌》中記錄了臺灣之事，而《熱蘭遮城日記》更詳細的紀錄所在臺灣各項政治、軍事、宗教、商業貿易及其統治下原住民及漢人的紀錄，此二本城市日記爲本論文探討荷蘭時期「贌社」制度的核心文本，爬梳文本中的紀錄數字，運用統計方法、圖表及村舍數量、交易金額變化，重構荷蘭時期村社貿易制度的時代流變情形。並輔以今日學者對於臺灣在荷蘭時期社會、歷史的研究成果提出分析論述。

第一節　貢稅與贌社制度的開展

　　荷蘭人在臺灣勢力的擴張大小，象徵對臺灣原住民的控制的範圍，地方地會議的召開更可確認其所掌控的村社力量與範圍。1641～1642 年分別決議

針對向原住民收取貢稅與執行「村社貿易制度」。此二制度雖與原住民社會相關，甚至混淆，向原住民收稅是「貢賦」，而「村社貿易」對原住民而言，雖買賣物品受到限制，但並不涉及原住民繳納稅金的問題，本節所論此問題正為釐清「貢稅」與「贌社」二者不同的關係，並述其開展的情形。

一、荷蘭人在臺灣勢力拓展與地方會議

荷蘭人在臺勢力逐漸的拓展，不只積極經營轉口貿易獲取商業利益之外，對於島內的控制也不斷的擴張。荷蘭人初入臺灣，一方面與臺灣原住民建立友好關係，另一方面，對於不順從的原住民，利用原住民各社群之間的矛盾與原住民合力加上本身的優勢的武力展開逐步攻擊，逐漸控制本島西南部區域，1635 年底到 1636 年初討伐麻豆接續討伐塔里加揚、蕭壠（在今台南佳里鎮）至大武壠（台南善化一帶）：

> 2 月 4 日，「按照跟麻豆締定的條件，跟塔里加揚（又名九腳桶社，今稱九曲堂，高雄大樹鄉九曲堂）、（下）淡水、大木連（屏東萬丹鄉一帶），與搭樓（屏東縣里港鄉一帶）各社締訂同樣的條約。因此公司領域的邊界，南邊擴張到熱蘭遮城以南 15 浬，北邊直到華武壠（在魍港北邊七浬處），東邊直到一天半路程的山區，因這些結果，中國人得以無礙的在田野工作。」〔註1〕

接著，征伐小琉球，向更南部瑯嬌等村社締約，1636 年底，荷蘭人的勢力積極擴張到南部大部分的地區，當時與荷蘭人締約順服的原住民村社達到 57 個〔註2〕。從而荷蘭人逐漸向北方擴展勢力，1638 年由於原住民與中國獵人捕鹿所造成的問題〔註3〕出征華武壠，荷蘭人接連出征，並將勢力拓展近本島中部之區。此時荷蘭人除了注重對日本與中國的貿易之外，並在島內逐漸擴張其勢力，並在其勢力範圍之內，限制鹿皮買賣交易，控制鹿皮市場。並在未掌

〔註 1〕江樹生：《熱蘭遮城日記（一）1636 年》，（臺南：台南市政府），民 88，頁 225。
〔註 2〕郭輝譯：《巴達維亞城日記》第 1 冊，（台北：台灣文獻委員會印行），民 78，頁 260。
〔註 3〕1638 年 9 月 26、27、28 日……掌旗官湯姆士‧佩得爾……報告說，住在那裏的最主要的十個中國人，在那些華武壠的各村社張貼告示說，以後不准大員的中國人來來華武壠的野地打獵，即使持有我們的許可證來華武壠的野地打獵，他們也將不予容忍，而要予以敵對攻擊，予以制伏。並承諾說，如果當地居民要報復荷蘭人，他們將協助當地居民，等候我們前來。江樹生：《熱蘭遮城日記（一）1638 年》，（臺南：台南市政府），民 88，頁 409。

控全島形勢前於西元 1641 年召開了「地方會議」（如附表 2.1）：

表 2.1：1641 參加地方會議村社（含長老人數）表

村舍名稱（北區）	長老	村舍名稱（南區）	長老
〔新港〕	2	放索仔社（有六個村社）	4
〔大目降〕	3	塔加里楊社	5
〔目加溜灣〕	3	Taccariangh Sorriau	2
〔蕭壠〕	5	力力社 Netnee	1
〔麻豆〕	5	麻里麻崙 Vorrevorongh	2
〔大武壠〕 Tevorongh	4	Pandandle	1
		大木連社 Tapolingh	2
		茄藤社 Catcha	
合計	22	42	20

資料來源：據《熱蘭遮城日記》1641 年 4 月 11 日記載，首次召開「地方會議，參與之村社長老共計 42 個人。江樹生：《熱蘭遮城日記》第二冊，頁 1～3；程紹剛：《荷蘭人在福爾摩沙（1624～1662）》，頁 266。

　　1641 年這此次召開的地方會議參加的只有在熱蘭遮城附近以及南部的部份村社參加這大抵為其勢力之範圍。且這樣的會議，當時並未經過荷蘭東印度公司的允許，而召開會議的內容主要強調對於新任之的長官保羅。特勞牛斯（Paulus Traudenius 大員第六任長官 1640～1643）的效忠。因此，對於地方會議召開，在《熱蘭遮城日誌》的記錄上也並非以此為第一次「地方會議」。

　　西元 1642 年，荷蘭人擊敗盤踞臺灣北部的西班牙人，其勢力逐漸統合臺灣的西部平原原住民社群並且逐漸的向東面拓展。根據《熱蘭遮城日記》的紀錄，西元 1644 年：「因總督與東印度會議同意，我們將在赤崁招開兩場全福爾摩沙地方會議，第一場在 3 月 21 日，第二場在 4 月 18 日。第一場將召集北邊村社開會開，第二場將召集南方與東方村社開會。」〔註4〕而在同年，根據日記所載，荷蘭人尚未能全盤掌握西部平原的村社，這從日記中同年的紀錄中可得到證明。所謂的首次全福爾摩沙地方會議，實際上只不過是臺灣西南部地區與南部地區的原住民村舍參與為主（如附表 2.2～2.3）：

〔註 4〕江樹生：《熱蘭遮城日記（二）1644 年 2 月 1 日》，（臺南：台南市政府），民88，頁 234。

表 2.2：1644 北區參加地方會議村社及「村社貿易」金額表

村舍名稱（北區）	1644 年「村社貿易」村社	金額
Xincan〔新港〕 Tavocan〔大目降〕	11/12～4/30（試）	695*
Bacolangh〔目加溜灣〕 Soulangh〔蕭壠〕		
Mattouw〔麻豆〕		
Tevorongh〔大武壠〕 Droco〔哆囉咽〕	Tevorongh〔大武壠〕 Droco〔哆囉咽〕	140 140
Tirossen〔諸羅山〕 Dalivo〔他里霧〕	Tirossen〔諸羅山〕 Dalivo〔他里霧〕	285 115
Dosanauw	新港仔、Dorenao、北港、淡水間用 4 艘戎克船進行貿易	140/每航次
Vassican〔貓兒千〕 Favorolangh〔虎尾？〕	Favorolangh〔虎尾？〕	300
Cleen Davole Groot Davole Gielem〔二林〕（南區會議）	二林、小 Davole、Dorenao〔馬芝遴〕	555
Vollela、Dovoha〔打貓社〕、Arressangh〔阿里山〕、WestSalomo〔西螺〕、Oost Salcmo〔東螺〕、Valapais〔眉裏〕、Wangh、Tacapulangh、Tapassewangh、Lackhanwang、Liwangh、Kannekanevo、Tarroquan		

資料來源：

1. 《熱蘭遮城日誌》第二冊 1644（北區地方會議），頁 250～251。

2. 《熱蘭遮城日誌》第二冊 1644，頁 375：11 月 12 日……傍晚，新港社、蕭壠社、目加溜灣社、麻豆社、大目降社，從現在起，到明年 4 月 30 日【的交易專利】以 695 里爾給出價最高的人。其他條件與贌虎尾？（Favoroloangh）社的條件相同，並且規定，居住在上述各社的中國人，除了他們生活必需品以外，完全不得與原住民物物交換或購買任何東西，違者貨物沒收，此外並罰 10 里爾。

　　上表所示，雖然 1642 年時西班牙人盤據的北部已為荷蘭所有，但至 1644 年為荷蘭人召開北區地方會議的村社以及當年贌社的狀況觀察，荷蘭人所能實際掌控的區域有限，廣大的西部平原中部與北部地區荷蘭人依舊無法控制，因此試圖派遣軍隊強壓制不服從的原住民社群與海盜殘部：

　　8 月 22 日……早晨長官與福爾摩沙議會決議，在本月底或下月初，

要派隊長 Piter Boon 率領一之 300 個人的軍隊去制伏雞籠、淡水以及噶瑪蘭地區的叛徒，於完成這事之後，要去打開從淡水到大員的道路，用武力使【統治】7 個村社的那個大君主（dengroot vorst），名叫 Quataongh 的，投降順從我們；並順路去消滅殘存的 Kimwangh【手下】的海盜，並將留在上述村社附近的惡徒，一舉全部消滅。〔註5〕

而在南部地方會議的召開，雖然東部的村社 Pimaba〔卑南〕也參與會議，但 1644 年在南部村社並未執行村社貿易，1645 年才將南部地區以福爾摩沙南區全部的名義（800 里爾）、Lamey〔小琉球島〕（70 里爾）的價格贌租出去。

表 2.3：1644～1645 南區參加地方會議村社表

44 村舍名稱	45 村舍名稱
Caratoman	Caratouangh
Tapoulliangh〔大木連〕	Tapoulliangh〔大木連〕
Pandangdan〔萬丹〕	Pandangdangh〔萬丹〕
Pangsova〔放素仔〕 Tacariangh〔塔加理楊〕	Pangsoya〔放素仔〕 Tacarian〔塔加理楊〕
Vorovorongh〔麻里麻崙〕	Verovorongh〔麻里麻崙〕
Catia〔茄藤〕	Catia〔茄藤〕
Netne〔力力〕	Netne〔力力〕
Suatenauw〔搭樓〕	Soetenauw〔搭樓〕
Tidackjan〔大澤機〕 Langilangij	Tidackjan〔大澤機〕 Langilangij
Pimaba〔卑南〕、Caviangang〔佳平〕、Massee、Roda、Dosasaengh、Darjcora、Taccabul、Barboras〔望門立〕、Calingit〔坤林樓〕、Loubongh、Sapadt〔掃扒〕、Largcmos、Soubrongh、Talavavia、Pavavarum、arobangh、Tootsikadangh、Rijmel、Poessipoetsique	Catsiley、Valang-is、Sdaki、Papaverouw、Podnongh、Talechiu、Kinnetouangh、ouvasouvasey、Patkidaran、Tarodiken、山豬毛、Sotimor、Panguangh

資料來源：
《熱蘭遮城日誌》第二冊 1644（南區地方會議），頁 261-262。
《熱蘭遮城日誌》第二冊 1645（南區地方會議），頁 393-396。

〔註 5〕江樹生：《熱蘭遮城日記（二）1644》，（臺南：台南市政府），民 88，頁 323。

《熱蘭遮城日誌》第二冊 1645，（贌社拍賣）頁 402。福爾摩沙南區全部（800）Lamey〔小琉球島〕（70）

雖然荷蘭同年（1644）召開「全福爾摩沙地方會議」象徵控制福爾摩沙全島，但其勢力尚無法掌控福爾摩沙島中部及其以北的廣大區域範圍，「村社貿易制度」的執行，更是集中在熱蘭遮城附近的村社為主。

二、向原住民徵收貢稅

荷蘭人在島內擴大勢力範圍，在使原住民順服的過程中，往往要求原住民每年獻禮。如 1629 年目加溜灣與麻豆的原住民因戰敗臣服於荷蘭人時，在雙方簽訂條款中，荷蘭人要求目加溜灣與麻豆的原住民，答應「獻出感恩的禮物」。1630 年 2 月 1～3 日年當時長官普特曼斯與目加溜灣與麻豆的酋長雙方簽訂和約，第三條：「上述村落的人，為要承認他們的罪行，每年在他們陰險背信地謀殺我方人員的那一天，每一村落要送一隻大公豬與一隻大母豬到城堡來。」〔註6〕原住民承認罪行都被要求每年呈獻「禮物」。這種禮物則可視為原住民對荷蘭（公司）最早的年貢形式。據《巴達維亞城日誌》1641～1642，97～101 長官 P.Traudenius 於 1641 年 11 月 7 日在大員寫給總督 A.van Diemen 的書信中說：

> 特勞牛斯認為，公司足可從已被征服的福爾摩沙人收取年貢，因為他們擁有很多土地。他們的問題是，他們太懶惰，不勤勞種田。但牧師尤紐斯反對長官的想法，他認為福爾摩沙人太窮了，無法繳納這種稅賦。〔註7〕

信中提及向已臣服的原住民徵稅的問題。在大員的荷蘭長官和第一線在原住民社會中傳教的牧師，針對已臣服荷蘭人的原住民收取年貢有著不同的意見。最後東印度公司，還是決定向原住民直接收取稅賦〔註8〕，並於隔年（1642）決議：

> 為增加公司收入，及實現地方議會時對各村落頭人之諾言起見，決定在主要各村落、笨港（Ponckan）河及南部全體，在一定條件之下，

〔註6〕江樹生：《熱蘭遮城日記（一）》，（臺南：台南市政府），民88，頁15。
〔註7〕江樹生：《熱蘭遮城日記（二）1641年》，（臺南：台南市政府），民88，頁12。
〔註8〕雖然早期長官漢斯。普特曼斯（Hans Putmans 第四任大員長官 1629～1636）反對向原住民抽稅，但因巴達維亞高層當局的堅持，原住民村社終於也有納稅的義務。江樹生：《熱蘭遮城日記（二）荷文本原序》，（臺南：台南市政府），民88。

令中國人或荷蘭人（非公司使用人）之最高標價者包攬商業。〔註9〕
這宣告了在大員的荷蘭官員，幾乎在收取貢稅的同時，對村落特許的「包攬
商業」，經營原住民的村社貿易同時進行。1644年《熱蘭遮城日記》上記載：

> 1月3日……今天，商務員 Cesaer 來此地，報告說，新港、大目降、
> 目加溜灣與大武壠諸社已繳納所訂的稅課，那邊的情況良好。乃命
> 令他說，這種稅課也要迅速從蕭壠、麻豆、哆囉嘓等位於北邊的各
> 社徵收，並運來蕭壠社。〔註10〕

顯然1643年底開始對於熱蘭遮城附近原住民村社收取「貢稅」，日記又於1644
年2月11日記載：「商務員 Cesaer 去訪問村社回來，那些村社都將出席地方
議會。又說，虎尾壠社人與 Davola 社人將於明天以鹿皮繳納他們的課稅。」
〔註11〕從這些記錄上來看，當時已有部份原住民村社開始繳納貢稅。又同年
1644年2月16日記載：

> 今晨下席商務員 Tomas de Roock 回來，說，有一艘戎克船載著課稅
> 來的稻即將隨後抵達。……又說，收取那些課稅的稻子時，因居民
> 沒有重量的知識，造成相當混亂的情形，因此有人繳納過多，有人
> 繳納太少。〔註12〕

所謂繳納的稅是稻米是鹿皮，是以實物來繳納貢稅，說明原住民本身並未使
用當時通行的貨幣來繳稅，並且因為原住民沒有重量的概念，在以米納「貢
稅」方面的村社，執行情形尚有些混亂。

荷蘭人1643年底開始向原住民收取貢稅後，而且針對貢稅的繳納問題，
在每年的地方會議上都有討論，在1644年的北區地方會議，長官對出席的原
住民就說：

> 感謝他們如此樂意的繳稅，不過我們注意到，稻米跟鹿皮一樣，對
> 他們是不能短缺的，因此比較好的辦法是，在其他的時候用鹿皮繳
> 稅，這對他們和公司雙方都是最適當的變通方法，也是最愉快的辦
> 法。除非有人只能用稻米繳稅，那也可以。〔註13〕

〔註9〕 郭輝譯：《巴達維亞城日記》，台北：台灣文獻委員會印行，民78，第二冊，
頁423。
〔註10〕 江樹生：《熱蘭遮城日記（二）1644年》，（臺南：台南市政府），民88，頁225。
〔註11〕 江樹生：《熱蘭遮城日記（二）1644年》，（臺南：台南市政府），民88，頁236。
〔註12〕 江樹生：《熱蘭遮城日記（二）1644年》，（臺南：台南市政府），民88，頁237。
〔註13〕 江樹生：《熱蘭遮城日記（二）1644年》，（臺南：台南市政府），民88，頁249。

對於原住民有繳貢稅的村社感謝之外，對於未繳或繳納不足者，則鼓勵繼續努力，也未見處罰。貢稅雖然直接對原住民徵收，但也只是初步階段，所謂的貢稅是鹿皮和稻米而非荷蘭通行的貨幣。在 1646 年北區地方會議（第三次）的記錄：

> 長官閣下最近查看我們各地居民交來的備忘錄，看到各村莊今年應繳納貢稅的情形，對於那些樂意而且已經照數繳納的人，當眾予以稱讚道謝，相反地，對那些繳納短缺的人，現在命令他們將來務必更熱心，更樂意地全數繳納，而且要用鹿皮繳納，就像最近繳納的情形一樣。要他們年年如此繳納，不是為了那東西的價值，因為那些價值畢竟對公司是微不足道的，舉行一次地方會議的開支已經是那些價值的兩倍，除了推動教會與學校工作的龐大開支以外，還要支付各種必須要的開支，例如為了要維持本島全體的安寧與和平而繼續支付的開支，就是他們所知道的事情，因此他們必須相信徵收貢稅，主要的，而且唯一的用意，是要確認他們（指原住民）對我們（荷蘭公司）的順服、服從和稚子的情誼。〔註14〕

此說明了實際上貢稅的收取狀態不盡理想外，在荷蘭人眼中「貢稅」並不在於它能夠從原住民身上穫得大的利益，「貢稅」繳納不過是順服荷蘭人的象徵，正如會議上所說的「唯一的用意，是要確認他們（指原住民）對我們（荷蘭公司）的順服、服從和稚子的情誼。」。根據《熱蘭遮城日記》1645 年 5 月 10 日記載：

> 在淡水與 Quataongh 的地區之間的村社，那些村社的數目有十六個，都已答應要用鹿皮繳納貢稅。該代理地方官 Van Bergen 他把兩個長老一起帶去淡水，再度訓勉他們要認真繳納。〔註15〕

此表示，中部以北至淡水地區的原住民村社還沒開始繳納「貢稅」。而「舉行一次地方會議的開支已經是那些價值（徵收貢稅）的兩倍」，基本上貢稅徵收象徵大於實質意義。依據楊彥杰的估算貢稅約 2.5 張鹿皮／戶，百張鹿皮約 15 里爾的市場價格計算每戶是 0.375 里爾的貢稅，以當時戶口調查資料的戶數 13619 戶〔註16〕實際應收之稅金約在 5107.125 里爾，但是這絕對不是貢稅

〔註14〕 江樹生：《熱蘭遮城日記（二）1646 年》，（臺南：台南市政府），民 88，頁 496。
〔註15〕 江樹生：《熱蘭遮城日記（二）1645 年》，（臺南：台南市政府），民 88，頁 401。
〔註16〕 據中村志孝的「台灣番社戶口表」1647 年的戶口數值。楊彥杰：《荷蘭時代台

實際徵收的數字，實際上繳交狀況絕對不如此數。因爲每年的地方會議幾乎都有鼓勵「繳納短缺的人」言語出現，還有因歸順的村社而免稅者，如《熱蘭遮城日記》1946 年 3 月 28 日南區地方會議（第三次）記載說明：

> 關於徵收貢稅，對那些已經繳納的人表示感謝，相反的，對那些未繳納的人，則命令他們以後務必更佳勤奮的繳納，不過這一點沒有向山區的人宣講，因爲他們還是免繳這項年度的貢稅，因爲他們大部分都非常貧窮，很多以前來公司結好爲友的人，從各方面看都還很原始，因此認爲，現在使這些野人增加負擔，不是一件好事，應該只要令他們繼續順服和平就好。〔註17〕

對於貢稅的徵收，除了前述未納與短納之外，免稅使「貢稅」所能收取之數應是更少的。而且「貢稅」在執行也不長久。根據《熱蘭遮城日記》1648 年 3 月 10 日在北區地方會議上宣告：

> 告訴他們説，納貢賦的繳納，即一年一度的貢賦，現在因巴達維亞當局的寬宏大量而取消了，從這件事就知道對他們是多麼的善意關懷，而且這樣做也希望他們更加服從和順服公司。因此他們以後在各方面必須更加勤勞，對我們荷蘭人更加友善，因爲到底一切都是爲了他們的好處，不是爲了我們的利益而做的，只要他們這樣認識並且順服的感謝接受，我們就很高興了。〔註18〕

公司決定停止「貢賦」的徵收。自 1643 年開始試收貢賦，1646 年公司對於中部以北的村社還沒開始收到「貢賦」，1648 公告免徵，在 1647 年底公司已經決定：

> 關於進貢的方式，福爾摩莎居民須從她們的收入中繳納一部份給公司，每年每戶相當於 8 斯多佛價值的物品，您可發現，在收到您有關的命令之前，我們在 1647 年已修整此項規定，最後廢除進貢的慣例，因爲那些人生活艱難而貧苦，幾乎沒有什麼財產。〔註19〕

依據上述檔案內容的紀錄，荷蘭人向原住民收取貢稅，依照當時戶口調查資料的戶數 13619 戶〔註20〕與 8 斯多佛計算，實際可徵得的貢稅 108952 斯多佛（1

灣史。殖民統治》，頁 92。

〔註17〕 江樹生：《熱蘭遮城日記（二）1646 年》，（臺南：台南市政府），民 88，頁 510。

〔註18〕 江樹生：《熱蘭遮城日記（三）1648 年》，（臺南：台南市政府），民 88，頁 6。

〔註19〕 程紹剛譯注：《荷蘭人在福爾摩莎》1649 年 1 月 18 日，（臺北：聯經），2000 年，頁 298～299。

〔註20〕 據中村孝志的「台灣番社戶口表」1647 年的戶口數值。楊彥杰：《荷蘭時代台

里爾以 60 斯多佛計，合約 1800 里爾）。而且原住民又並非全部依規定繳稅，有短繳、不繳、免繳，實際上收入可能遠低於此數，曠廢人力又收入有限甚至比不上贌社一區的贌金收入〔註21〕。實際上，公司在推展收取「貢賦」這一作為上，根本還沒完全執行就終止「貢賦」的徵收。自此以後「停止貢稅徵收」也成為荷蘭官員在每年地方會議上對原住民宣傳荷蘭公司友善的證明。終荷蘭時期未見有再向原住民徵稅的措施。可證明，「貢稅」決非荷蘭時期的重要稅項外，村社短繳、不繳與免繳，使 1643 試行至 1647 年執行終結。荷蘭人治理原住民已沒有任何直接徵收的稅項，「貢稅」與「贌社」對象不同、屬性不同。在稅賦處裡上，荷蘭人對於原住民所課徵的貢賦金額也不高，正如記錄上所說明的所徵收的貢賦還不夠召開一次「地方會議」的費用是可信的。

三、向商人徵收「村社貿易稅」

以遠東貿易利益為主的荷蘭人，本身對於島內經濟上的管理方式承襲舊歐洲傳統「包稅人制度」，據翁佳音的解釋：「贌字廈門話、福佬話唸 Pak，近人多認其源於荷語的 Pacht 一字，而此字在歐洲中古時期的日耳曼語系裡，係借自拉丁文 Pactum、Pactus，意為領主與包稅人對稅額取得一致。此制在歐洲其實為一傳統。」〔註22〕除「包稅」之外，並向大員出口的貨物抽取十一稅，對島內漢人抽取人頭稅〔註23〕。並且針對臺灣原住民主要的經濟來源「鹿」，開放執照給漢人收取執照的費用。這一措施，雖然增加荷蘭人的收益但卻造成當時原漢間不少的衝突。荷蘭人而後並限制鹿皮買賣〔註24〕，獨攬鹿皮出

灣史。殖民統治》，頁 92。

〔註21〕參表 2～5：1648 年諸羅山社的村社貿易贌社金額高達 2600 里爾，當年村社貿易所收高達約 20000 里爾以上。

〔註22〕翁佳音，〈地方會議。贌社與王田——臺灣近代初期史研究筆記（一）〉，收錄於《臺灣文獻》51 卷 3 期，89 年 9 月。

〔註23〕這一規定於 1640 年 8 月 1 日決定，於 9 月 1 日正式付諸實施。當時大員、新港和福島平原地區的中國人數達 3568 人。隨著中國移民的不斷增多，人頭稅也隨之增加，發展成為福爾摩莎的重要固定蒐入來源之一。程紹綱：《荷蘭人在福爾摩沙（1624～1662）》，（臺北：聯經），2000 年頁 265。

〔註24〕1934 年 10 月 11 日……決議，要貼出告示，禁止任何中國人出售鹿皮給公司以外的人，如果有日本的戎克船持皇帝的通行證前來，我們將暫時裝做沒看到，而對那些中國人將視情況來處罰他們。江樹生：《熱蘭遮城日記（一）》，（臺南：台南市政府），民88，頁 183。：1935 年 4 月 17、18 日……決議，要發出告示，禁止任何人出售、交換或任何其他方法出售任何鹿皮給任何外國人，也禁止將鹿皮從此地運往其他地方，要全部交給公司；第三決議，我

口利益，且對於鹿製品徵出口十一稅〔註 25〕，充份利用臺灣的鹿產交易謀取商業利益。

1642 年，公司決定將公司所能確切實際掌控村舍的範圍，以「包攬商業」名義，包贌給商人。但是這和一般的「包稅制度」不同，因為他並沒有稅基，必須依靠商業經營的利潤給付得標的價金。1643 年商人與原住民交易的重要的經濟獵物「鹿」皮的交易價格低落，商人請求提高鹿皮收購價格，因此公司於 1643 年 5 月 27 日決議：

> 今天，因華商請求，也在會議決議，鑑於去年他們交鹿皮及其他獸皮給公司，不但完全沒有利潤，還大受損失，乃決定鹿皮及其他獸皮要以下價格支付給他們：每一百張上等皮（cabessa）15 里爾，中等皮（bariog）12.1／2 里爾；下等皮（pees）6.1／4 里爾，山羊皮 7 里爾；而每擔水鹿皮支付 10 里爾。〔註 26〕

商人若無利潤，甚至虧本，必然不願意與番社從事貿易工作（時鹿皮已不得私販，必須由公司收購）。由於華商要求公司新的收購價格因此，因此公司重新訂定新的鹿皮交易價格。1944 年大員方面又針對於與原住民交易的商品採取課徵進口十一稅的措施〔註27〕，收取進口關稅，公司並且決議：

> 在最北邊的村社，像虎尾壠、諸羅山、哆囉嘓和大武壠社，在有限

們將允許翻譯員 Cambijne 跟其他商人一樣可以交易（因為公司賣貨物給他，比賣給中國來的商人，可獲得更好的價格）。江樹生：《熱蘭遮城日記（一）》，（臺南：台南市政府），民 88，頁 201。

〔註25〕1637 年 1 月 31 日……今天也決定，位要稍微填補公司因建造城堡，駐軍，以及在福爾摩沙鄉間的沉重開支，從今以後，將徵收鹿肉和水鹿皮、山羊皮、羌皮的出口什一稅，這事將公開張貼公告，令眾周知。江樹生：《熱蘭遮城日記（一）》，（臺南：台南市政府），民 88，頁 286。1637 年 2 月 4 日……今天，在此地與福爾摩沙的鄉間公告，並張貼由長官閣下與大原本館會議決議，要徵收鹿肉、水鹿皮、山羊皮、羌皮的出口什一稅的告示。江樹生：《熱蘭遮城日記（一）》，（臺南：台南市政府），民 88，頁 287。

〔註26〕江樹生：《熱蘭遮城日記（二）1643 年》，（臺南：台南市政府），民 88，頁 142～143。

〔註27〕4 月 16 日，今日的會議決議，從再來的 5 月 1 日起將通告中國人，為要增加公司收入，對運來這【大員】市鎮以及運去跟原住民交易的所有的黑糖、中國的蠟燭、菸草、arack 酒、油、魚油（traen）、各種油脂、福爾摩沙的籐、珊瑚以及其他諸如此類的商品和雜貨，將來必須繳納所得的什一稅給公司。同時，每一個用來燒製 arack 酒的鍋爐（ketel），迄今每月只納 2 里爾，以後必須繳納 3 里爾。江樹生：《熱蘭遮城日記（二）1644 年》，（臺南：台南市政府），民 88，頁 259。

條件下，以及在政務員與其他荷方人員監督下，暫時試辦，允許6、8到10個中國人去那裡居住，因爲那些村社較大，在那些村社原住民的意願下去跟他們交易，並允許他們住在那裡，並且要爲此每年繳付合理的金額【稅】〔註28〕

於當年執行對於鄰近的北部村落進行試贌〔註29〕。1643～1644年間荷蘭公司可謂積極爲村社貿易制度的執行進行準備工作。由上述資料觀察分析得知，雖然1642年決議對原住民社群「包攬商業」遲至1644年才開始試辦之外及部份村社發贌。公司也決定，對於商人與原住民交易的商品也得抽取進口十一稅。

當1644年召開的全福爾摩沙地方會議的南部地方會議與北部地方會議，正可確認哪些原住民村舍是可以作爲「贌社」的對象。沒有稅基的「贌社」制度，和一般荷蘭在臺時期執行的「包稅」制度若如「人頭稅」、「屠宰稅」有著稅基上的差異。人頭稅乃以人數爲收稅的基礎，本身是可以加以估算的。而「贌社」之對於福爾摩沙人的村社「包攬商業」，是一種市場供需的問題，貨幣是商業交易的媒介，福爾摩沙人本身並不具備使用貨幣的概念與能力，他們拿鹿皮，拿稻穀繳納貢稅，同樣的以物易物與「商人」做交易，傳教士處罰福爾摩沙人乃是以罰鹿皮來代表處罰，如前述荷蘭時期貢稅的全部尚無法滿足召開地方會議地支出，邁入全島統治的荷蘭人，開始尋求島內資源的收割以增加殖民地本身的收益，「村社貿易制度」就是在這樣的時空環境下逐漸開展。

第二節　荷蘭時期的「村社貿易」制度狀況

荷蘭殖民政府在大員的花費與建設、駐軍、交通運輸、甚至攏絡原住民的物品、傳教及召開地方會議，通通需要錢，而這些錢的來源出其乃來自於荷蘭東印度公司支應。雖然荷蘭人著眼於遠東貿易利益，卻也不會無止盡的對於臺灣社會所能投入殖民政府的建設與開拓資源的忽視。故當時機成熟之

〔註28〕江樹生：《熱蘭遮城日記（二）1644年》，（臺南：台南市政府），民88，頁259。
〔註29〕11月12日，傍晚，新港社、蕭壠社、目加溜灣社、麻豆社、大目降社，從現在起，到明年4月30日【的交易專利】以695里爾贌給出價最高的人。其條件與贌虎尾壠（Favoroloangh）社的條件相同，並且規定，居住在上述各社的中國人，除了他們生活必需品以外，完全不得與原住民物物交換或購買任何東西，違者貨物沒收，此外並罰10里爾。江樹生：《熱蘭遮城日記（二）1644年》，（臺南：台南市政府），民88，頁375。

時，即展開對殖民地利益的收取動作，如對於當時進出大員的貨物課徵什一稅；對於來臺從事農業或商業活動的漢人課征人頭稅；積極的探索臺灣的黃金礦藏；收購鹿皮外銷日本，以取得島內開發利益。當荷蘭人對原住民社群作出「包攬商業」的決定之後，便展開制度執行的落實。本節針對「村社貿易」執行的方式、時間以及範圍進行分析，並且對臺灣鹿產在「村社貿易」制度執行的重要性進行分析討論。

一、「贌社」的時間與方式

　　「贌社」對於福爾摩沙住民社會的影響，筆者認為從「贌社」經濟的交易的分析最能清楚整個制度與住民間的互動，故提出下列情形說明。從「贌社」的時間與方式開始，荷蘭時期的「贌社」時間，初始之時時間有些混亂，這是由於是試驗的階段。據《熱蘭遮城日記》1645 年 4 月 28 日所示：

> 長官為要舉行上述「贌社」拍賣大會，親自帶領議員們，去那市鎮
> 通常的地方，等到也有很多人來到那裡以後，就把上述一部份村社
> （按照通告的條件）確實拍賣，贌租一年。〔註30〕

荷蘭東印度公司雖然早於 1642 年即決定執行「村社貿易」，但真正落實則於 1645 完成。接續 1646 年 4 月 13 日「今天，在福爾摩沙公司所轄區裡的所有村莊、湖泊、河流等，由長官和議會發？（贌）給出價最高的人經營一年」〔註31〕；1647 年「贌社」日期是 4 月 8、9 日紀錄說明：「按照一年一度的慣例，把福爾摩沙此地公司所轄區域裡的所有村莊、湖、溪和其他事項，贌售給出價最高的人。」〔註32〕1648 年亦是在四月份，1650 年亦在 4 月 18、19 日亦云「按照歷年慣例」，1651 亦於 4 月 17 日舉行。「贌社」乃於每年的四月份辦理拍賣大會，亦形成慣例，得標者經營一年。荷蘭時期臺灣「贌社」制度的開辦招標，基本上 1645～1655 年是在每年的四月份完成舉行。

　　荷蘭人執行「村社貿易」制度的對象，據翁佳音研究認為：

> 贌社也源於荷治時期，然而此制度與明鄭以後所行的略有不同，所課
> 稅為針對包辦番漢貿易的漢人贌商，而非番社中的人頭稅。儘管早在
> 公司安平設立據點之時，巴達維亞城便要求向原住民課稅，然而臺灣

〔註30〕江樹生：《熱蘭遮城日記（二）1645 年》，（臺南：台南市政府），民 88，頁 402。
〔註31〕江樹生：《熱蘭遮城日記（二）1646 年》，（臺南：台南市政府），民 88，頁 521。
〔註32〕江樹生：《熱蘭遮城日記（二）1647 年》，（臺南：台南市政府），民 88，頁 620。

方面總以原住民貧困不堪負擔而反對。教會的進駐與學校、牧師館的設立一度是向原住民課稅以負擔費用的一部分，然而迫於原住民的經濟狀況最後仍不得不取消，改由公司支付。此後原住民的經濟負擔從稅餉改爲縣役，主要負責信件、行李的運送，並在軍事行動中提供協助。相對於徵收自漢人的人頭稅，原住民僅繳納實物爲主的貢賦，且由公司或教會人員直接徵收，並非透過贌商之手。〔註33〕

文中所辯明的是荷蘭人執行的「村社貿易」與「貢賦」是不同的兩種制度外，正如前述 1648 年向原住民徵收「貢賦」已經終止，「村社貿易」課稅的對象是「商人」而非原住民。荷蘭時期進行對原住民村社間的商業貿易行爲徵稅，這是「村社貿易」的最初意義。

荷蘭當局係將全臺番社畫分爲數十區，向商人公開招標，承包區域內的買賣交易；原住民只能與得標的贌商交易，而公司則向贌商徵收「贌社稅」。「據《巴城總督暨議會一般報告書》所載，贌社制首次實行在 1642 年，漢人主要以布匹、鹽、鐵等廉價什物換取鹿皮鹿肉。」〔註34〕其實這種稅賦是無涉於人頭稅的。在詹素娟〈贌社、地域與平埔社群的成立〉一文中言：

公司是以「區域」作爲招標單位，商人則於得標後承包該區域的所有買賣交易。承包商以低價的衣料、鹽、鐵鍋及各種玉石雜細，和番社交易市價極高的鹿皮、鹿肉等鹿製品，再將收購到的鹿製品，轉賣給公司或自行出口販售，以賺取利潤。〔註35〕

詹素娟研究說明了「贌社」所得貨物來源，商人與原住民的易物交易模式。並且商人透過出口或販賣給荷蘭公司取得商業利益。說明最初對原住民村社實施的是一種商業行爲，「商人」從與原住民商業交易產物，出口，或賣給公司來獲取利益，而非依據「戶口」與「人口」的徵稅行爲。荷蘭當局執行村落承包制對承包商在取得承包稅權時，收取金額；出口外銷鹿製品時，還得支付出口稅，也說明荷蘭「贌社」所徵收稅金的對象完全是商人：

村落承包權，通常由每年出最高價者得標。開標後，得標者需立即支付底價的半數給公司，剩餘半數則在一年期的稅權到期前支付。

〔註33〕翁佳音：〈地方會議。贌社與王田——臺灣近代初期史研究筆記（一）〉，《臺灣文獻》51 卷 3 期，89 年 9 月。
〔註34〕同上註。
〔註35〕詹素娟：〈贌社、地域與平埔社群的成立〉，《臺大文史哲學報》第五十九期，2003 年 11 月，頁 117～142。

每位承包商，需由兩位擔保人擔保，以免承包商無法支付尾款，造成呆帳。最初，中國人、荷蘭人都來競標；但 1652 年起，公司不許官員參與投標或擔當保人，因此中國人幾乎完全壟斷競標活動。不僅如此，大部份地區的原住民只能與特定的承包商交易，而承包商也被嚴格限制在標得村落內從事貿易。〔註36〕

承包商與番社之間，因此形成緊密的供需關係；承包商亦在統治者與原住民之間，扮演媒介的角色，荷蘭方面抽貿易稅獲取利益是無涉原住民本身而是對「贌商」，「贌商」再對原住民執行買賣交易，「贌社」的商人成為利益中介者與分配者的角色。

連橫在《台灣通史》基本上述明了「荷蘭」時期對於原住民村社「包稅制度」的形式：

是時歸附土番歲納鹿皮，視社之大小為差。其後因之，每年五月初二日，主計官集公所，召民贌社，眾環視之。官歷舉各社餉銀之數，高呼於上，贌者應之，至最多者而畀之。乃具姓名及社餉於冊，取殷戶為保，以四季分納，謂之「社商」。社商時率夥記至番社貿易。夥主財物，記任會計，而社商領之。〔註37〕

但連橫實際卻將「貢賦」和「村社貿易」稅兩種混淆了。「是時歸附土番歲納鹿皮，視社之大小為差」，這是荷蘭人收取貢賦，並非「村社貿易」的前身由來。荷蘭時期包稅種類很多，「贌社」是針對與原住民之間的商業往來的商人，商人承贌不過是謀取交易利差，並且獨攬區域內的交易獨佔權。但包稅並未限制原住民繳交多少數量的鹿皮，贌商透過易物方式，取得原住民獵取的鹿皮與物產對外銷售牟利。明顯的荷蘭時期「村社貿易」制度全然無涉於向臺灣原住民徵稅的問題，源頭也不是來自「土番歲納鹿皮」的貢稅。而原住民透過交易取得所需的物品，商人向荷蘭當局繳交包攬村社貿易的費用與販售出口的稅賦才是荷蘭當局的收入。此所涉及「市場的大小」的問題，市場大相對的「贌社」金額也就水漲船高，市場小「贌社」金額也跟著縮水。而商人如何操作與原住民之間的買賣牟取利益的行為，才是影響福爾摩沙住民社會的最要環節。如圖 2.1 流程說明，更清楚「贌社」的最初本質意義。

〔註36〕同前註 63，頁 125。
〔註37〕連橫：《臺灣通史》，卷十七〈關征志〉（台北市：臺灣銀行經濟研究室），頁 481。

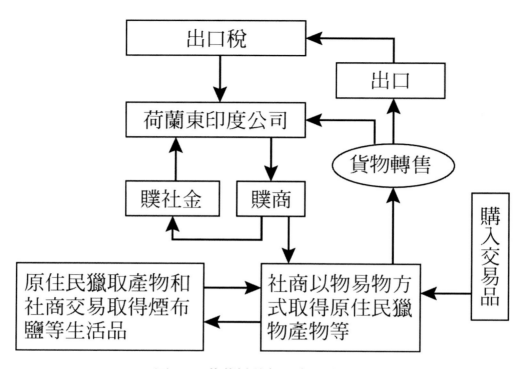

圖 2.1：荷蘭村社貿易交易流程圖

　　荷蘭人對村社貿易權以拍賣會的方式進行，參加拍賣的「贌商」乃針對所欲包贌的社域按照通告條件競標，採價高者得之，公司是否制定底標不得而知。然公開拍賣這種特許經營權利，「贌商」評估若無利益可圖，不可能參加競標，而拍定的標價對「贌商」而言絕對有利可圖〔註38〕。當公司作出損害商人利益的舉動，「贌商」甚至可重新要求「重新發贌」維護自身的利益。例如：

> 1648 因大目降、木加溜灣、新港與蕭壠這四社的贌商，對於在 Hoorn 開設市集日，導致他們的交易縮減，表示不滿，因此決議，這四社將於本月 20 日重新發贌，並且今天就要用告示通知大家。〔註39〕

重新發贌前後對照如下表（表 2.4：1648 年四社重贌表）所示：

〔註38〕他們向當地居民兜售縫衣的麻布、鹽、用於狩獵的鐵器、珊瑚核各種雜物，不但能以此支付租金，而且可以攫取厚利，他們每年可從中獲利 18000 里爾。租借者所獲取的利益尚未計算在內。程紹剛譯注：《荷蘭人在福爾摩莎》七范.代.萊恩 1649 年 1 月 18 日，（臺北：聯經），2000 年，頁 298～299。

〔註39〕江樹生：《熱蘭遮城日記（三）1648 年 6 月 18 日》，（臺南：台南市政府），民 88，頁 55～56。

表 2.4：1648 年四社重贌表

	商人名稱	原額	更額
Sinckam〔新港〕	Kimtingh 公司的翻譯員	610	410
Soelangh〔蕭壠〕	Biaussa	800	550
Tavocan〔大目降〕	Sako	400	230
Baccloangh〔目加溜灣〕	Lacko	700	480
小計（里爾）	2510	1670	

資料來源：

《熱蘭遮城日誌》第三冊 1648，6 月 20 日條，頁 55～57。

《熱蘭遮城日誌》第三冊 1648，4 月 7～11 日條，頁 30～32。

　　「贌商」是依照公司拍賣的條件參與公司拍賣，當有損及自己商業利益的作爲，而造成損失，贌商是能爭取自己的權益的。荷蘭人也知道「贌商」與原住民交易，存在極大的利益，但爲殖民地的收益問題，不得不持續「村社貿易制度」：

> 我們准許中國人與當地居民來往，進行貿易（不必爲其運貨舢板納稅）並且規定他們只能在離村社一段距離的地方聚居，至今該項規定仍然有效，我們認爲沒有必要修改。准許中國人進行貿易的村社出租（以增加公司在福爾摩沙的收入，並減輕公司在此地的牧師、慰問師和學校教師以及每年舉行村社集會的費用負擔）〔註40〕

在臺灣大員商館在政、教兩方面都需要經費的挹注，「村社貿易」收入對此頗有助益，這是持續進行「村社貿易制度」最主要的原因。但是商人們從交易當中確是獲利豐厚〔註41〕。因此，荷蘭公司方面提出對於抑制「贌商」的方

〔註40〕 程紹剛譯注《荷蘭人在福爾摩莎》七范‧代‧萊恩 1649 年 1 月 18 日，（臺北：聯經），2000 年，頁 298～299。

〔註41〕 中國人……他們的貨物和貿易也不可能以合理的價格銷售和進行，上述福爾摩莎人也很難從中取利，除非您決定全部取消和廢除所有福爾摩莎村社的租賃，這將減當地居民的壓力。因爲每個村社均租借給不同的中國人，並讓他們配戴一種銀章，上面刻有該村社的名字以作爲出入的通行證，其他中國人絕對不許（否則將予以處罰）在該村社活動，更不許進行任何貿易，不然將使出租者受到損失，我們做出規定，所有租借者只許與原住民做以鹿肉和鹿皮的生意，他們向當地居民兜售縫衣的麻布、鹽、用於狩獵的鐵器、珊瑚核各種雜物，不但

法，甚至提出過廢除社商，改以商店經營方式，及壓抑「贌商」措施以保護原住民〔註42〕（後節敘述），但是成效有限。況且村社貿易招標金額年年提高，1650 年達到顛峰，爲減輕「贌商」的負擔（「贌商」因「飆高的「贌金」）不致於造成破產，以永續經營，甚至特例減免「贌金」的舉動〔註43〕。這是因爲「村社貿易稅」爲島內收入極爲重要來源之一，商人是公司收入的重要來源，商人破產將會影響殖民地收益的嚴重問題。荷蘭方面還是持續執行「村社貿易」制度一直到 1660 年止。

二、「贌社」制度的執行範圍

當 1642 年荷蘭東印度公司對大員商館發出決議〔註44〕，做出對已臣服的福爾摩沙社群以「包攬商業」增加公司收入的決定，大員商館便逐步展開「贌社」制度的落實。1644 年的試辦之後，自 1645 年開始每年的 4 月開始，以公開招標的方式進行各區域社群「承包權」的確認。根據 1645～1657 年的「贌

能以此支付租金，而且可以攫取厚利，他們每年可從中獲利 18000 里爾。租借者所獲取的利益尚未計算在內。程紹剛譯注：《荷蘭人在福爾摩莎》七范.代.萊恩 1649 年 1 月 18 日，（臺北：聯經），2000 年，頁 298～299。

〔註42〕去年（1649）我們已將評議會委員有關村社出租的報告，送回荷蘭，並等候您對此做出決議和指示，以便我們按此行事，他們的報告正如出租一事，有積極也有消極的一面。根據大員最近的報告，我們與駐大員的長官和評議會一致認爲，即使放棄村社出租，福島居民也難以擺脫中國人的敲詐，況且若無中國人的幫助，他們也難以維持生活。因此，中國人不會放棄攫取最大利益的機會，無論是否繳納租金，衡量各方面因素之後，我們認爲以下作法比較妥當。「公司仍繼續收稅，以減輕福島需承受的各種費用沉重的負擔。這樣既可控制中國佃戶，又能儘可能減輕貧窮原住民的負擔。」正如費爾勃格先生做出的安排，「首先下令每名原住民，自願到大員繳納鹿皮，公司將爲他們提供各種必須品；第二，取消從前的禁令，若村社居民無法與佃戶達成協議，可將鹿皮賣給其它村社，換取生活必需品。我們希望透過這些方式能限制中國人與原住民的交易（《熱蘭遮城日記》1645 年 4 月 1～6 日内容另有記載）因爲中國人不許與其他任何人往來。」程紹剛譯注《荷蘭人在福爾摩莎》八雷尼爾斯（1650～1653）1651 年 1 月 20 日，（臺北：聯經），2000 年，頁 325～326。

〔註43〕福島的村社和漁區於（1651）4 月 17 日出租給中國人，爲期一年，獲租金 40070 里耳，比去年減少 27245 里爾，使福島的收入大大減少。佃戶們去年因租金高而獲利少，原因是這個租期内鹿肉的價格從 20 里爾一擔降至 10 里爾。……最後經大員評議會同意，決定普通佃戶 1650 年的租金減交五分之一。程紹剛譯注《荷蘭人在福爾摩莎》八雷尼爾斯（1650～1653）1651 年 12 月 20 日，（臺北：聯經），2000 年，頁 336。（若如此計算 1650 年的租金收入爲 53852 里爾。）

〔註44〕參前注 9 郭輝譯：《巴達維亞城日記》，台北：台灣文獻委員會印行，民 78，第二冊，頁 423。

租價格」來分析（如附件表2.5；圖2.2、2.3示）：

表2.5：1645～1657贌租價格表（單位：里爾）

	45年	46年	47年	48年	49年	50年	51年	54年	55年	56年	57年
新港	200	305	420	410		980	300	170	105	100	120
蕭壠	305	410	460	550		1900	875	690	410	400	330
大目降	145	200	330	230		375	200	95	10	20	20
目加溜灣	210	315	440	480		1400	650	380	230	220	220
東、西螺	360	500	640	1400		5000	3500	2950	1880	710/1300	770/1025
二林	310	410	520	820		3550	1300	1420	1000	1500	1250
麻豆	500	690	900	1400		2850	1200	660	450	550	670
多囉嘓	140	330	480	600		1250	450	180	170	225	280
馬芝遴	252	330	530	740		2600	650	680	410	510	580
大武壠	140	340	500	740		1500	550	360	210	200	240
虎尾壠＋貓兒干	400	400	400	2600		7550	5550	6675	4370	3640/1800	3775/1850
諸羅山	285	650	1100	1800		5250	3850	3425	2110	2750	2800
他里霧	115	400	420	750		3000	1900	2025	1600	2000	2225
笨港溪	300	300	320	200		1200	650	625	100	110	110
小琉球島	70	70	150	150		175	175		200	200	--
南區全部	800										
瑯嶠		280	300	600		850	450	625	480	560	390
放索仔		270	170	200		300	225	140	120	280	390
加藤與力力		290	250	250		650	650	170	140	360	350
麻里麻崙		380	100	120		400	300	280	150	270	350
大木連		400	370	540		750	550	330	200	140	140
阿猴		380	370	400		800	500	400	140	120	150
塔樓大澤機		520	450	480		1200	400	550	550	680	750
打貓		230	440	680		3000	2000	1300	810	1070	1300
猴悶		250	440	500		2500		700	300	450	470
竹塹新港仔		500	940	1450		2700	1400	1550	1500	--	--
南崁		210	170	160		600	600	475	480	--	--
崩山		190	150	140		250	100	130	130	--	--
牛罵		180	80	40		100	10	60	40	100	40

Tackpoulangh			160	40		300	100	100	40	90	50
阿里山			180	200		750	250	380	200	180	200
阿束			100	100		900	450	325	160	190	200
大肚社			200	500		2000	1500	1025	630	720	800
貓霧束						150	150	130	40	95	70
y-u 社			75	70		200	30	25	40	30	
大突				400		2150	750	440	240	350	400
大武郡				280		850	800	630	330	370	430
南投與北投						1600	800	860	670	600	660
奇冷岸									100	150	20
Karakan									100	150	20
Sivokon									40	45	20
小計	4532	9730	12555	20020	43600	61580	34085	30965	20870	23155	23675
社區數量	16	28	33	35		37	38	37	40		

資料來源：

《熱蘭遮城日誌》第二冊 1645，4 月 28 日條，頁 402；《熱蘭遮城日誌》第二冊 1646，4 月 13 日條，頁 521；《熱蘭遮城日誌》第二冊 1647，4 月 8、9 日條，頁 620-622；《熱蘭遮城日誌》第三冊 1648，4 月 7-11 日條，頁 30-32；《熱蘭遮城日誌》第三冊 1650，4 月 18、19 日條，頁 125-128；《熱蘭遮城日誌》第三冊 1651，4 月 17 日條，頁 205-208；《熱蘭遮城日誌》第三冊 1654，4 月 30 日條，頁 323-326；《熱蘭遮城日誌》第三冊 1655，4 月 30 日條，頁 474～477。（1651）淡水屬下，Terrissan 社與 Sausauly 社併在南崁社 Lamkan 發贌之外，其餘 Barissouw 地區，八括龜侖社 Coelon 社山區（200 里爾）；資料出處：1656、1657 參考中村孝志《荷蘭時代臺灣史研究上卷》，頁 268～272、282～283、319 編修。

　　荷蘭執行「村社貿易制度」由原先的西南平原地帶的村社逐漸向北擴展，村社也自 1645 年的 16 個主要位於臺灣西南部的村社區範圍逐年向北部伸展，至 1655 年「贌社」的範圍達到 40 個社區，區域擴及整個臺灣西部。而村社贌租價格由也由 1645 年的 4532 里爾至 1655 年亦達 20870 里爾，而期間若如 1650 年「贌租價格」高達 61580 里爾，而其均值亦達 26438 里爾。自 1645 年後，陸續增加貿易的村社，如：

　　3 月 27 日……決議，要把新港仔溪（revier van Sinckangia）與竹塹溪（revier van Ticksam）贌給中國人一年（按照他們的請求與開價

500 里爾），並且爲要避免這種混亂，使中國人繼續遵守秩序，使原
住民繼續勤奮，並使他們越來越歸向我們，也將決定近日中派一個
士官率領六個士兵去住再該地區一個最適當的地方。這樣做，不但
要使通往北部道路持續安全，淡水與大員之間的聯絡更可靠而有此
必要，同時也認爲會有利益，會使公司的收入以後大爲增加。〔註45〕

對於已歸順的村社增加爲貿易村社區域，公司必然增加所得。雖然 1642 年驅
逐西班牙人將北部淡水地區納入統治範圍，並於 1645～1646 年間運用武力對
於淡水、中部地區的村社進行征討，而且大肚番王同意出席村社會議，地區
村社也陸續包贌給商人經營貿易。但是爲淡水地區的經貿發展，大員議會決
議對淡水地區的商業進行開放：

> 將於近日通知所有中國人，以後任何人有意遷居淡水或雞籠的，無
> 論是要在那裡從事農業、漁業或其他行業，其住在淡水的人（除了
> 人頭稅外）每人各按行業將有數年免繳全部的稅賦，而住在雞籠的
> 人，除了上述免稅之外，還可三年免繳人頭稅。而且爲要增加上述
> 地區的進口以及公司的收入，也要自由開放從中國所有地區航往淡
> 水與雞籠的航運，任何人都可以自由往來，就像在大員那樣，可以
> 把各種中國商品和雜貨運來，也可以把那裏的貨物運出去，但要向
> 公司繳納稅賦，就向在此地一直（循例）繳納那樣。〔註46〕

由於免稅措施的政策，因此，荷蘭時期淡水、雞籠地區村社於並無實施村社
貿易制度。公司提出優惠條件，鼓勵中國人積極開發此域。在表 2-5：1645～
1655 贌租價格表中贌租村社沒有淡水區域的村社更可證明。統觀實際荷蘭村
社貿易由臺灣西南區域的村社擴充至中部地區及其北部，而且明顯集中於中
區以南，實際上與數百村社參加的地方會議〔註47〕，荷蘭人也僅在西部進四
十個村社區執行「村社貿易」制度。

〔註45〕1646 年南區地方會議（第三次），江樹生：《熱蘭遮城日記（二）1646 年》，（臺
南：台南市政府），民 88，頁 509。

〔註46〕同上註。

〔註47〕根據最新統計，福爾摩莎共有 315 個歸服村社，包括男女老少 68675 人，中
國人有 15000 人，其中 11000 人每月繳納人頭稅。每人每月半里爾計，所得
收入比較可觀。程紹剛譯注《荷蘭人在福爾摩莎》八雷尼爾斯（1650～1653）
1651 年 1 月 20 日，（臺北：聯經），2000 年，頁 325。

圖 2.2：東印度公司贌社出贌金額數（1647 年）

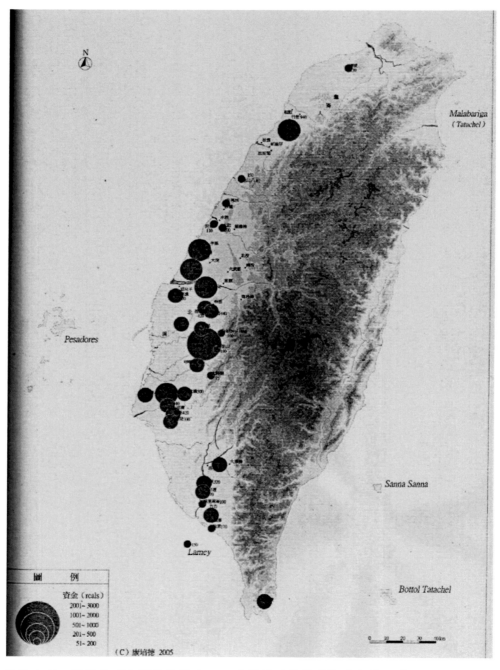

資料出處：康培德《台灣原住民史——政策篇（荷蘭明鄭時期）》，頁 207。

圖 2.3：東印度公司贌社出贌金額數（1655 年）

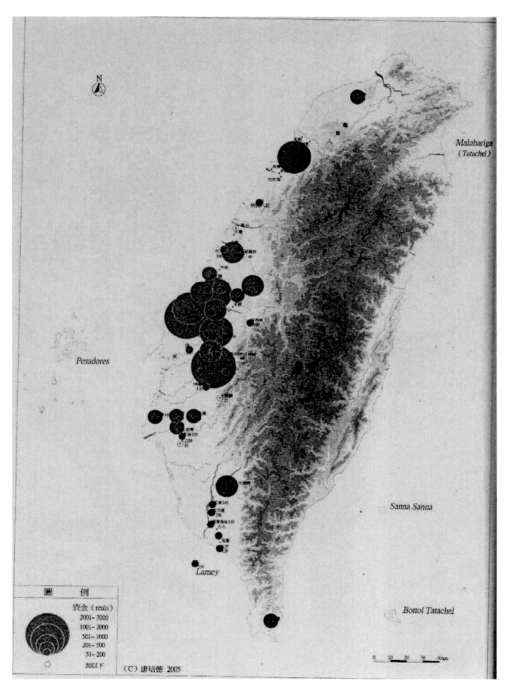

資料出處：康培德《台灣原住民史——政策篇（荷蘭明鄭時期）》，頁 208。

三、福爾摩沙的黃金鹿

從 1639 年代之後大員方面開始限制了漢人捕鹿方式，到 1642 年遷移漢人至大員的等措施後，使臺灣鹿產的捕捉活動，實際由原住民來執行。鹿皮市場由於荷蘭人限定收購價格及買賣，鹿皮價格由公司掌控，以一百張為單位：1633～1641 年荷蘭人制定的收購價格是上等 13 兩，中等皮 11 兩，下等皮 5.4 兩。〔註 48〕在尚未執行「村社貿易」制度之前，公司已限制商人與原住民交易的鹿皮賣給大員〔註 49〕。1642 年底，由於日本市場價格下跌，鹿皮滯消，荷蘭亦降低了收購價格，定為：上等鹿皮每百張 10 兩，中等皮 8～9 兩，下等皮 4 兩〔註 50〕，此舉造成華商損失，因此大員會議又決定提高鹿皮收購價格〔註 51〕。

在漢人無法捕鹿之下，鹿皮來源得全部依靠原住民獵捕以取得。原住民取得臺灣捕鹿的專利權，而且不用繳交任何費用，鹿產成為原住民經濟的重要來原。商人藉由買賣獨佔權利，進行與原住民之鹿產交易，透過價差取得豐厚的利益。而大員方面除獨佔鹿皮之收購所取得的鹿皮外，亦有一部份來自福爾摩沙人的貢賦、罰金而來〔註 52〕。鹿皮興販日本，並對出口鹿肉收取

〔註 48〕 楊彥杰：《荷據時代台灣史》〈第六章經濟掠奪〉，（臺北：聯經），2000，頁 212。
〔註 49〕 1934 年 10 月 11 日，決議，要貼出告示，禁止任何中國人出售鹿皮給公司以外的人，如果有日本的戎克船持皇帝的通行證前來，我們將暫時裝做沒看到，而對那些中國人將視情況來處罰他們。江樹生：《熱蘭遮城日記（一）》，（臺南：台南市政府），民 88，頁 183。1935 年 4 月 17、18 日……決議，要發出告示，禁止任何人出售、交換或任何其他方法出售任何鹿皮給任何外國人，也禁止將鹿皮從此地運往其他地方，要全部交給公司。江樹生：《熱蘭遮城日記（一）》，（臺南：台南市政府），民 88，頁 201。
〔註 50〕 楊彥杰：《荷據時代台灣史》〈第六章經濟掠奪〉，（臺北：聯經），2000，頁 212。
〔註 51〕 5 月 27 日，今天，因華商請求，也在會議決議，鑑於去年他們交鹿皮及其他獸皮給公司，不但完全沒有利潤，還大受損失，乃決定鹿皮及其他獸皮要以以下價格支付給他們：每一百張上等皮（cabessa）15 里爾，中等皮（bariog）12.1／2 里爾；下等皮（pees）6.1／4 里爾，山羊皮 7 里爾；而每擔水鹿皮支付 10 里爾。江樹生：《熱蘭遮城日記（二）1643》，（臺南：台南市政府），民 88，頁 142～143。
〔註 52〕 大員所取得的鹿皮亦有一部份來自福爾摩沙人的貢賦、罰金而來。如：（5 月 10 日……收到政務員 Antonij Boey 本月八日從大木連寄來的書信，……其他主要的是提到，從貢稅【徵稅】收到 15 枚水鹿皮、241 枚山羊皮和 194 枚鹿皮，還有從罰款收到 510 枚鹿皮，這些全部都由他，Boey，用戎克船送來此地了。……在淡水與 Quataongh 的地區之間的村社，那些村社的數目有十六個，都已答應要用鹿皮繳納貢稅。該代理地方官 Van Bergen（他把兩個長老

出口關稅，成為荷蘭人島內最主要的收益來源。若依照 1645～1655 年以後的統計資料來分析〔註 53〕，原住民內耗與發賣給商人的鹿皮每年總數應不下 75000 張。也就是說原住民的鹿皮市場，由於限定收購價格——鹿皮價格由公司掌控，以一百張為單位規模，以 1643 年決議的收購均值 11.25 里爾〔註 54〕計算平均達 8437.5 里爾，若以中等鹿皮價格計算約 15 里爾〔註 55〕鹿皮市場規模將達 11250 里爾。

　　臺灣之鹿除皮能輸出之外，鹿肉部分出口供應中國。島內鹿肉必須在出先作處理生肉的保存－作脯，且有集中運輸的必要。由於受到供需影響鹿肉價革變動不經，以統計荷蘭時期鹿肉價格、出口量及出口稅的狀況如下表所示：

表 2.6：鹿肉價格、出口量及出口稅

年代	1641	1644	1649	1650	1654	1655	1659
鹿肉價格		7 里爾	20 里爾	10 里爾	8 里爾	—	—
出口稅	10%		4 里爾	6～4 里爾	3 里爾	2 里爾	1 里爾
出口量					10000	8000	6000

資料來源：本表據出處引用吳聰敏：〈荷蘭統制時期之贌社制度〉《臺灣史研究》，第十五卷第一期（臺灣史研究所），頁，97.03。

說明：出口量單位為擔。

　　　　　　一起帶去淡水）再度訓勉他們要認真繳納。江樹生：《熱蘭遮城日記（二）1645》，（臺南：台南市政府），民 88，頁 401。

〔註 53〕永積祥子著，劉序楓譯：〈由荷蘭史料看十七世紀的台灣貿易〉，收於湯熙勇主編《中國海洋發展史論文集》（台北：中央研究院中山人文社會科學研究所，1999）第七集。；吳聰敏：〈荷蘭統治時期之贌社制度〉，《台灣史研究》第 15 卷第一期，頁 10。

〔註 54〕5 月 27 日……今天，因華商請求，也在會議決議，鑑於去年他們交鹿皮及其他獸皮給公司，不但完全沒有利潤，還大受損失，乃決定鹿皮及其他獸皮要以以下價格支付給他們：每一百張上等皮（cabessa）15 里爾，中等皮（bariog）12.1／2 里爾；下等皮（pees）6.1／4 里爾，山羊皮 7 里爾；而每擔水鹿皮支付 10 里爾。江樹生：《熱蘭遮城日記（二）1643》，（臺南：台南市政府），民 88，頁 142～143。

〔註 55〕參考吳聰敏：〈荷蘭統制時期之贌社制度〉（表 2.8：鹿皮價格）《臺灣史研究》第十五卷第一期（臺灣史研究所），頁，97.03。1646～1672 年鹿皮價格之平均值。

以擔爲單位，每擔 7 里爾計算〔註56〕，若以出口 10000 擔的鹿肉的市場規模計算，鹿肉市場規模將達 70000 里爾。有多少鹿皮就有多少經濟產值，鹿皮加上鹿肉出口市場島內贌商經營規模亦超過 80000 里爾。以當時的原住民大約 7 萬人〔註57〕，有多少人就有多少的市場內需，原住民並不使用貨幣交易，而是以易物方式進行交易活動，贌商提供商品與原住民交易物產（含鹿製品），也就是說，原住民交易商品的規模和贌商進口規模等值亦有 80000 里爾以上。

據對於自大員出口貨物到中國的戎克船載貨之統計資料（表 2.7：1655 福爾摩沙出口商品類表（3/1～11/2）：

表 2.7：1655 福爾摩沙出口商品類表（3/1～11/2）

商品名稱	3/1	3/6	3/13	3/27	3/31	4/1	4/5	4/10	4/15	4/16
鹿肉/斤	24273	150	9921	14478	27616	3772		21500	9335	15131
鹿腳/斤	266		275	800				70	125	372
福爾摩沙籐/斤		500	4125		1350		2200	750	475	4500
	5/1	5/2	5/5	5/8	5/10	5/15	5/18	5/22	5/31	6/4
鹿肉/斤	400	32649	40523	60217	19694	9013	681	16153	11054	432
鹿腳/斤			340	416	76			37	144	
福爾摩沙籐/斤	1100	1050	1650	3200	550	500	1700	3900	600	
	6/5	6/7	6/11	6/18	6/22	6/28	6/30	7/1	7/10	7/22
鹿肉/斤	2725	19500	15379	373	5900	72000	20576	15075	1289	3355
鹿腳/斤				390	73	196				
福爾摩沙籐/斤	1100	750	3850	3950	2500	2900	4300	1800	1050	850
鹿腿/擔					8	8	13			
	7/29	8/3	8/5	8/16	8/20	8/24	8/31	9/1	9/9	9/10
鹿肉/斤	9207	10455	196	1198	3908	10265	22914	9051	4611	642

〔註56〕參考附表 2.9，1644 年鹿肉價格。

〔註57〕根據最新統計，福爾摩莎共有 315 個歸服村社，包括男女老少 68675 人，中國人有 15000 人，其中 11000 人每月繳納人頭稅。每人每月半里爾計，所得收入比較可觀。（程紹剛譯注《荷蘭人在福爾摩莎》八雷尼爾斯（1650～1653）1651 年 1 月 20 日，（臺北：聯經），2000 年，頁 325。

鹿腳/斤		96	87		305		42			
福爾摩沙籐/斤	2500	4600	3850	5650	8950	1700	8650	1400	2500	1500
鹿腿/擔	15		36							
	9/16	9/20	9/22	9/23	10/2	10/9	10/16	10/18	10/23	10/27
鹿肉/斤		3260	4360	6314	13702	16412	19288	1180	4000	3272
鹿角/籃							4			
福爾摩沙籐/斤	1500	100	2100	4050		1900	2392	1000	5200	900
鹿腿/擔						15	48		8	
	11/1	11/2								
鹿肉/斤	5239	4532								
鹿腳/斤	84									
福爾摩沙籐/斤	750	200								
鹿腿/擔	5	18								
8/23 載 63164 枚鹿皮 31995 水鹿皮往日本。										
鹿肉/擔	627170 斤（100 斤／擔）6271.7 擔									
鹿腳/擔	4194 斤又（鹿角 4 籃）									
福爾摩沙籐/擔	112592 斤									
鹿腿/擔	174 擔									

資料來源：此大員出口中國物品（不含漢人生產、漁獲及轉口商品）統計，據《熱蘭遮城日誌》第三冊，1655 年（3 月 1 日至 11 月 2 日），頁 439～589。

　　其中所見當然不止有鹿肉這一項貨物。在漢人被限制進入村社，那些關於福爾摩沙的物產，也透過原住民而被商人出口到中國去，當然這些臺灣的土產也是以易物的方式得來而出口，這說明了臺灣原住民與「贌商」間的交易值，恐怕遠遠的超過估計的 80000 里爾的數字。在眾多的福爾摩沙的物產中，鹿產為「大員」與「贌商」帶來極大的商業利益，對於原住民而言猶如貨幣，而據統計，大員商館實際「贌社」與「鹿肉出口稅」二項稅收，所占稅收比例近百分之五十〔註 58〕，鹿產實可稱之為臺灣的「黃金畜產」。

〔註 58〕 參考 1654 年各項稅收所占比例圖計算，吳聰敏：〈荷蘭統治時期之贌社制度〉，《台灣史研究》第 15 卷第一期，頁 6。

第三節　制度之下原住民、贌商與 VOC

在贌社制度下，荷蘭人以召標的方式，向商人收取營業權利金，並收取貨物進出口稅。商人在荷蘭人的控制下，在經濟供應鏈中，商人有「購貨成本」與「經營風險」（不論自然或人為）加上「海船的運輸及建造成本」、稅金、贌金等經營成本下，商人如何從中獲利？原住民是底層的生產者，又如何與商人交易？本節欲從賦稅徵收的角度及商業經營視角來觀察，原住民、贌商與 VOC（為荷蘭東印度公司的簡寫，全名 Verenigde Oostindische Compagnie。以下論述中均以簡代全），在贌社制度下探討，贌商與 VOC、VOC 與原住民之間的互動情行。

一、贌商與 VOC

「贌商」在大員有兩種：一種是荷蘭人的身分（可能是自由公民或公司職員），另一種是漢人。商人投標得到專賣權，如何轉變產生利益，有下列方式說明：

1. 將「贌社」交易來的物產轉賣給公司，如鹿皮。
2. 將「贌社」交易來的物產交納出口稅金後出口，如鹿肉。
3. 商人進口與原住民交易的商品（必須繳納進口稅）交易後的利差。

大員商館方面收取「贌社」標金與貨物「進口」與「出口」的稅金，與公司轉出口貿易為其主要利益。而商人標金高低與進出口數量的多寡影響大員商館的收益。

臺灣鹿皮與鹿肉的交易，在贌社制度之前即行之有年。大員商館以進出口稅金來控制商人，但是漢商卻控制並掌握了供應島內民生用品需求與出口商品到大陸市場通路，荷蘭人可對於日本直接貿易，卻無法直接與大陸市場做連結。荷蘭的商人就算是「包贌」村社，物產也必須倚靠漢商轉口輸送至大陸，而交易的商品也必須透過漢商取得，這也造成荷蘭商人競爭力薄弱。在「贌社」時，荷蘭商人與中國商人互為保證人，實際原因，可能就是為確保各自的貿易利益才做出的結合，這是一種市場經營考量下的結果。

1652 年，大員公司下令，荷蘭人不准參加「贌社」並且不能當保證人〔註 59〕，也宣告了荷商退出島內市場的直接經營，公司在商業貿易上對華商

─────────────────

〔註 59〕詹素娟：〈贌社、地域與平埔社群的成立〉，《臺大文史哲學報》第五十九期，2003 年 11 月頁 125。

的依存關係更加的密切。大員商館本來對於中國市場直接貿易才有最大的利益，但中國處於內戰的狀態，鄭芝龍、鄭成功等控制著中國東南沿海之海權，根本無法打通直接貿易的大門，和漢商勢力結合，是當時對中國貿易的最好選擇，並且確保本身的商業利益。

　　當 VOC 以「增加公司收益」的考量推行「村社貿易制度」於臺灣原住民村社。在制度執行之前商人已看見原住民貿易的利益。因此對於「贌社」的經營專利，焉能夠視而不見。原住民被限定與固定的商人交易，且本身以易物的方式交易商品，「贌商」在公司收購價與出進口稅的成本考量，必然壓低與原住民交易的成本，來獲取利差。1645 年執行「贌社」金額是 4532 里爾〔註60〕，此時「商人」以荷蘭商人居多數〔註61〕，中國商人是少數，並且按照著公司制定的交易方式進行，放任商人賺取利差。以前節估算的島內市場規模，「商人」們，有很大的交易利益〔註62〕，筆者把市場規模固定並以對比方式說明之：

1645 年交易市場規模（鹿皮＋鹿肉）	贌社金額	原住民交易商品成本（含島內運輸及人事成本）	出口什一稅	盈餘（利益）
80000／1645	4532	？	7000	？

單位：里爾

就 1645 年交易狀況，其中「與原住民交易商品成本含島內運輸及人事成本」

〔註60〕　參考附件贌租價格表 2.6。
〔註61〕　4 月 28 日……其它的一些村社（爲了好意的考量）由它閣下〔長官〕提供給幾個主要的中國人使他們獲取益處。江樹生：《熱蘭遮城日記（二）1645》，（臺南：台南市政府），民88，頁 402。
〔註62〕　中國人……她們的貨物和貿易也不可能以合理的價格銷售和進行，上述福爾摩莎人也很難從中取利，除非您決定全部取消和廢除所有福爾摩莎村社的租賃，這將減當地居民的壓力。因爲每個村社均租借給不同的中國人，並讓他們配戴一種銀章，上面刻有該村社的名字以作爲出入的通行證，其他中國人絕對不許（否則將予以處罰）在該村社活動，更不許進行任何貿易，不然將使出租者受到損失，我們做出規定，所有租借者只許與原住民做以鹿肉和鹿皮的生意，他們向當地居民兜售縫衣的麻布、鹽、用於狩獵的鐵器、珊瑚核各種雜物，不但能以此支付租金，而且可以攫取厚利，他們每年可從中獲利18000 里爾。租借者所獲取的利益尚未計算在內。程紹剛譯注《荷蘭人在福爾摩莎》七范.代.萊恩 1649 年 1 月 18 日，（臺北：聯經），2000 年，頁 298～299。

一項，在壓低的狀況，由於沒數據可討論，加以固定不變，「贌商」們因有利可圖，因此次年公召標的「贌社金額」也跟著競爭而上漲。

1646～1648 年交易市場規模（鹿皮＋鹿肉）	贌社金額	原住民交易商品成本(含島內運輸及人事成本)	出口什一稅	盈餘（利益）
80000／1646	9730	？	7000	？
80000／1647	12555	？	7000	？
80000／1648	20020	？	7000	？

在 1646 年至 1648 年，所有市場因素不變的狀況下，在成本與利益的考量下，商業的競爭，為取得市場經營權，是贌社金額逐年飆高的主要因素。但不會造成任類「贌商」的經營上的壓力。從荷蘭公司的估計「贌商」與原住民交易（扣除租金）每年可從中獲利 18000 里爾以上，這也是「贌金」年年倍增的主要因素。

1649～50 年交易市場規模（鹿皮＋鹿肉每擔 20～10 里爾）	贌社金額	原住民交易商品成本(含島內運輸及人事成本)	出口稅調整為每擔 4 里爾	盈餘（利益）
210000／1649	43600	？	40000	？
110000／1650	61580	？	40000	？

由於鹿肉的交易價格飆漲，「贌商」在其他支出成本上雖然出口稅增加與贌社金額競爭而翻倍，仍然獲得相當大的利益，又鹿肉交易價的飆高至 20 里爾／擔，這導致 49～50 年「贌商」為爭取經營權贌社金額持續飆高。1650 年「贌社」金額為荷蘭時期最高達 61580 里爾，鹿肉出口稅調整為每擔 4 里爾（以 10000 擔計）。但是次年鹿肉價格卻暴跌 10 里爾。與 48 年（出口什一稅只有 7000 里爾）比較 49、50 年增加出口稅計 66000 里爾，二年增加贌租（48年只有 20020 里爾）85160 里爾，商人在 1649-1650 貿易比 1648 年增加總共 151160 里爾的成本。但兩年鹿肉增加之獲利只有 100000 里爾，較 48 年而言，每年實際多支付 25580 里爾，此二年實際上由出口關稅與贌金雙漲，反而增加成本，售價波動反而降低了利潤。

1651 年交易市場規模（鹿皮＋鹿肉 9 里爾）	贌社金額	原住民交易商品成本(含島內運輸及人事成本)	出口什一稅	盈餘（利益）
100000／1651	34085	?	40000	?
80000／1648	20020	?	7000	?

　　1651 年比 1648 年增加出口稅計 33000 里爾增加贌租 14065 里爾。實際增加成本支出 47065 里爾，造成（贌商與保證人）無法支付「贌金」的問題出現。可能原因是鹿肉的交易價更低，而增加的贌租與出口稅金超過了利潤所致。

　　若把 1649、1650 年增加的「贌金」與「出口稅」25580 里爾，扣除掉 1650 年的減價（50 年的租金減價五分之一 12316 里爾／2）所得 19422 里爾視為 1648 年合理利潤來計算：

1648 年交易市場規模（鹿皮＋鹿肉）	贌社金額	原住民交易商品成本(含島內運輸及人事成本)	出口什一稅	盈餘（利益）
80000／1648	20020	?	7000	19422

　　1648 年與原住民交易商品成本含島內運輸及人事成本（鹿皮＋鹿肉）＝ 33378 里爾。每 10000 里爾的市場規模的交易成本是 4172 里爾。將此金額代入 51 年計算：

1651 年交易市場規模（鹿皮 17＋鹿肉 9 里爾）	贌社金額	原住民交易商品成本(含島內運輸及人事成本)	出口什一稅	盈餘（利益）
102750／1651	34085	33378	40000	-4713

　　1651 年鹿肉保持 10000 擔交易價 9 里爾計，鹿皮收購價格 17 里爾 750000 張計市場規模 102750 里爾，原住民交易商品成本含島內運輸及人事成本（鹿皮＋鹿肉）33378 里爾；贌社金額（34085）＋出口稅（40000）＋成本（33378）＝107463 里爾。支出成本超過市場規模。將造成商人無利潤而無法支應贌社金之尾款，鹿肉市場交易價格若更低此情形將更嚴重。預期市場規模不足支應商人的支出，必造成贌商虧損。因此，公司為不使商人陷入破產之窘境：

　　　佃戶們去年（1650）因租金高而獲利少，原因是這個租期內鹿肉的

價格從 20 里爾一擔降至 10 里爾。……最後經大員評議會同意，決
定普通佃戶 1650 年的租金減交五分之一。〔註63〕

除了減交前年租金，並將出口稅六里爾恢復成原來的四里爾，以降低商人的
成本負擔。但估算這樣的作法商人樣還是在虧損的狀態。

公司因贌社金額與鹿肉出口稅金獲得相當可觀的利益，但也相對的造成
「贌商」沉重的負擔，「贌社金額」上漲乃出於「贌商」競爭的結果，但是鹿
肉出口稅的增加造成兩類贌商（荷商與漢商）勢力的變化，漢商因鹿肉價格
上漲、即便是出口稅增加仍然是有利可圖。但是荷商無法直接經營中國市場，
無法在鹿肉出口上與進口民生用品獲得利益，這樣飆高的「贌社金額」造成
的是荷蘭商人「贌社」的壓力，51 年更加嚴重，最後導致「贌商」，及其保證
人無法繳納「贌社金額」情況出現。造成公司於 1652 年公告不許官員參與投
標與擔任保證人的情形〔註64〕。1652 年起以後「贌社金額」相對前三期表現
出相對穩定（如表所示 2-8）：

表 2.8 東印度公司贌社歷年稅收表

年度	1645	1646	1647	1648
贌社稅收	4532（67%）	9730（96%）	12555（61%）	20060（52%）
年度	1649	1650	1651	1652＊
贌社稅收	44885（88%）	61580（80%）	35385（74%）	36715（37625）
年度	1653	1654	1655	1656
贌社稅收	26715	30970（34%）	20880（25%）	23155（26%）
年度	1657	1658＊＊	1659＊＊＊	1660＊＊＊＊
贌社稅收	23675（99220）	------（105585）	------（100000）	------（100000）

資料出處：

據中村孝志《荷蘭時代臺灣史研究上卷》，頁 319 增修

說明：

＊1653 年從贌社和贌港只收入 26715 里爾，因鹿肉跌價，以致此項收入比去年減少
10000 里爾。（則 1652 年的贌社和贌港收入約為 36715 里爾）《熱蘭遮城日誌》第三冊，

〔註63〕 程紹剛譯注《荷蘭人在福爾摩莎》八雷尼爾斯（1650～1653）1651 年 12 月
　　　　 20 日，（臺北：聯經），2000 年，頁 336。
〔註64〕 韓家寶，《荷蘭時代臺灣的經濟、土地與稅務》，（臺北：播種者文化），2002，
　　　　 頁 155～172。

頁 288。

*（1652 年）4 月 15 日記載 1652 年贌社資料。（30 個村社及其下屬區域共得租 37265 里爾）（程紹剛譯注《荷蘭人在福爾摩莎》八雷尼爾斯（1650～1653）1652 年 12 月 24 日，頁 353。）

**1658 年福島村社、漁區、收納中國人的人頭稅、糧食作物的十一稅，按從前的慣例出租，租金收入總計 105585 里爾）每里爾合 48 斯多佛程紹剛譯注：《荷蘭人在福爾摩莎》九馬特索柯爾（1653～1678），頁 509。）。

***1659 年福島村社、漁區、中國人人頭稅收納出租、糧食作物的十一稅，及其它稅收，總收穫仍達 100000 里爾，每里爾為 48 斯多佛。較去年減少 5000 里爾。程紹剛譯注：《荷蘭人在福爾摩莎》九馬特索柯爾（1653～1678），頁 514。）。

****1660 年據大員報告、那裏每年一次的出租所得並不少於去年（1659），約 100000 里爾）每里爾合 48 斯多佛。程紹剛譯注：《荷蘭人在福爾摩莎》九馬特索柯爾（1653～1678），頁 531～532。）。

　　但漢人「贌商」掌握整個「贌社」市場供需，與公司形成為利益共同體，公司收取贌金與進出口稅，而漢商掌握了民生用品供需與進出口商品到大陸市場通路的獨占權。

二、VOC 與原住民

　　自 1645 年正式執行「贌社」制度之後，「贌商」由於無法改變招標之「贌金」以及對於進出口稅金的繳納，在諸條件限制之下，為確保本身的交易利益，最直接的方式就是降低與原住民的交易成本，也就是說，與原住民交易鹿產，提供不等值的商品來交換，以擴大利差。雖然公司定有交易的價格，據韓家寶《荷蘭時代台灣的經濟、土地與稅務》所列之交易物價表摘錄：（諸羅山）鹽 1 擔／2（real）里爾；雄鹿腿／10（stuijver）斯多佛；雌鹿腿／8（stuijver）斯多佛〔註 65〕。又 1650 年，1 里爾當時在大員值 56 斯多佛，在巴城則兌換 60 斯多佛。〔註 66〕以 8 里爾商品（鹽或棉布）（約 480 stuijver）售價為標準若換算 10stuijver 的價格收購雄鹿腿可搜集 48 隻雄鹿腿或 60 隻雌鹿腿。1 隻雄鹿腿換算 2 張皮／1.3 張皮／1.25 張皮（平均 1.5 張）48 隻雄鹿腿可換得 72 張鹿皮。這樣明定的標準，以鹿皮出售日本有數十兩的價格，而出口鹿肉每

〔註 65〕韓家寶，《荷蘭時代臺灣的經濟、土地與稅務》，（臺北：播腫者文化），2002，頁 161～162。

〔註 66〕程紹剛譯注《荷蘭人在福爾摩莎》七范.代.萊恩 1649 年 12 月 31 日報告，（臺北：聯經），2000 年，頁 318。

擔也有 10 里爾的價值，商人絕對有數倍的利潤。但贌商「不可能以合理的價格銷售和進行」。因此，荷蘭人亦採取措施以抑「贌商」，保護原住民降低商人的剝削。自 1648 年決議「要規定每星期的星期五上午為市集的日子，以便鄰近的原住民以及鄉下的中國人得以帶各種食物來自由市場出售。」〔註 67〕這措施基本上對於「贌商」的抑制成效不大，1648 年因大目降、木加溜灣、新港與蕭壠這四社的贌商要求下，對於在 Hoorn 開設市集日，導致他們的交易縮減，表示不滿，因此決議，這四社將於本月 20 日重新發贌，並並且今天就要用告示通知大家。〔註 68〕重新發贌。這是由於公司允許大員附近的原住民村社可以自由帶各種食物來市場出售的結果，造成「贌商」要求重新「招贌」，導致公司反減少 840 里爾的「贌社」收入〔註 69〕。1950 年提出：

> 為了要使村舍居民儘量減少被中國人威脅和剝削，也決定要把贌社的條件說清楚，即將來原住民得以將他們的貨物按照他們意願價格出售，如果跟他們村社的贌商談不妥，得以將他們的鹿肉鹿皮和其他的貨物帶來大員出售，也可以帶去他們認為會出高價的任何其它村社的贌商那裡交易，但贌商必須留在自己的村社交易，不得去村社外面，或去其他村社裡面或其他村社的野外交易，以免搶奪或破會其他贌商的生意。〔註70〕

原住民射獵而得到的鹿，鹿皮尚可遲緩買賣，但是鹿肉，卻必須立即處理，否則肉質腐敗，商人根本不會與其交易，因此有其處理的急迫性，也排除將之運送到大員，除非是飼養的活牲。找臨近的村社「贌商」則更是異想天開，「贌商」各有包攬之村社以其財力與所屬村社進行交易，接受非己之村社原住民土產交易，形同破壞體制，損失自己利益。1655 年公司決議，規定：

> 贌商對原住民拿來交易的貨物，例如鹿皮和鹿肉等，都必須至少按照所規定的價格收購，如予拒絕，將罰款 25 里爾，如果原住民提來而被拒收的貨物，在那期間敗壞，贌商還必須賠償那些貨物。而且，原住民還得以自由的去其他村社出售他們的土產，或交易其他物

〔註 67〕江樹生：《熱蘭遮城日記（三）1648》，（臺南：台南市政府），民 88，頁 38。

〔註 68〕江樹生：《熱蘭遮城日記（三）1648》，（臺南：台南市政府），民 88，頁 55～56。

〔註 69〕江樹生：《熱蘭遮城日記（三）1648》，（臺南：台南市政府），民 88，頁 55～56。6 月 20 日條數據與當年度「發贌」數據之差。

〔註 70〕江樹生：《熱蘭遮城日記（三）1650》，（臺南：台南市政府），民 88，頁 122。

品，甚至鹿肉和鹿皮或其他貨物，也可以如此出售交易，不受限在
於自己的村社買賣交易。〔註71〕

上述措施，不是實施有困難，或者不切實際，或者根本達不到抑制的效果，
掌握通路權的贌商，根本不會理會這些抑制措施，VOC 也害怕贌商損失反彈，
而限制贌商，同時原住民還是必須與商人雙方協議，這樣的抑制政策對原住
民實際上只是徒俱形式。

在「贌社」制度落實以前公司已經發現中國人大量捕鹿的方式，明顯讓
鹿皮品質下降，故公告禁止漢人使用陷井捕鹿〔註72〕，原住民和漢人因為爭
奪鹿場而有所衝突產生，甚至在提出和約條件，禁止漢獵人進入其獵場捕獵
〔註73〕。當「贌社」制度落實之後，原住民藉獵捕的牲口換取民生物資，甚
至奢侈品，對於「贌商」的態度，明顯和對漢獵人的態度不同，而公司亦公
告漢人禁止捕鹿「1646 年秋天，預料鹿皮這年可收到 50000 枚。因為鹿的數
量銳減，所以從今年以後完全禁止中國移民打鹿。」〔註74〕此舉完全使捕鹿
權力回歸於原住民。雖然記錄上有顯示原住民對於某些易物情況有不滿情緒
〔註75〕，但卻從未有記錄殺害「贌商」奪取商品的情形。

綜上所述，荷蘭人所設之「村社貿易制度」，其本身針對的對象不是原住
民，而是商人。雖然是以村社為範圍的商業交易，雖限制了原住民的交易對

〔註71〕 江樹生：《熱蘭遮城日記（三）1655》，（臺南：台南市政府），民88，頁464。
〔註72〕 「1639 年 8 月 13 日今天先行敲鐘後貼出告示，嚴格禁止所有在這政府管轄下
的所有中國人，……不許再用陷阱捕鹿，以後只許用圈套捕鹿。因為我們很
難過的發現，用陷阱捕鹿時，因為用棍子把捕獲的路擊打的到處是血，以致
於日本的價格跌落一半以上。江樹生：《熱蘭遮城日記（一）》，（臺南：台南
市政府），民88，頁447。
〔註73〕 禁止漢獵人進入其獵場捕獵。《巴達維亞城日誌》1641～1642，109～111 長官
P.Traudenius 於 1641 年 11 月 7 日在大員寫給總督 A.van Diemen 的書信中，虎
尾壠地區的首長願意遵守條款，他們再度被接受為荷蘭聯合東印度公司與荷
蘭政府的屬民，其中第八條「不許中國列人在他們的獵場打獵。」這契約於
1642 年 2 月 23 日，在虎尾壠的代表面前，由長官特牛勞斯簽訂。江樹生：《熱
蘭遮城日記（二）1641》，（臺南：台南市政府），民88，頁15。
〔註74〕 江樹生：《熱蘭遮城日記（二）1646》，（臺南：台南市政府），民88，頁601。
〔註75〕 〈長官 N，Verburch 致總督 C.van Lijn〉，大員，1949 年 11 月 18 日。VOC1172，
466～499 長官 Verburch 指出，原住民屢受中國贌商壓榨，令人憂慮。那些中國
人利用他們進口舶來品的專利，完全隨意喊價，福爾摩沙當地人謂此付出過份
多餘的費用，而他們提供的鹿肉和鹿皮，則必須無奈的按照通常的價格交易。
Verburch 警告說，如果公司對這失常狀況不迅速加以處理，必造成原住民騷動。
江樹生：《熱蘭遮城日記（三）》，（臺南：台南市政府），民88，頁102。

象，但荷蘭人並無對原住民在贌社制度下徵收費用，其基本制度的執行，荷
蘭公司根本與原住民無直接的關係，甚至毫無買賣關係。其次，荷蘭商人雖
然設立「村社貿易制度」但基本上有明定商人與原住民之間的交易價格，同
時針對不肖商人提出了抑制方法，雖然成效不彰，但是基本上荷蘭公司是站
在賣方（原住民）的立場，目的使商人之間能夠在制度下公平交易，使原住
民減少交易損失。再次，荷蘭公司雖然在「村社貿易制度」下從鹿皮、鹿肉
的出口及出口稅以及進口交易商品的進口稅獲取可觀的利益，但這些利益並
非由村社原住民直接徵收，而是由公司規定的制度範圍內，向商人徵收。甚
至因豐厚收入免除了原住民的貢賦。最後，由於制度的實施，限制漢人的捕
鹿行為使，臺灣的物產及打獵鹿產之權力回歸到原住民身上，同時「村社貿
易制度」並無限制原住民的獵獲數量，原住民有其自主的權力。保護了原住
民經濟基礎及其來源。

　　商人在荷蘭人的控制下供應交易之商品與原住民交易，在前述粗估之交易
成本的計算，從「贌商」經營之經濟數據的分析，對於前述「與原住民交易商
品成本含島內運輸及人事成本（鹿皮＋鹿肉）」此項估計的成本所占比約在 38
％，商人在「購貨成本」與「經營風險」等等因素下，從商業的角度來觀察，
原住民是生產者的角色，商人扮演流通或貨物的角色，而公司管制商品，抽取
稅金，在此商業系統中，荷蘭時期「村社貿易」制度執行下，原住民對此制度
的配合表現，恐怕「被剝削」並非當時臺灣原住民的經濟社會反應。

　　談及剝削的定義，從字辭上來說，剝「脫落」。廣雅。釋詁：「剝，脫也。」
削「用刀斜刮除去物體表層。」接有去除之意。剝削乃「壓榨、搜刮」。而剝
削小民：「搜刮人民財物，掠奪百姓權益。」剝削者：「厭榨他人謀取利益的
人」。〔註76〕在荷蘭人雖然設立「村社貿易制度」，就經濟視角來觀察，吾人
認為荷蘭人對於臺灣原住民二者間關係，荷蘭當局還未成為「厭榨他人，謀
取利益」的剝削者；商人在「村社貿易制度」下，商人與原住民之間並沒有
到達「壓榨勞役、搜刮財貨」這般地步，二者之間雖有貿易不平等的問題，
尚未構成「剝削」這樣的指控。這是筆者就本章綜合前述整體的看法。

〔註76〕教育部重編國語辭典修正本：http://dict.revised.moe.edu.tw/cgi-bin/newDict/
　　　　dict.sh?cond=%AD%E9%ABd&pieceLen=50&fld=1&cat=&ukey=-1120337868
　　　　&serial=1&recNo=2&op=f&imgFont=1。

第三章　明鄭時期「贌社」繼承

　　臺灣正式建立第一個漢人政權，將中國文化傳統的移植進入臺灣，要到明鄭時期（1662 年～1683 年）鄭成功〔註1〕入臺之後開始建立。1661 年，鄭成功佔領「熱蘭遮城」，荷蘭人勢力退出臺灣，建立了臺灣歷史上第一個華人政權。荷蘭東印度公司在臺灣的據點雖然失守，但卻積極試圖重回大員。且與清朝廷聯合謀奪臺灣，1664 年重返占領臺灣北部的基隆要塞，重開貿易據點〔註2〕，但維時短暫至 1668 年放棄並撤離臺灣據點〔註3〕，隔年鄭氏的軍隊才正式進駐北臺灣之地。臺灣傳統詩文的移植與開創亦肇始於明鄭時期。原住民本身並無文字，臺灣雖是原住民世界，然而自漢人入主為臺灣當政者，所有典制、文學表現的移植，正如荷蘭人以其歐洲制度之地方會議、包稅制

〔註 1〕　鄭成功 1624～1662 明清之際抗清民族英雄。福建泉州府南安縣石井鄉人。父芝龍，少時經商日本，娶日女田川氏，光啓四年七月十四日（1624 年 8 月 27 日）生成功於日本平戶千里濱（今長崎縣松浦郡），初名福松。……永曆十五年（1661）三月率二萬五千人，自金門料羅灣東航，中泊澎湖，於四月一日登陸鹿耳門，海陸戰皆捷，復敗荷蘭援軍，圍熱蘭遮城凡八閱月，至十二月十三日（1662 年 2 月 1 日），荷蘭長官揆一出降，定降約十八條，結束荷蘭對台三十八年之殖民統治。遂以赤嵌為安平鎮，總號臺地曰東都，並行中國郡縣制，設一府二縣，府曰承天，分南北為萬年、天興二縣。進而撫輯番社，招徠移民，屯田墾荒，整編軍隊；正圖生聚教訓，再行大舉，永曆十六年五月八日（康熙元年，1662 年 6 月 23 日）因熱病去世，年僅三十九。（鄭克塽〈先王父墓誌〉：《臺灣詩薈》第八號，1924.9。）
〔註 2〕　程大學（譯）：《巴達維亞城日記（三）》（臺中：台灣省文獻委員會），1990，頁 336～341。
〔註 3〕　程大學（譯）：《巴達維亞城日記（三）》（臺中：台灣省文獻委員會），1990，頁 358～359。

度、城市日誌等遂行於福爾摩沙島一般，中國傳統文學形式也成為是時臺灣文化人創作寫真這一片土地的主流形式。

　　1661 年鄭成功以其實力取得臺灣，開啟漢人在臺統治之始端。明鄭乃承續南明軍事政權，其宗旨為復興明朝大業，其目的並非為拓展版圖，略取臺灣，實為復興的根據地。對於臺灣原住民的統治問題，也並非在佔領臺灣先時的考量範圍。荷蘭統治臺灣對於原住民的政策，成為明鄭政府管理原住民所取法之對象。除了對外抗清之外，在島內對於如何面對這些異於漢族的原住民，成為明鄭取得臺灣之後所必須要面對的課題。而明末之時，不論是官方與民間已對於臺灣有所接觸，透過這些文學作品的描述，對於明鄭之於臺灣以及作為第一個漢人政權管理下，古典文學中對於臺灣這片土地的認同觀點與對於原住民的管理制度進行分析。

　　本章以明鄭時期「贌社」繼承作探討，首先以古典文學對原住民描述的先導分析古典詩文在臺灣初萌，對臺灣、原住民的描寫的發展情形，以及文人寫作對台灣所關注的問題進行分析。第二節針對於明鄭來臺的臺灣開拓與原住民管理之互動。主要釐清明鄭對原住民政策與「贌社」制度繼承之範圍與內容。由於明鄭史料中直涉「贌社」制度繼承及執行情形極為缺乏，本節乃以明鄭與清治交接的稅賦變革記錄，特別是季麒光的《東寧政事集》中陳述的賦稅資料為依歸，並以清治時期方志中稅賦志記錄變化及番社的考證文獻逆推，擬測明鄭時期「贌社」制度，重建「贌社」範圍及其內容。明鄭「贌社」制度乃承先啟後之重要橋樑之處，得以觀其脈絡。

第一節　文學作品中的原住民描述與臺灣開拓

　　明陳第的《東番記》〔註4〕為早期並確切描述臺灣「原住民」的漢籍文獻。其所指涉之地據周婉窈指出為今臺灣西南部區域，大體北從魍港（嘉義八掌溪溪口美好一帶）南至小淡水即下淡水（高屏溪一帶）〔註5〕，1603 年浯嶼都

〔註4〕陳第（1541～1617）字季立，號一齋，福建連江人。……晚年喜遊，足跡幾遍中國。萬曆三十年（1602）沈有容剿倭東番，邀與俱行，慨然允之。途遇颱風，舟幾覆。事平，歸著〈東番記〉，凡一千四百餘言，記述今臺南至高雄一帶原住民之生活習俗與地理風光，為國人記載臺灣最早最確實之地理文獻，治臺史者所必取資焉。《臺灣歷史人物小傳──明清暨日據時期》，頁 486～487。

〔註5〕周婉窈：〈陳第〈東番記〉──十七世紀初臺灣西南地區的實地調查報告〉，《故宮文物月刊》21（1）：31，2003。

司沈有容〔註6〕來臺剿倭，事後又接見原住民頭目大彌勒。陳第隨行，記載當時「島夷」的習俗、狀況、物產、與漢人間的關係，甚至復述「鄭內監於永樂初航詔諸夷，東番獨不聽約，故家貽一銅鈴與之」的傳說。然飽食嬉遊，于于衎衎，又惡用，其論曰：

> 野史氏曰：異哉東番！從烈嶼諸澳，乘北風航海，一晝夜至彭湖，又一晝夜至加老灣，近矣。迺有不日不月，不官不長，裸體結繩之民，不亦異乎？且其在海而不漁，雜居而不嬲，男女易位，居癉共處。窮年捕鹿，鹿亦不竭。合其諸島，庶幾中國一縣。相生相養，至今曆日書契，無而不闕，抑何異也！南倭北虜，皆有文字，類鳥跡古篆，意其初有達人制之耶？而此獨無，何也？然飽食嬉遊，于于衎衎，又惡用！達人爲其無懷、葛天之民乎！自通中國，頗有悅好，姦人又以濫惡之物欺之〔註7〕

對東番夷特殊奇異的風土，甚覺奇怪。更對「原住民」沒有文字一事，更發出其疑問。達人、姦人視之，各有不同之觀點差異。陳第自是認爲「東番」土著純樸，所以發出其「恐淳朴日散」憂慮。其所指之姦人以「濫惡之物」欺騙原住民，正是指那些來臺從事易物貿易的商人。陳第應是有見到商人與原住民交易商品，才寫下這樣的記錄。同時此正說明臺灣四周的文化國家並未侵入臺灣而有此地，與中國也沒有隸屬關係。

> 萬曆壬寅冬，倭復據其島，夷及商、漁交病。浯嶼沈將軍往勦，余適有觀海之興，與俱。倭破，收泊大員，夷大彌勒輩率數十人叩謁，獻鹿餽酒，喜爲除害也。〔註8〕

臺灣原不屬中國，對東番一開始就說東番夷人不知所自始，居彭湖外洋海島

〔註6〕沈有容（1557～1628）字士弘，安徽宣城人。……萬曆二十五年閩海有警，起爲海壇守將，勤練水師，迭敗倭寇。三十年，倭據東番（今臺灣），四出剽掠。是年冬十二月八日（西曆1603年1月9日）出師東征，經澎湖抵東番。倭寇出舟來戰，擊敗之，沉其六舟，奪還被掠男婦三百七十餘人。倭遂去。此役也，其友陳第隨軍，歸著〈東番記〉一篇，爲記臺灣文獻之最早者。三十二年（1604）西洋紅毛番（荷蘭）來求互市，其將韋麻郎（Wijbrant van Waerwijck）率三大艦於七月十二日（西曆8月7日）入據澎湖：乃自請率兵往諭退之。雙方僵持，至露刃相向，唯荷人勢孤，終引去。今澎湖馬公市天后宮尚存有「沈有容諭退紅毛番韋麻郎等」之長方形石碑（高192公分，寬28公分）。……崇禎元年卒。輯有《閩海贈言》，《臺灣歷史辭典》，頁439。

〔註7〕沈有容《閩海贈言》，卷之二，〈東番記〉，頁27。

〔註8〕見陳第〈東番記〉，收錄於沈有容：《閩海贈言》，（文叢本第56種），頁27。

中。亦不與日本通，東番原住民與商人漁民，皆苦於倭盜的欺凌。島上為「原住民」所世居，苦於倭寇危害，尤如中國所受之倭寇危害也。臺灣之島不隸屬於任何國，可知。當時西、荷勢所未及。且東番之地，並無隸屬，又非國家，只是一地名。故豐臣秀吉詔諭「高山國」〔註9〕在前無功而返，沈有容諭退入澎湖荷蘭人在後，之後西、荷才分據臺灣北、南，築城取利。這才正式開啓臺灣信史上可資徵信的西荷殖民統治時期。陳第所陳述之「東番」之時，於中國而言，實海外之異聞。明朝政府，雖已知其地，亦無納取之意。東南海盜猖盛，倭寇橫行，西夷覬覦，故後方有海盜所寄，荷蘭、西班牙築城於臺灣南北，近取臺地之利遠謀通商中國。臺灣之「原住民」雖有斯土，然而未開民智，又無政治組織結合以抗衡，因此「原住民」自此逐步受這些外來者所奴役。

　　陳第之「東番記」開啓明代漢人對於「東番」原住民之初步理解，這與中國先代史傳的陳述如「秦代之瀛州之傳說」、「三國之夷州」、「隋代之流求」、「宋代之毗舍耶」等是絕對不同的，「東番」不是混淆不清的臆測推論、也不是位置不明攏統的觀念。陳第記錄了沈有容驅逐倭寇後所見的臺灣東南部原住民的風土習慣，因由過程也說明的相當清楚。足證明「東番」在當時區域上的現實情況。其對「原住民」之時狀，記之社群情況。全篇不著一字以「番」代稱而稱「夷人」，表現出毫無歧視之意。諸如其所述：

> 種類甚蕃，別為社，社或千人，或五六百。無酋長，子女多者眾雄之，聽其號令。性好勇，喜無事晝夜習走。足蹋皮厚數分，履荊刺如平地，速不後馬，能終日不息，縱之，度可數百里。鄰社有隙則

〔註9〕豐臣秀吉高山國招諭文書16世紀末，豐臣秀吉平定日本內部動亂之後，開始計畫將國力往外擴張，曾出兵朝鮮、招諭琉球，同時也派人招諭高山國（臺灣）。1593 年 12 月 27 日派人攜帶高山國招諭計畫的書翰前往。內容有如古代中國聖王征討的文書，首先說他初生之時，母親有瑞夢，且滿室霞光，眾人皆驚懼，認為其將能平定四海，臣服異邦。現在四方來朝，而朝鮮不臣服，在派兵征伐後，已派人乞降，南蠻琉球也年年來貢。現在派人招諭高山國，若不來朝，則將征伐之。末了還恐嚇「生長萬物者，日也；枯竭萬物者，日也；思之。」豐臣秀吉對高山國招諭文書讓明朝與在菲律賓的西班牙對東亞的局勢感到緊張，西班牙準備率先攻占臺灣，以防日本南下；明朝廷也加強防禦澎湖，以防日本由臺灣侵擾沿海。不久，豐臣秀吉死亡，日本對外武力擴張告一段落，東亞恢復平靜，西班牙也打消占有臺灣的意念，明朝東南沿海的防禦也再度鬆懈。林偉盛撰。（岩生成一，〈豐臣秀吉の臺灣島招諭計畫書〉，《臺北帝國大學文政學部史學科研究年報》，第 7 輯，1941。）

　　興兵，期而後戰。疾力相殺傷，次日即解怨，往來如初，不相讎。

　　所斬首，剔肉存骨，懸之門，其門懸骷髏多者，稱壯士。〔註10〕

以社為別，種類繁多，又無酋長，對原住民迅捷的動作描繪的很透徹，社群之間也有爭鬥，但又「次日即解怨，往來如初，不相讎。」對於取人「頭顱」，多者為雄，顯然臺灣原住民有獵頭顱此習慣非集中在生番身上。〈東番記〉其文涉略最多部分要屬原住民的生活面向的描述紀錄：

　　地暖，冬夏不衣。婦女結草裙，微蔽下體而已。無揖讓拜跪禮。無
　　曆日、文字，計月圓為一月，十月為一年，久則忘之，故率不紀歲，
　　艾者老髦，問之，弗知也。交易，結繩以識，無水田，治畬種禾，
　　山花開則耕，禾熟，拔其穗，粒米比中華稍長，且甘香。採苦草，
　　雜米釀，間有佳者，豪飲能一斗。時燕會，則置大罍，團坐，各酌
　　以竹筒，不設肴。樂起跳舞，口亦烏烏若歌曲。男子剪髮，留數寸，
　　披垂；女子則否。男子穿耳，女子斷齒，以為飾也（女子年十五、
　　六，斷去唇兩旁二齒）。地多竹，大數拱，長十丈。伐竹構屋，茨以
　　茅，廣長數雉，族又共屋，一區稍大，曰公廨。少壯未娶者，曹居
　　之。議事必於公廨，調撥易也。〔註11〕

於其他如婚姻風俗、器物、喪葬方式、農作、物產、更有禮讓之規矩如「道路以目，少者背立，長者過」、「盜賊之禁嚴，有則戮於社。故夜門不閉」的優良風習。飲食、射獵其所見者多加以觀察並記錄。東番記最主要的是陳第梗概的描繪勾勒了「原住民」的風俗與社會。臺灣的原住民是時並未有國家的雛型與概念，東番並非國也，與四鄰不通「不能舟；酷畏海，捕魚則于溪澗，故老死不與他夷相往來」。這樣的社會狀態，也導致了海盜、荷蘭、西班牙人、日本等勢力覬覦這片土地，臺灣的原住民也就在這些勢力的拉扯中，被動配合，或者躲避迫害。

　　荷蘭、西班牙（西元 1624～1661）人著眼遠東商業利益，分別於臺灣南北建立殖民統治。其間雖有漢人出入，但這些來臺者，或為海盜之屬，商賈之流、農業移民，並非為文化傳播者。正如陳第所云：「漳、泉之惠民、充龍、烈嶼諸澳，往往譯其語，與貿易；以瑪瑙、磁器、布、鹽、銅簪環之類，易其鹿脯、皮、角。」華人更早於荷蘭時期已和「東番」人有商業往來，從中

〔註10〕陳第〈東番記〉，收錄於沈有容：《閩海贈言》，（文叢本第 56 種），頁 24。
〔註11〕陳第〈東番記〉，收錄於沈有容：《閩海贈言》，（文叢本第 56 種），頁 25。

國運送雜貨商品與當時的原住民交易鹿肉、鹿皮、鹿角也就是鹿茸。這種和原住民以物易物爲主的商業交易模式至荷蘭時期持續進行。荷蘭時期所徵收島內諸稅，「人頭稅」、「獵人稅」、進出口「什一稅」、「贌港」、「贌社」、「贌田」，絕大部份是以漢人、漢商、中國移民爲徵收對象，荷蘭時期的漢人已逐漸掌握島內經濟與中國之間的貿易流通。

　　1662年鄭成功自荷蘭人手中取得臺灣。來臺文人本身已受中國傳統文學的薰陶，具有一定的文學素養，入臺之時，也將中國的文學傳統帶進「東都」之地。「原住民」本身並無建立自己的「文字」系統，發展自有的文學形式。因此，一開始明遺民文人即以文化優勢，直接移植漢學文化傳統進入臺灣。在臺灣遺民、鄉愁文學的傳統詩歌新象中，詩文也開始萌芽牽涉「東番」風土的詩歌，或詠物、或抒發對於「東番」這片土地的觀感，但畢竟是零星片段。如王忠孝（？～1667）〔註12〕〈東寧風土沃美急需開濟詩勗同人〉〔註13〕詩云：

　　巨手劈洪蒙，光華暖東海。耕耘師后稷，絃誦尊姬公。

　　風俗憑徐化，言語似漸通。年來喜豐稔，開濟藉文翁。

王忠孝認爲臺灣之地雖然洪蒙初開，主要還是要力農與禮樂教化原住民的風俗習慣，便能漸漸的教化，而言語也可因相處日久而逐漸能通曉，仍有其積極性。而徐孚遠（1559～1665）〔註14〕〈東寧詠〉〔註15〕詩云：

　　自從漂泊臻茲島，歷數飛蓬十八年。函谷誰占藏史氣，漢家空嘆子卿賢。

　　土民衣服眞如古，荒嶼星河又一天。荷鋤帶笠安愚分，草木餘生任

〔註12〕王忠孝（？～1667）字長孺，一字槐兩，福建惠安人。明崇禎元年（1628）進士。……鄭成功起兵金廈，設儲賢館於中左（廈門），禮待避亂縉紳，忠孝往見，欲官之，辭，乃待以賓禮。永曆十八年（1664）偕盧若騰入臺。不圖宦達，日與流寓諸人肆意詩酒，作方外人。二十一年（1667）十一月卒。著有《四居錄》等。《臺灣歷史人物小傳——明清暨日據時期》，頁53～54。

〔註13〕王忠孝，〈東寧風土沃美急需開濟詩勗同人〉，收入全臺詩編輯小組編撰：《全臺詩》第一冊，（臺南市：國家臺灣文學館），民93，頁21。

〔註14〕徐孚遠（1599～1665）字闇公，號復齋，江蘇華亭人。崇禎十五年（1642）舉於鄉，與邑人夏允彝、陳子龍結幾社，以道義文章名於時。……永曆十二年（1658）遷左副都御史。十五年鄭成功東平臺灣，從入東都。著有《釣璜堂存稿》二十卷，收古今體詩二千七百多首，末附《交行摘稿》一卷。《臺灣歷史人物小傳——明清暨日據時期》，頁370～371。

〔註15〕徐浮遠，〈東寧詠〉，收入全臺詩編輯小組編撰：《全臺詩》第一冊，（臺南市：國家臺灣文學館），民93，頁25。

所便。

雖然描述原住民的服裝若古代之民，而描述此地爲荒蕪之島，但在臺灣之地只要安分守己，亦可謂自由自在。其〈桃花〉〔註16〕詩云：

> 海山春色等閒來，朵朵還如人面開。千載避秦眞此地，問君何必武
> 陵回。

更描述臺灣彷若陶淵明之桃源之地，反而勸說何必回那擾攘中土。這些作品至少實際上對鄭氏取臺灣，持較正面的看法，對臺灣開發尤有信心。但對於鄭氏攻略臺灣，盧若騰（1559？～1664）〔註17〕的詩歌中就流露出不同的看法，其〈東都行〉〔註18〕云：

> 海東有巨島，華人舊不爭。南對惠潮境，北盡溫麻程。紅夷浮大舶，
> 來築數雉城。稍有中國人，互市集經營。虜亂十餘載，中原事變更。
> 豪傑規速效，擁眾涉滄瀛。於此闢天荒，標立東都名。或自東都來，
> 備說東都情。官司嚴督趣，令人墾且耕。土壤非不腴，區畫非不平。
> 灌木蔽人視，蔓草罥人行。木杪懸蛇虺，草根穴狸鼪。毒蟲同寢處，
> 癉泉供飪烹。病者十四五，聒耳呻吟聲。況皆苦枵腹，鍬鋣孰能擎。
> 自夏而徂秋，尺土墾未成。紅夷怯戰鬥，獨恃火器精。城中一砲發，
> 城下百屍橫。林菁深密處，土夷更猙獰。射人每必中，竹箭鐵標並。
> 相期適樂土，受廛各爲氓。而今戰血見，空山燐火盈。浯島老杞人，
> 聽此厚惇惇。到處逢殺運，何時見息兵。天意雖難測，人謀自匪輕。
> 苟能圖匡復，豈必務遠征。

其詩前序既云臺灣前代不通中國外，對臺灣地理與原住民的形象描繪實際並不友善，基本上除了蠻荒瘴癘之地外，對於原住民的描述則像是可怕的敵人一般。最後句中卻是「苟能圖匡復，豈必務遠征。」更露骨表露對於鄭成功

〔註16〕　徐孚遠，〈桃花〉，收入全臺詩編輯小組編撰：《全臺詩》第一冊，（臺南市：國家臺灣文學館），民93，頁25。

〔註17〕　盧若騰（1599？～1664）字閒之，一字海運，號牧州，福建同安金門人。明崇禎八年（1635）舉於鄉，十二年進士。……僑寓太武山下。臨終，遺命題其墓曰「有明自許先生盧公之墓」，以明其志，卒年六十六。延平嗣王鄭經親臨其喪，以禮葬太武山南。若騰風情豪邁，學者稱牧州先生。生平著述甚富，有《留菴文集》二十六卷、《方輿互考》三十餘卷、《島噫詩》、《島居隨錄》、《浯州節烈傳》、印譜各若干卷。《臺灣歷史人物小傳——明清暨日據時期》，頁743～744。

〔註18〕　盧若騰，〈東都行〉，收入全臺詩編輯小組編撰：《全臺詩》第一冊，（臺南市：國家臺灣文學館），民93，頁33～34。

取臺灣這片土地所持不同意見。其〈海東屯卒歌〉〔註19〕：「如今官糧不充腹，嚴令刻期食新穀。新穀何曾種一莖，餓死東海無人哭。」也對官兵屯田開荒也持不同看法，但盧詩皆非親體親歷臺灣風土，多爲聽聞而感之作品，對東番之風物陳述亦有限。盧若騰〈長蛇篇〉〔註20〕其歌末云：「人來爭之犯不祥，往往活葬長蛇腹，何不翻然還故鄉。」亦有不來及勸歸之思，對於鄭成功取臺後，有不意入臺者，作長蛇之傳，或有此意。

　　明鄭時期之初這些牽涉臺灣的詩歌，文人的表現對臺灣的情感並不一致，反清復明之希望也尙未絕滅。文人們對臺灣島原住民理解也極其有限，很明顯的從詩歌反映出來。從遺留的文人詩歌作品中，幾乎沒有完整的原住民爲主題，遺民文人初來乍到，更遑論他們並未參與東番「原住民」的實際管理，反映不出原住民社會的眞實面貌。

　　被譽爲「海東文獻初祖」的沈光文（斯庵）〔註21〕更早於鄭成功入臺。開啓對臺灣風物吟詠如〈釋迦果〉、〈番柑〉、〈番橘〉、〈椰子〉等作品。雖有臺地風物抒寫作品，然對於臺灣「原住民」的陳述極少，即便至目加溜灣、新港之地教育番童，亦几無涉番情番景番事。其有〈番婦〉〔註22〕一詩，其云：

　　社裡朝朝出，同群擔負行。野花頭插滿，黑齒草塗成。

　　賽勝纏紅錦，新粧掛白珩。鹿脂捈抹慣，欲與麝蘭爭。

全篇描繪其所見「原住民」婦女形象，原住民婦女操持農事與漢婦有顯著不

〔註19〕盧若騰，〈海東屯卒歌〉，收入全臺詩編輯小組編撰：《全臺詩》第一冊，（臺南市：國家臺灣文學館），民93，頁31。
〔註20〕盧若騰，〈海東屯卒歌〉，收入全臺詩編輯小組編撰：《全臺詩》第一冊，（臺南市：國家臺灣文學館），民93，頁31。
〔註21〕沈光文（1613～1688）字文開，號斯庵，浙江鄞縣人。……永曆六年（1652）浮家泛宅，欲入泉州，舟過圍頭洋忽遭颶風，飄至臺灣，遂與中土音耗絕。十五年，延平郡王鄭成功克臺灣，知光文在，大喜，見以客禮。……翌年五月，成功薨，子鄭經嗣，頗改父之臣與政。光文作賦有所諷喻，或讒之，幾至不測。乃變服爲僧，逃入北鄙，結茅羅漢門山中。山外有目加溜灣（今善化）者，番社也。……時寓公漸集，乃與宛陵韓又琦、關中趙行可、無錫季麒光、華袞、鄭廷桂、榕城林奕、丹霞吳蕖、輪山楊宗城、螺陽王際慧等結「東吟詩社」，揚風扢雅，裒而成集，所稱《福臺新詠》者也。著有《臺灣輿圖考》一卷、《草木雜記》一卷、《流寓考》一卷、《臺灣賦》一卷、《文開詩文集》三卷。前此寓公，著述多佚於兵火，惟光文獨保天年，以傳斯世，海東文獻，推爲初祖，志臺灣者多取資焉。《臺灣歷史人物小傳——明清暨日據時期》，頁187～188。
〔註22〕全臺詩編輯小組編撰：《全臺詩》第一冊，（臺南市：國家臺灣文學館），民93，頁49。

同，喜歡摘花戴頭以爲美觀，以及塗齒之風俗，故有黑齒雕題之說。賽戲乃原住民的舞蹈，賽戲之時盛裝而出競美姿，八句純然描會寫原住民婦生活習及形象，爲以臺灣原住民爲主題的詩歌首創之作。

　　遺民寫作乃是華夏文學初入臺灣之先驅，臺灣「原住民」本身並無文字；且種類複雜，統屬不一，語言也不盡相同。但明鄭時期亦累積不少對於「東寧」這片土地的理解與誤解。詩歌中展現「東寧」風土形象，也初啓對臺灣「原住民」描述，以「原住民」主題的作品，進入初步發展階段。但明鄭時期對於原住民統治的實際究竟如何，由於明鄭時期直接的文獻記錄缺乏，往往簡略，以經濟上針對原住民村社而發的「贌社」史料對比分析，或能窺探其時原住民社會時況。

第二節　原住民政策與「贌社」制度繼承之範圍與內容

　　鄭成功由於於明永曆十六年（1662）驅逐荷蘭人，據楊英（？～1680）〔註23〕《從征實錄》言：「改赤崁地方爲東都明京，設一府二縣。」並諭云：

> 本藩已手闢草昧，與爾文武各官及各鎮大小將領官兵家眷□來胥宇，總必創建田宅等項，以遺子孫。計但一勞永逸，當以己力京（經）營，不准混侵土民及百姓現耕物業。茲將條款開列於後，咸使遵依。如有違越，法在必究。著戶官刻板頒行。特諭。〔註24〕

〔註23〕楊英（？～1680）里籍不詳。永曆三年（1649）九月以策干鄭成功，遂錄任戶科。其後數從成功征戰，南迄潮州、揭陽，北至南京，掌管軍需後勤，轉糧輸餉，克盡厥職。十五年（1661）從征臺灣，守護赤崁街糧粟，軍食賴以無虞。十六年四月上務農策，謂宜教導土民牛犁耕作技術，以增進生產。鄭經嗣位，仍管糧務。二十年眞除戶官，而久歷藩幕，周習典禮，乃兼理禮官。二十八年，三藩事起，從經渡海西征，前後六載，多居思明。嘗奉使日本索討原戶官鄭泰寄存銀以助軍糈（計寄存四十萬兩，僅追還二十六萬）。三十四年隨鄭經歸東寧。三月，疫癘流行，老宿多罹疾，與陳永華、柯平等，一時淪亡。著有《從征實錄》，記自永曆三年九月建策干鄭成功，迄十六年五月成功病逝，凡所隨從征戰事實，挨年逐月記錄，特重財政糧餉與軍事兩端，多出之六官案卷及從征目睹，最可信據，考臺灣文獻者咸取資焉。《臺灣歷史人物小傳——明清暨日據時期》，頁 619～620。

〔註24〕楊英：《從征實錄》，台灣文獻叢刊第 32 種，（台北市：台灣銀行經濟研究室），1958，頁 189。

鄭成功諭令對於臺灣的土民及百姓的所有保持原狀，不准軍隊及隨員親屬侵吞其財產土地，鼓勵自力開發。鄭軍來臺之後一開始即開展屯田之策略，但並未涉及對原住民管理與「贌社」的問題。鄭成功的態度相當明白，臺灣的創立根基必須靠自己的力量開闢，並明訂條款刻版刊行公告，且違法必究。不論是在承天府或者各軍鎮駐防之汛地、各塘澳，不論是來臺的文武官員兵丁以及平民百姓，均允開闢力田。但「不許混圈土民及百姓現耕田地。」〔註25〕「不可斧斤不時，竭澤而漁。」〔註26〕為其各條目之要。並且「文武各官開墾田地，必先赴本藩報明畝數而後開墾。至於百姓必開畝數報明承天府，方准開墾。如有先墾而後報，及少報而墾多者，察出定將田地沒官，仍行從重究處。」〔註27〕保障了原住民生活空間與財產不被剝奪。續而建立東都，命諸將設屯分理：

> 六月，藩駕駐承天府，遣發各鎮營歸汛。左先鋒札北路新港仔、竹
> 塹，以援勤後鎮、後衝鎮、智武鎮、英兵鎮、虎衛右鎮繼札屯墾，
> 以中衝、義武、左衝、前衝、遊兵等鎮札南路鳳山、觀音山屯墾。
> 頒發文武官照原給額各六個月俸役銀付之開墾。〔註28〕

鄭成功命令諸鎮屯田遠至中部以北之新港仔、竹塹。雖遇大肚番亂〔註29〕，亦申令「不准攪擾土社」。鄭成功屯田策略，並不侵犯原住民之村社為本。對於當時的原住民村社的土地、農耕技術觀察，楊英認為：

> 未有如此處土地膏 饒沃也。惜乎土民耕種，未得其法，無有人教
> 之耳。英去年四月間，隨駕蚊港，路京（經）四社，頗知土民風俗。
> 至八月，奉旨南社，適登秋收之期，目睹禾稻遍畝，土民逐穗採拔，
> 不識鉤鐮割穫之便。〔註30〕

〔註25〕 楊英：《從征實錄》，台灣文獻叢刊第32種，（台北市：台灣銀行經濟研究室），1958，頁189～190。

〔註26〕 楊英：《從征實錄》，台灣文獻叢刊第32種，（台北市：台灣銀行經濟研究室），1958，頁189～190。

〔註27〕 楊英：《從征實錄》，台灣文獻叢刊第32種，（台北市：台灣銀行經濟研究室），1958，頁189～190。

〔註28〕 楊英：《從征實錄》，台灣文獻叢刊第32種，（台北市：台灣銀行經濟研究室），1958，頁190。

〔註29〕 援勤後鎮、後衝鎮官兵激變大肚土番叛，衝殺左先鋒鎮營，楊祖與戰，被傷敗回，至省病，死之。圍援勤後鎮張志營，右虎衛、英兵鎮、智武鎮□□，差兵都事李胤監制各□，不准攪擾土社，吊（調）後衝鎮等移札南社。楊英：《從征實錄》，台灣文獻叢刊第32種，（台北市：台灣銀行經濟研究室），1958，頁191。

〔註30〕 楊英：《從征實錄》，台灣文獻叢刊第32種，（台北市：台灣銀行經濟研究室），

雖然臺灣土地肥美，但此時原住民農耕技術落後，沒有人傳授耕作技巧，因此楊英建議傳授原住民農耕技術，提高原住民村社的農業生產能力以富國課。

雖然明鄭屯田之策擴及至竹塹，中部番情並不穩定，北路淡水之區仍屬空虛之地，《台灣通史》有云：「永曆二十（1667）年，北路平。」之語，但是年北部淡水雞籠城，尚在荷蘭東印度公司所屬，原漢衝突不斷，林圯（？～1668）〔註31〕為番所殺，以及劉國軒（1629～1693？）〔註32〕前後勦大肚沙鹿番亂，實際上原住民社會情況並不寧靖：

> 雞籠在東寧之北，居淡水上游，其澳堪泊數百船。先是，呂宋夷建此城，與土番貿易；因遠餽不給，棄去。後紅夷及成功據臺灣，不守其地。癸卯，總督李率泰約紅夷攻金、廈兩島，並許力請東寧歸之，後僅許其就省交易；紅夷知為所紿，於乙巳（明永曆十九年）（1665）重修雞籠城，謀復東寧。

丙午年（明永曆二十年）（1666），經命勇衛黃安督水陸諸軍攻之，親隨營林鳳戰死；紅夷無外援，遁還（丁未、康熙六年（明永曆二十一年））（1667）〔註33〕。

在黃安（？～1665）〔註34〕與林鳳（？～1666）〔註35〕與荷蘭戰後，荷蘭人方才退出雞籠，明鄭對於臺灣西部的掌握才大致底定。

1958，（十六年壬寅（一六六二）四月），頁194。

〔註31〕 林圯（？～1668）或作林屺（杞），福建同安人，鄭成功部將，以戰功至參軍，永曆十五年（1661）從征入台。嗣王經立，重布屯田制，十八年率所部赴斗六門開墾。……二十二年，番夜襲屯地，圯與屯丁百餘人禦戰不勝，終被圍，食盡被殺，所部死者數十人。《臺灣歷史人物小傳——明清暨日據時期》（國家圖書館）民國92年12月。

〔註32〕 劉國軒（1629～1693？）明鄭大將，字號未詳，福建汀州府長汀縣賴坑人。……世子經立，先後駐守雞籠山和半線（彰化市），勦撫諸番，二十四年平沙轆番亂，進驍勇左鎮。旋又進右武衛。《臺灣歷史人物小傳——明清暨日據時期》，頁676～677。

〔註33〕 （明）夏琳撰：《閩海紀要》卷之下／庚申、十九年（臺灣文獻叢刊第11種）（台北市：台灣銀行經濟研究室），頁66。

〔註34〕 黃安（？～1665）明鄭大將。福建人，性沉默溫厚。甫冠，從鄭氏左先鋒副將施顯為哨官。……十五年從征臺灣，……十八年十二月平北路大肚土番阿德狗讓之反叛。十九年七月病卒。年未五十。從祀延平郡王祠西廡。子肇隆，肇燦，分娶鄭經長、次二女。《臺灣歷史人物小傳——明清暨日據時期》，頁587～588。

〔註35〕 林鳳（明鄭將）（？～1666）福建龍溪人，初任鄭成功軍左戎旗鎮副將，以壯勇為成功所知。……永曆十九年，荷人據雞籠老營，圖復窺臺灣。翌年，嗣王鄭經遣勇衛黃安督水陸諸師逐之，以鳳為先鋒，陣歿，荷人亦敗去。《臺灣歷史人物小傳——明清暨日據時期》，頁226。

　　鄭成功入臺開闢次年即去世，鄭成功開啓「屯田策略」，但對於臺灣原住民的經略及方法，卻不是出於鄭成功之手。明永曆十八年（1664），鄭經（1642～1681）〔註36〕自銅山退守東都，臺灣正式進入鄭經時代：

　　　　經至東都，以諮議參軍陳永華理國政。改東都爲東寧，置天興、萬

　　　　年二州。分諸將土地，課耕種、徵租賦、稅丁庸、興學校、通魚鹽，

　　　　安撫土民，貿易外國，儼然別一乾坤。〔註37〕

明永曆二十八年（1674）鄭經應三藩之亂出兵中國，命陳永華爲東寧總制，直至明永曆三十四年（1680）鄭經退守回臺灣。顯然明鄭時期臺灣經濟、稅制發展始於鄭經之時而出於陳永華（？～1680）〔註38〕之手。鄭經繼承後實至1669年才掌握全臺，接著又兼用兵中國〔註39〕，對於統治臺灣「原住民」，除沿襲荷制外，實無建樹。明永曆三十四年（1680）鄭經退守回台灣。「冬、十月，鄭經命右武衛林陞率兵墮雞籠城。……至是，傳北兵欲從此飛渡；恐其據爲老營，乃命林陞北巡，並毀其城。〔註40〕」此舉更同宣告退出北臺灣的經營。

〔註36〕鄭經（1642～1681）又名錦，字式夫，一字元之，號賢之，成功長子，福建南安人。崇禎十五年（1642年10月25日）生。永曆十五年（1661），鄭成功率師收復臺灣，以世子經留駐廈門。翌年五月成功薨，經東渡臺灣嗣延平郡王位。同年八月改東都爲東寧，仍奉永曆正朔復歸廈門。甲辰、三年三月（1663），鄭經棄銅山，退守東都。用陳永華主政，劉國軒主軍。永曆十八年（康熙十三年，1674）乘三藩之亂率師往攻福建、廣東，一度占領福建沿海諸府。永曆三十四年（康熙十九年，1680）師老返台。次年正月二十八日（1681年3月17日）病死，享年四十。《臺灣歷史人物小傳——明清暨日據時期》，頁720。

〔註37〕（明）夏琳撰：《閩海紀要》卷之上／甲辰、三年，（臺灣文獻叢刊第11種），（台北市：台灣銀行經濟研究室），頁36。

〔註38〕陳永華（？～1680）字復甫，福建同安人。生年不詳，約爲崇禎七年（1634）之前。永曆二年（1648），父鼎以教諭守同安，城陷自縊。鄭成功開府廈門，兵部侍郎王忠孝薦之，授參軍。十二年，成功北伐，命輔世子鄭經。十五年克臺灣，授諮議參軍。十六年，成功薨，經襲，授諮議參軍。十八年鄭氏失金廈，歸臺灣，次年加監軍御史，加勇衛。親歷南北，相度地勢，行屯田制，鼓勵墾荒，又開糖鹽之利，推動貿易，諸政漸定，乃請建聖廟、開科舉、設學校。鄭氏在臺經理有方，永華居功厥偉。《臺灣歷史人物小傳——明清暨日據時期》國家圖書館，民國92年12月頁508。

〔註39〕甲寅、十三年（明永曆二十八年）「[夏]、五月，鄭經至思明州，傳檄四方。經將濟兵，以參軍陳永華爲總制，留守東寧；自率兵官陳繩武、吏官洪磊等奉永曆二十八年正朔渡海西來，傳檄直省」。（明）夏琳撰：《閩海紀要》卷之下／甲寅、十三年，（臺灣文獻叢刊第11種），（台北市：台灣銀行經濟研究室），頁42。

〔註40〕（明）夏琳撰：《閩海紀要》卷之下／庚申、十九年，（臺灣文獻叢刊第11種），（台北市：台灣銀行經濟研究室），頁65～66。

　　明鄭之制度多承於荷蘭，這大抵是說在經濟制度的管理上來說的。明鄭時期對於島內徵收丁口稅，課徵田賦並徵收雜稅以裕國用。荷蘭時期對於原住民村社徵收的貢稅在荷蘭治理期間已然中止徵收，而「贌社」此一村社貿易的制度，卻為明鄭所繼承接受。康熙二十四年，諸羅縣令季麒光（？～？）〔註41〕在與清中央政府針對統一之後臺灣賦稅的徵收範圍及金額上引用明鄭時期的賦稅資料加以論述如表 3.1：

表 3.1：明鄭時期各項稅賦收入（單位：兩）

稅名	徵稅金額	稅名	徵稅金額
人丁歲徵銀	18320	漁戶耳港稅	3160
載貨入港	13000	樑頭稅	1500
贌社餉	16228	街市居厝稅	3887
港潭	3060	牛磨	648
鎮省渡船	400	蔗車	1976
鹽稅	3480	僧道度牒	200
載鹽出港	200		
罟罾縺泊等	840		
捕烏旗	141		

資料出處：

季麒光：《東寧政事集》〈請免二十三年半徵文〉，頁 155～157。

季麒光：《東寧政事集》〈覆議二十四年餉稅文〉，頁 158～165。

〔註41〕季麒光，榜姓鄭（臺灣通志作「姓趙」），字聖昭，號蓉洲，江南無錫人。康熙十五年（1676）進士。由內閣中書出知梅縣，二十三年（1684）即清廷領有臺灣之第二年，由閩清移知諸羅縣事。時臺灣初定，制度未備，大府每有諮詢，皆據實情陳其利害。又以諸羅偏僻，而縣治初設，無城廓街市，民雜而貧，土番皆未開化，乃定賦額丁數，募民墾荒，招商撫番，並首興學校，以課儒童，於善化里目加溜灣建養濟院。好文學，博涉群書，所為詩文清麗整贍，工臨池。在任踰年，以文獻未修，乃首創「臺灣府志」，總其山川、風物、戶口、土田、阨塞，未及終篇，二十四年以憂去。繼而巡道高拱乾因其稿為底本而纂成之。起補華容知縣。著有《臺灣雜志》、《山川考略》、《海外集》各一卷，《蓉洲文稿》四卷、《蓉洲詩稿》七卷、《華陽懷古》一卷、《史論》一卷。麒光制義名家，詩文雖未入格，而詩筆甚健，其文恣肆，記閩中事甚備，尤詳於臺灣。《臺灣歷史人物小傳——明清暨日據時期》（國家圖書館）民國 92 年 12 月，頁 213～214。

據此可見明鄭時期官方的賦稅項目與金額。由官方的稅賦資料上看，明鄭時期稅賦的繼承於荷蘭主要在於載貨入港年徵銀、贌社餉年徵、漁戶耳港稅、街市居厝稅等項。繼承荷蘭課徵進口什一稅、與「包稅制度」，以及徵收房屋稅的精神；荷蘭人向漢人徵收人頭稅，與明鄭徵收之丁口稅具有相同的義意。但「贌社餉年徵」完全秉承荷蘭人的「包稅制度」給商人經營原住民村社交易的權利，並向商人收取「贌租金額」。

季麒光所云偽冊所記之內容，「定例每年五月叫贌，聽人承認，其銀皆歸商人完納，偽冊所云：贌則得，不贌則不得也。」〔註42〕依其說明，明鄭的贌社制度所謂「有贌則得，不贌則不得」，社商乃是決定是否經營的關鍵，這雖然和荷蘭時期「價高者得」不同，由於贌社的社商具有區域的經營權與番社進行交易，社商的權利從這樣的描述觀察，證實明鄭社商比荷蘭時期社商選擇權要高且更具彈性。且荷蘭時期贌社的價格本來是變動的，並不是一致不變的，明鄭時期，季麒光所云的「贌社」之法可能已是一種官方訂額的制度（贌則得，不贌則不得，並未減價再贌）。這都一定程度的說明了明鄭雖然繼承荷蘭的徵稅方法，但也進行修正。至於季麒光對於此項稅賦是以均數或者以最高、最低來計不得而知。季麒光對於明鄭以前商人與原住民間交易狀況也進行說明：

> 條目紅彝偽鄭設爲贌之名以其番民之所耕所畜，與所取於海山之利，皆歸於贌商之手。然查紅彝之額爲數甚輕，偽鄭漸加已，而又斗斛秤尺與貨物之價值，奸商爲低昂，大約商物一倍，取其五倍；番物五倍，給其一倍，幾十年來番民之力已窮困矣。〔註43〕

此季麒光說明明鄭時期的「贌社金額」比荷蘭時期逐漸增加之外，商人與原住民交易賤買其物產，而將己物高價抵償出去。商人與原住民交易的過程中間來去差價達二十五倍之多。也就是說「贌商」以很低的交易成本去換取原住民的物資，謀取到極大的利益，這與荷蘭時期社商經營上受到公司約束有著極大的不同。荷蘭時期除有明定之交易價格之外，並有執行抑制商人的措施，以儘可能保護原住民不受商人刻剝。社商在明鄭之時的所處地位的改變「甚至戚制番民，誘以食物，計其社港令商承贌，凡採於山取於海一雞一豕一粟一麥爲盡出於社商之手，以一周十，幾十年來民番重困。」〔註44〕

〔註42〕季麒光：〈請免二十三年半徵文〉，《蓉洲詩文搞選集》（香港：香港人民出版社），2006，頁156。

〔註43〕《明清台灣檔案彙編》，第二輯第九冊，（台北市：遠流出版），民95，頁79。

〔註44〕季麒光：〈覆議二十四年餉稅文〉臺灣史料集成編輯委員會編：《明清台灣檔

　　明鄭時期的「贌社」範圍，季氏所云有「南北二路有 38 社」，但並未說明是那些村社及其名稱，也就無法知道明鄭時「贌社」的具體村社以及其位置。康熙末諸羅縣令周鍾瑄針對其所屬諸羅縣陸餉部份進行考證，《諸羅縣志》云：「鄭氏僞額，諸羅番戶二千二百二十四、丁口四千五百一十六，分大小三十四社，每年調社之日，輕重之餉經於贌社者之手（調社者，年一給牌於贌社之人也。」〔註45〕明鄭時代諸羅縣範圍有 34 個「贌社」之村落範圍。又據「陸餉（「郡志」載：番社舊額三十有四，有并數社餉銀於一社而合徵者：社名俱不載。今俱詳列於各社之下）」〔註46〕諸羅縣志將 34 社列出並將附同徵餉的原住民村社一並列入，據其考證的資料作爲明鄭時期能力所及的村社範圍擬測進行分析，如下表（表 3.2：明鄭時期贌租村社擬測表）：

表 3.2：明鄭時期贌租村社擬測表

	臺灣府志（蔣）			
鳳山縣轄社十二	下淡水社、力力社、茄藤社、放索社、上淡水社、阿猴社、搭樓社、大澤機社	鳳山八社（據季麒光所記納丁口稅）		
諸羅縣轄社三十四	1 郎嬌社	2 琉球社	3 卑南覓社	4 加六堂社
	1 蕭壠社	2 麻荳社	3 新港社（附卓猴社）	
	4 大武壠社（附礁吧哖、木岡、茅匏、內幽等四社）			8 諸羅山社
	5 目加溜灣社（附新社仔社）		6 倒咯嘓社	7 打貓社
	9 阿里山社（附內踏枋、鹿楮、□囉婆、盧麻產、干仔務等五社）			
	10 奇冷岸社	11 大居佛社	12 他裡霧社	13 猴悶社
	14 沙轆牛罵社	15 柴裡斗六社	16 東螺社（附內眉裏二社）	
	17 西螺社	18 南北投社（附貓羅社）		19 貓霧捒社
	20 崩山社（附內大甲東、大甲西、宛裏、房裏、貓盂、南日、雙寮、吞霄等八社）			

案彙編》，第二輯第九冊，（台北市：遠流出版），民 95，頁 79。
〔註45〕周鍾瑄：《諸羅縣志》，卷六 賦役志，（臺北：臺灣銀行經濟研究室），（文獻叢刊第 141 種）頁 96。
〔註46〕周鍾瑄：《諸羅縣志》，卷六 賦役志，（臺北：臺灣銀行經濟研究室），（文獻叢刊第 141 種）頁 97。

21 大傑巔社	22 後壠社（附內新港仔、貓裏、加至閣、中港仔等四社）		
23 竹塹社	24 南嵌社（附內坑仔、龜崙、霄裏等三社）		
25 雞籠社（附內山朝、金包裏社）		27 貓兒干社	28 南社
26 上淡水社（內北投、麻少翁、武勝灣、大浪泵、擺接、雞柔等六社）			
29 二林社	30 馬之遴社	31 大突社	32 阿束社
33 半線大肚社（附內柴坑仔、水裏社）		34 大武郡牛相觸二重坡社	

資料出處：

依據《諸羅縣志 餉稅》卷六 賦役志陸餉水餉雜稅考，頁 97～100；《鳳山縣志》／
卷之六 賦役志／陸餉頁 72。編修。

表中所紀錄的村社數量實際上村社區數南北合計達 84 個村社區域。範圍北達
雞籠，南達瑯嬌，更達阿里山諸社，而卑南覓亦爲交易範圍，比之荷蘭時期
的「瞨社」範圍〔註47〕，有過之而無不及。

　　明鄭時期瞨社各村社的瞨社額狀況，在前述徵額表中可知，明鄭時期的瞨
社餉年徵額爲：16228.08 兩，季麒光曾建議清中央政府，請免除康熙二十三年
（1683）稅款的半徵決議〔註48〕，又針對二十四年的餉稅，對於瞨社：「議各社
瞨餉請減十分之三，竹塹一社請減十分之四，實徵 11269.656 兩」〔註49〕，清
治最初時期「瞨社額」即由明鄭時期的徵額統計裁減而來。依當時的方志紀錄，
清中央決定「瞨社額」乃大約是半徵之數，又季麒光所要各社平均裁減三分之
一，最後是臺灣府紀錄的 7888.7592 兩。可見所徵瞨社額爲各社裁減下來的結
果。然依據清方志的稅收資料統計（如表 3.3：清方志稅收瞨社金額統計）：

表 3.3：清方志稅收瞨社金額統計

	臺灣府	鳳山縣	臺灣縣	諸羅縣
臺灣府志（蔣）	7888.7592	179.2224	0	7709.5368
臺灣府志（高）	7888.7592 新附 98.5			新附 98.5

〔註47〕 荷蘭時期的「瞨社」範圍（參考第二章前述）。

〔註48〕 季麒光：〈請免二十三年半徵文〉，《蓉洲詩文搞選集》（香港：香港人民出版
　　　　社），2006，頁 155～157。

〔註49〕 季麒光：〈覆議二十四年餉稅文〉，《蓉洲詩文搞選集》，頁 158～165。

鳳山縣志		179.2224 新附 12	
臺灣縣志			0	
諸羅縣志				7820.0368 32 年新附 98.5 54 年新附 12

資料出處：

《臺灣府志》（蔣志）卷之七／賦稅（附存留經費）／陸稅，頁 153～156。

《臺灣府志》（高志）卷五 賦役志／陸餉／臺灣府，頁 132～136。

《諸羅縣志》卷六 賦役志陸餉水餉雜稅考，頁 97～100。

《鳳山縣志》／卷之六 賦役志／陸餉頁 72。

若減除新附村社的增額部分，實際康熙年間各舊有村社的贌社金總額是固定不變的。到底社餉徵額如何從明鄭之金額演變成清治之餉額擬測計算如下：

> 一社港僞額徵銀一萬九千三百八十八兩零八分。內南北兩路三十八社贌餉一萬六千二百二十八兩八分。又港潭二十七所贌餉三千六十兩。查社港由土番所居紅毛始設贌商稅額尚輕，僞鄭因而增加之。其法每年五月公所叫贌，每社每港銀若干，一叫不應則減，再叫不應又減，年無定額，亦無定商。僞冊所云贌則得，不贌即不得也。自蕩平以來，商散業廢。本縣等多方勤招，咸稱僞額重又莫肯承認，相應酌量減輕。今議各社贌餉請減十分之三。竹塹一社請減十分之四，共請減銀四千九百五十八兩四前二分四厘，實徵銀一萬一千二百六十九兩六錢五分六厘。〔註50〕

首先 16228.08（兩）各社請減十分之三，減去 4868.424（兩），但其共減 4958.424（兩）扣除 4868.424（兩）得 90（兩），此爲竹塹十分之一的餉額之數。依此計算竹塹社在明鄭時的餉額是 900 兩。而時銀與紋銀互換之倍率爲 1 時銀折紋銀 7 錢：11269.656 兩（時銀）換算文銀爲 7888.7592 兩（紋銀）。清訂 38 社之餉額（諸羅 34 社和鳳山 4 社，諸羅縣：舊額土番社三十四社（每社徵銀不等），共徵銀七千七百零九兩五錢三分六釐八毫加上鳳山縣四社共 179.2224 兩（徵銀一百七十九兩二錢二分二釐四毫。）共 7888.7592 兩（紋銀）與府志

〔註50〕李麒光：〈覆議二十四年餉稅文〉，《蓉洲詩文搞選集》（香港：香港人民出版社），2006，頁 161～162。

餉稅（土番社三十八社（每社徵銀不等）共徵銀七千八百八十八兩七錢五分九釐二毫。）〔註51〕這個數字完全相符。

自康熙二十四年季麒光議定之後直至乾隆二年改革丁稅之時將番社「餉稅」改為漢人之丁稅相同，經歷康熙、雍正、乾隆二年止，五十餘年完全沒有改變。各個番社到底如何分配餉稅，季氏雖沒有明言，我們擬測求知竹塹一社之餉稅，而其他各社餉稅分配金額從方志中得知數額，依照驗證竹塹社的餉稅，康熙至乾隆年間竹塹社徵銀 378 兩這是紋銀的數量，換算時銀價格為 540 兩，竹塹一社酌減十分之四，明鄭時期的原徵額為 900 兩。這是符合當初季麒光所言的數字，那麼其他的社群我們藉由此計算方法推算，如：新港社清季餉稅 458.64 兩紋銀，換算成時銀為 655.2 兩，各社酌減十分之三，明鄭時期新港社的原徵額為 936 兩。其它各設依此類推我們可以推知明鄭時期各社「餉稅」的分配金額。並解開明鄭時期各原住民番社徵稅的實際金額內容如下表說明（表 3.4：明鄭時期原住民村社贌社額預估表）：

表 3.4：明鄭時期原住民村社贌社額預估表

社名	餉稅徵額	明鄭擬測額
鳳山四社	共徵銀一百七十九兩二錢二分二釐四毫（179.224）	365.7632
內加六堂社	徵銀四十九兩三錢九分二釐（49.392）	100.8
琅嶠社	徵銀五十一兩一錢五分六釐（51.156）	104.4
琉球社	徵銀九兩八錢七分八釐四毫（9.8784）	20.16
卑南覓社	徵銀六十八兩七錢九分六釐（68.796）	140.4
諸羅縣	7718.7268　（兩）	15881.0822
1 諸羅山社	額徵銀六十五兩二錢六分八釐。（65.268）	133.2
2 哆囉嘓社	額徵銀三百一十三兩九錢九分二釐。（313.992）	640.8
3 大武壠社	額徵銀九百一十四兩八錢一分四毫（914.8104）	1866.96
4 麻豆社	額徵銀一百七十二兩八錢七分二釐（172.872）	352.8

〔註51〕蔣毓英等：《臺灣府志三種》（高志），（北京：中華書局）1985，頁 704。

5 目加溜灣社	額徵銀一百一十三兩二錢四分八釐八毫（113.2488）	231.12
6 蕭壠社	額徵銀四百五十二兩二錢八分九釐六毫（452.2896）	923.04
7 新港社	額徵銀四百五十八兩六錢四分（458.64）	936
8 大傑嶺社	額徵銀一百九十兩零五錢一分二釐（190.512）	388.8
9 阿里山社	額徵銀一百五十五兩二錢三分二釐（155.232）	316.8
10 奇冷岸社	額徵銀一十二兩九錢零八毫（12.9008）	26.3281
11 大龜佛社	額徵銀一十七兩九錢八分二釐八毫（17.9828）	36.6995
12 打貓新社	額徵銀一百三十六兩一錢八分八毫（136.1808）	277.92
13 他里霧社	額徵銀五十兩零八錢三釐二毫（50.8032）	103.68
14 猴悶社	額徵銀四十九兩三錢九分二釐（49.392）	100.8
15 柴裏斗六社	額徵銀三百五十二兩八錢（352.8）	720
16 西螺社	額徵銀二百零四兩六錢二分四釐（204.624）	417.6
17 東螺社	額徵銀三百七十兩四錢四分（370.44）	756
18 南社	額徵銀八百零六兩五錢八毫（806.5008）	1645.92
19 二林社	額徵銀四百二十五兩一錢二分四釐（425.124）	867.6
20 大突社	額徵銀一百零五兩八錢四分（105.84）	216
21 貓兒干社	額徵銀二百四十六兩九錢六分（246.96）	504
22 大武郡牛相觸二重坡社	額徵銀一百六十五兩四錢六分三釐二毫（165.4632）	337.68
23 南北投社	額徵銀五百零一兩三錢二分八釐八毫（501.3288）	1023.12
24 馬芝遴社	額徵銀二百一十五兩九錢一分三釐六毫（215.9136）	440.64
25 半線大肚社	額徵銀三百三十一兩六錢三分二釐（331.632）	676.8
26 阿束社	額徵銀七十兩九錢一分二釐八毫（70.9128）	144.72
27 貓霧揀社	額徵銀二十九兩六錢三分五釐二毫（29.6352）	60.48
28 沙轆牛罵社	額徵銀二十三兩二錢八分四釐八毫（23.2848）	47.52
29 崩山社	額徵銀一百四十三兩四錢一分六釐八毫（143.4168）	292.6873
30 後壠社	額徵銀九十八兩七錢八分四釐（98.784）	201.6
31 竹塹社	額徵銀三百七十八兩（378）	900
32 南嵌社	額徵銀九十八兩七錢八分四釐（98.784）	201.6

33 上淡水社	額徵銀二十二兩五錢七分九釐二毫（22.5792）	46.08
34 雞籠社	額徵銀二十二兩五錢七分九釐二毫（22.5792）	46.08
總金額 明鄭徵額（16228.08）：16246.8454（誤差 18.7654（兩）範圍千分之 1.1） 鳳山縣（179.224）：（365.7632） 諸羅縣（7709.5368）：（15881.0822）		

資料出處：

《諸羅縣志　餉稅》卷六　賦役志陸餉水餉雜稅考，頁 97～100

《鳳山縣志》／卷之六　賦役志／陸餉頁 72。

明鄭時期各個原住民村社的贌社金額，也就分別擬測出來了。加上明鄭時期贌租村社擬測表，《諸羅縣志》所考列之村社資料，便呈現明鄭時期贌社的範圍及狀況。

　　改「贌社」以計丁口徵稅的鳳山八社，這是明鄭時期和荷蘭時期管理原住民村社最不同的地方。荷蘭時期的鳳山八社乃為「包贌」的村社〔註 52〕，進入明鄭時期八社和一般招商「贌社」的原住民村社不同。荷蘭時代南部八社的原住民是屬村社貿易制度，如表 3.5 所示：

表 3.5：（荷蘭時期）南部八社地方的村社貿易資料表

	46 年	47 年	48 年	50 年	51 年	54 年	55 年	56 年	57 年
放索仔	270	170	200	300	225	140	120	280	390
加藤與力力	290	250	250	650	650	170	140	360	350
麻里麻崙	380	100	120	400	300	280	150	270	350
大木連	400	370	540	750	550	330	200	140	140
阿猴	380	370	400	800	500	400	140	120	150
塔樓與與大澤機	520	450	480	1200	400	550	550	680	750

說明：

自 1646 年至 1657 年止據實錄資料，南部集會區的放索等八村社之村設貿易稅平均數為 2202 里耳／年，折算時銀（每里耳 0.7 錢）約計 1542 兩。

〔註 52〕荷蘭時期的「贌社」範圍（參考第二章前述）。

根據季麒光對於明鄭南路八社納餉的內容，（表 3.5：明鄭南路鳳山八社繳納丁米表）

表 3.6：明鄭南路鳳山八社繳納丁米表

類別	總徵額	丁口數	每口徵額	折粟
南路八社番民	11867.6 石	4345 丁口	壯番 1.7 石米／丁 番婦 1.3 石米／口	壯番 3.4 石／丁 番婦 2.6 石／口

資料出處：〈覆議二十四年餉稅文〉，頁 160～1。編
說明：明鄭八社年納丁米共計 5933.8 石（米）折算時銀 1.3 兩之價值南部鳳山八社改徵丁米之價格（估計約 7713.94 兩）反而是高過村社貿易稅 5 倍之多。（季麒光說當時米穀價格是明鄭時的十分之二，官價每石三錢六分，明鄭之時每石穀價折算約一兩八錢。）

明鄭時期對南路八番社民不論男女老少以米代錢課以賦稅，這項賦稅是明鄭時期才有的稅賦項目，荷蘭時期並無對原住民徵此種丁口稅。八社地方的村社貿易總平均值約如表（表 3.5：（荷蘭時期）南部八社地方的村社貿易資料表）述說明：自 1646 年至 1657 年止據實錄資料，南部集會區的放索等八村社之村設貿易稅平均數爲 2202 里耳／年，折算時銀（每里耳 0.7 錢）約計 1542 兩。而明鄭八社年納丁米如下表（表 3.6：明鄭時期丁口稅額表）共計 5933.8 石（米）折算時銀 1.3 兩之價值南部鳳山八社改徵丁米之價格（估計約 7713.94 兩）原本不用負擔任何稅賦的鳳山八社原住民，到明鄭一變制度反而是繳納高過荷蘭村社貿易稅 5 倍之多的丁米。但相較於於漢民百姓所徵之丁口稅如（表 3.7：明鄭時期丁口稅額表）：

表 3.7：明鄭時期丁口稅額表

稅項名稱（鄭）	人丁數	單 位	總徵額	備考
人丁稅	21320 丁	佃丁戶口舖戶每丁三錢八分 難民每丁六錢八分 閒散民每丁九錢八分	18320 兩	

資料出處：〈覆議二十四年餉稅文〉，頁 161。編

明鄭時期米價較清領時期的米價高出許多，米價若以 1.3 兩計算，鳳山八社壯

番繳納之丁米價值約 2.21 兩；番婦繳納之丁米價值約 1.69 兩。對於漢人所徵之丁稅，均值約在八錢六分。所徵收原漢之丁口稅差別 2～3 倍之間。荷蘭時期的人頭稅依當時徵稅的內容計算大約在 4.2 兩之數〔註 53〕，明鄭時期，對漢人所徵之丁口稅可說是驟降極多，而對鳳山八社而言，原住民的負擔反而是大爲增加。

　　總合上述的觀察，明鄭時期所繼承於荷蘭的「贌社」制度，筆者歸納出幾個特點如下：

1. 首先在區域上明鄭時期「贌社」之制較之荷蘭時期的「村社貿易制度」的範圍是擴大的。
2. 明鄭時期對於「贌商」的控制與約束反之較荷蘭時期對於商人的控制與約束更加的寬鬆。
3. 原住民村社由於「贌商」的自主性增加及自由操作，原住民反而減少了交易利益。
4. 明鄭改變對「鳳山八社」直接收取丁口稅，較之荷蘭時期八社「村設貿易徵額」、漢人之丁稅更高外之外，也開啓政府向原住民直接徵收稅賦之先聲。
5. 社商由於政府出口政策的改變，獲利將較荷蘭時期更大更有彈性。
6. 明鄭所徵收的「贌社」金額（一萬六千二百二十八兩八分）實際並不高於荷蘭時期（25888 里爾／年，扣除八社 2202 里爾／年，爲 23686 里爾約 16580 兩／年）。

　　明鄭時期的贌社之稅的徵收，依然是透過社商與原住民的村社進行貨物交易，並透過社商與原住民所得出口牟利，並從利益中支付「贌金」。流程如圖示：

〔註 53〕荷蘭時期的人頭稅：根據最新統計，福爾摩莎共有 315 個歸服村社，包括男女老少 68675 人，中國人有 15000 人，其中 11000 人每月繳納人頭稅。每人每月半里爾計，所得收入比較可觀。程紹剛譯注：《荷蘭人在福爾摩莎》八雷尼爾斯（1650～1653）1651 年 1 月 20 日，（臺北：聯經），2000 年，頁 325。依此計算每一人每年繳納 6 里爾之人頭稅（1 里爾折算 7 錢約爲 4.2 兩）。

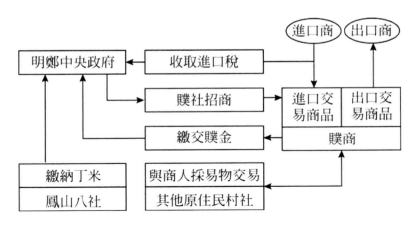

圖 3.1：明鄭時期贌社交易流程圖

贌社社商在於先應承了與政府約定的贌社餉額招贌後，開始對原住民進行劃定區域的商業交易，因此，明鄭贌社之制本身和荷蘭時期相同並未對原住民徵稅。贌社商人本身評估風險，應承的稅額，並透過與原住民交易來獲得自身利益與繳付稅額。就明鄭時期對原住民村社所徵之交易稅，就前述所言之約 16228 兩（折合約 23182 里爾），這個數字還低於荷蘭時其「贌社」之稅的均值，近於荷蘭時期晚期的情況，也就是說，明鄭時期的「贌商」繳納稅金的壓力比荷蘭時期更低一些，獲利的空間更大。

在明鄭時期之雜稅中，筆者並未找尋到明鄭時期有出口稅項的徵收（有載貨入港年徵銀的稅項）數據，明鄭時期並未向商人徵出口稅。這樣，「贌社」的商人，將所交易的商品出口獲利將比之荷蘭時期的獲利更大。若「贌商」兼具進口商與出口商的身分，其所能得到的利益將更大。明鄭的政府，在交易稅上並沒有明顯改變。由於政府對於「商人」政策的改變。明鄭王朝對於原住民稅制的更改實際上並未超越荷蘭時期的所收「贌社」金額的均值。但減少了約束商人，在交易的過程中商人從交易物之價格低昂之間謀取自身的最大利益，才是原住民社會逐漸窮困的最大原因，並非在臺灣的鄭氏東寧政權過度加壓獲利所致。季麒光銜命對清治臺灣的賦稅加以規劃，上呈條議。參酌明鄭時期的稅收狀況，並且加以折衝。甚至徵收稅項均加以轉錄，這彌補了明鄭資料的散佚與不足之處。其中對於當時原住民的稅賦項目也有詳加條陳，這使得明鄭時期管理原住民的內容也有了憑藉的數字依據。這些群組數字、範圍推測確認，以及商人的交的手段與方法，在同一空間之下，明鄭政府方面，嚴格執行禁止侵佔原住民的土地，政府在村社貿易稅收上也和荷

蘭實際稅收所得相當。這些正強調原住民社會所面臨的經濟問題，不在於政府而在於這些經營村社貿易的商人身上。除南路八社之外基本上村社貿易明鄭時期還保留荷蘭時期說商業稅的精神與徵收對象。

第四章　康熙朝臺灣「贌社」制度 之嬗變

　　自康熙二十二（1683）年鄭克塽（1670～1707）納土內附，臺灣歸附中國清廷版圖之列，繼而開府設縣展開對臺灣的統治，史稱清治時期。但是親歷統治的現實，清朝官員不得不正視臺灣原住民的問題。而大清朝對於臺灣統治，委派官員，一如制度遵行，律法一如清律而無更，科舉考試亦漸而與內地同，設營分汛海陸並施，設官收稅，六部處分，依臺特殊乃另立條目，對臺灣的治理，可謂是「一體視同」之外並特加注意，不可謂之毫無政策。如：針對臺灣兵餉、民人偷渡、船隻私越、官員役僕、兵丁滋事不法、文武官員互稽等，都特立有處分則例加以管理約束。由此觀之，清治臺灣不可謂之毫無管理政策。又臺灣分設一府三縣，府縣各有職司以牧民，姑不論臺灣特殊的地理與人民的特殊，治臺從中央至地方，可說分具規模而治理。很明顯的，清治臺灣並非沒有制度，而是在人治的問題。

　　清治臺灣治理斯土之「民」，不論是移民、遺民或者是番民，正如季麒光所云：「既已納餉，均爲天朝之赤子。」同爲清朝子民，當然應是一體視同，而不分「民番」。而納餉稅與否，成爲治理官員來判別統轄之區爲民與否的標準與治權所及之範圍。清朝官員來臺，所治之民，不論閩、粵；漢、原，當是平等對待，撫綏不分類。然而是時原漢，語言不同，風俗殊異，生活上不免衝突，漢民以農立業，原住民以射獵維生，生活型態的差異，土地運用方式需求的不同，原漢本身在經濟上土地拓墾的衝突已經不免，臺灣原住民本身又有生、熟之別，清治之初尚全然不能控制全島，以有限的官、兵（臺灣

計約八千、澎湖兩千）治撫漢原之民，地廣民頑，四時節候山川風物又大異於內地，且可資治理之經驗闕如，統一之初的臺灣，面對的問題可謂嚴峻。

　　本章以統一的康熙朝臺灣「贌社」制度之嬗變爲題，針對於統一之後清朝對「贌社」制度的修正與變革過程及內容進行分析研究。首先康熙時期對於「贌社」繼承差異關係進行分析釐清；其次，就原住民「餉稅徵收」產生問題的浮現，分析制度執行後產生的社會現象與原住民社會的境遇進行探討；再次，眞對番漢稅賦的不平等與「贌社」制度的修正探討分析原漢稅賦之差異與官方對制度進行之修正情形。勾勒康熙朝贌社制度繼承及嬗變情形。

第一節　治臺初期原住民「贌社」制度變革

　　康熙統一戰爭結束，臺灣收歸版圖，對於臺灣原來鄭氏政權對地方收取各項田賦、丁口、雜稅加以析分釐清整理，並且呈報清朝中央加以裁定，當初開闢，據《東寧政事集》所紀：「諸羅爲僞萬年州。北界所隸生番九十七社，熟番三十四社，贌社額餉又居三縣田丁賦稅十之三。」〔註1〕諸羅縣設縣之初民丁才二千七百餘口，又集於府治之近。賦稅幾出於「贌社」而來。在統一初期經濟上呈現這樣的狀況。「贌社」之制乃依靠社商、通事執行。官府收取應取之稅賦，其餘的事務，全由社商、通事處理，季麒光曾對荷蘭以來的「贌社」分析：

> 紅彝、僞鄭設爲贌社之名，以其番民之所耕、所畜與所取于海山之利，皆歸於贌商之手。然查紅彝之額，爲數甚輕，僞鄭漸加無已，而又斗斛秤尺與貨物之價值，奸商爲低昂，大約商物一倍取其五倍，番物五倍給其一倍。幾十年來東番民之力已重困矣。〔註2〕

贌社在明鄭時期已造成了社商壟斷番社經濟的情況，「斗斛秤尺與貨物之價值，奸商爲低昂」控制商品交易價格，買賣之交易價差竟有二十五倍之譜，魚肉「原住民」的狀況，最主要的關鍵在於社商。季麒光在議此制度時就曾說明，又云：

> 況贌社之設原爲仰佐賦額，必使不累于商，不病於番。而後爲商者

〔註1〕季麒光：《台灣文獻匯刊第四輯：東寧政事集》，（北京市：九州出版社，2004），頁205。

〔註2〕季麒光：〈詳陳贌社之難文〉《台灣文獻匯刊第四輯：東寧政事集》，（北京市：九州出版社，2004），頁247。

> 踴躍以擔事，為番者亦悅服而急公，為吏者亦可遵循，而周失臺灣
> 既入版圖，土番即為赤子，其所倒懸待就者，正此贌社一節。既已
> 編入正課，不能懲弊革除，踵而行之已矣！〔註3〕

季麒光對「贌社」一制，社商對番民的侵剝、以及初領臺執行「贌社」的困境，主張先免再議，但終究還是議定踵行前制。季麒光所說的明鄭時期贌社之內容「定例每年五月叫贌，聽人承認，其銀皆歸商人完納，偽冊所云：贌則得，不贌則不得也。」〔註4〕明鄭的贌社制度所謂「有贌則得，不贌則不得」社商乃是決定是否經營的關鍵，這雖然和荷蘭時期「價高者得」不同，由於贌社的社商具有區域的經營權與番社進行交易，這樣的商業制度，是從中牟取交易的差價卻是相同的，社商的權利從這樣的描述觀察明証實其社商比荷蘭時期社商選擇權要高。盈虧則在此差價利益的多寡。然而清治初期在稅賦訂立上，從中央到地方卻將贌社由此變動商業交易稅賦，認定成為常態收取的「正課」。並透過清代方志的記錄統計而可知其範圍及徵稅之金額，如「表4.1」所示：

表 4.1：康熙時期台灣府原住民村社納餉表

鳳山縣	共 179.2224
內加六堂社	49.392
琅嶠社	51.156
琉球社	9.8784
卑南覓社	68.796
諸羅縣	番社舊額三十有四，有并數社餉銀於一社而合徵者；社名俱不載。今俱詳列於各社之下
諸羅山社	65.268
哆囉嘓社	313.992
大武壠社	914.8104（內礁吧哖、木岡、茅匏、內幽等四社餉銀俱附入合徵）
麻豆社	172.872
目加溜灣社	113.2488（內新社仔餉銀附入合徵）

〔註3〕季麒光：〈詳陳贌社之難文〉《台灣文獻匯刊第四輯：東寧政事集》，（北京市：九州出版社，2004），頁 248。

〔註4〕季麒光：〈二十三年半徵文〉《台灣文獻匯刊第四輯：東寧政事集》，（北京市：九州出版社，2004），頁 215。

蕭壠社	452.2896
新港社	458.64（內卓猴社餉銀附入合徵）
大傑巔社	190.512
阿里山社	155.232（內踏枋、鹿楮、　囉婆、盧麻產、干仔務等五社，又三十四年新附崇爻、芝舞蘭、芝密、貓丹、筠椰椰、多難、水輦、薄薄、竹腳宣等九社，同前五社共十四社餉銀附入合徵）
奇冷岸社	12.9008
大龜佛社	17.9828
打貓新社	136.188
他里霧社	50.8032
猴悶社	49.392
柴裏斗六社	352.8
西螺社	204.624
東螺社	370.44（內眉裏二社餉銀附入合徵）
南社	806.5008
二林社	425.124
大突社	105.84
貓兒干社	246.96
大武郡牛相觸二重坡社	165.4632
南北投社	501.3288（內貓羅社餉銀附入合徵）
馬芝遴社	215.9136
半線大肚社	331.632（內柴坑仔、水裏社餉銀附入合徵）
阿束社	70.9128
貓霧捒社	29.6352
沙轆牛罵社	23.2848
崩山社	143.4168（內大甲東、大甲西、宛裏、房裏、貓盂、南日、雙寮、吞霄等八社餉銀附入合徵）
後壠社	98.784（內新港仔、貓裏、加至閣、中港仔等四社餉銀附入合徵）
竹塹社	378
南嵌社	98.784（內坑仔、龜崙、霄裏等三社俱附入合徵）
上淡水社	22.5792（內北投、麻少翁、武□灣、大浪泵、擺接、雞柔等六社餉銀附入合徵）

雞籠社	22.5792（內山朝、金包裏社餉銀附入合徵）
康熙三十二年新附生番六社 98.5	
大武郡赤嘴社	39
水沙連思麻丹社	12
呿目靠社	12
挽鱗倒咯社	11.5
狎裏蟬彎蠻社	12
干那霧社	12
康熙五十四年，新附生番六社岸裏社、掃束社、烏牛難社、阿里史社、樸仔籬社年共納鹿皮五十張，折徵銀一十二兩。	
以上合計，新、舊番社實徵餉銀共七千八百二十兩零三分六釐八毫。	

資料出處：《臺灣府志》、《鳳山縣志》、《諸羅縣志》等，所言納「社餉」者南鳳山四社（179.2224）、新附十社（12）；北諸羅三十四（7718.734）社，諸羅縣所列諸社名稱乃有舊有及新附者（12 社 110.5 兩）共五十三社（7829.234）。

　　經歷繼承變動之後的「贌社」稅，採「定額徵收」的稅賦，更說明了清治臺灣的贌社制度和明鄭以前贌社制度有其根本上的不同分野。贌社之稅從變化，從不定的商業交易稅轉變成定時定徵的稅項，由清領時期開始。贌社社商在於先應承了與政府約定的贌社餉額後，開始對原住民進行劃定區域的「貨物」交易。從清朝治理臺灣開始，對此項的贌社制度稅賦，雖說繼承，但本質上卻是完全改變的，贌社社商由「叫贌」的不定額，變成「認餉」的定額。清中央政府對臺灣原住民不清楚狀況下，從「有贌則得，不贌則不得」卻演變成一定要繳納，每年定額徵收的「正課」。原本由商人繳納的商業稅，卻轉變成為原住民負擔，季麒光將此稅呈報乃是對商人減徵，但稅額卻因此而制定下來，相沿直到乾隆時改變稅制時才終止。

　　清政府以近前明鄭時期之半額徵收「贌社」，若商人應承此一稅額，「贌商」與原住民之村社的交易負擔本應減輕，相對於原住民村社本是一項惠政。然而，所謂「正課」乃課之於原住民村社自身，商人只不過透過交易之便代為徵稅款村社的稅款，所允之額乃出於原住民身上，並非純然的由貿易利益而來，因此社商本身不過像是代墊稅款，而後向原住民收取。商人負擔對原住民徵稅的任務，透過交易之便將稅金交給政府。這樣，對於南北原住民徵稅方式才一致。府志云：

> 番素朴愚，不知權量。今諸羅之新港、蕭壠、目加溜灣、麻荳、哆
> 咯嘓、大武壠等社，去府治頗近，多事耕田，猶能以錢貿易。餘社
> 則以其所有，易布、絮、鹽、鐵之類于社商而已。鳳山之下淡水等
> 八社，不捕禽獸，專以耕種為務，計丁輸米于官。〔註5〕

鳳山八社專以耕種為務，故改採丁口稅課徵這是承襲明鄭時期的作法，大部
分諸羅縣村社則以其所有，易布、絮、鹽、鐵之類于社商而已。如何輸餉於
官，社商所採行的方式，是將認餉金額，視同為如鳳山八社繳付之丁口稅賦
稅，直接轉嫁原住民村社身上，徒有「贌社」之名，喪失其本來的商業本質，
官方也認為這種「贌社」稅為正供，社商在清朝「贌社」制度之下，只是被
視為徵稅的媒介。周鍾瑄〔註6〕云：

> 查附近縣治如諸羅山、哆囉國、目加溜灣、麻豆、蕭壠、新港等六
> 社，番漢錯居，向皆自舉通事；每年祇以辛勞（番每年計值以受通
> 事，或粟、麻、鹿脯之曰辛勞），為登記出納數目，而均其差役，應
> 徵額餉，番自輸官，不經通事之手，因查縣北如打貓、他里霧、柴
> 裏三社，均屬附近，番習見官長，稍有知覺，與六社無異，亦令自
> 舉通事自輸。〔註7〕

周鍾瑄實際說明的很清楚，應徵之「餉額」，所指即是「贌社」之稅，原住民
得自輸，根本就無涉於與商人間的商業行為。故清代的「贌社」餉額，實際

〔註5〕 高拱乾，《臺灣府志。風俗（附土番）》卷之五（台北市：臺灣銀行經濟研究
室，台灣文獻叢刊第65），頁99～100。

〔註6〕 周鍾瑄（1671～1763）字宣子，貴州貴筑人。康熙三十五年（1696）舉於鄉，
補邵武令，五十三年（1714）知諸羅縣事。時縣治初闢，土曠人稀，鍾瑄至，
留心諮訪，勸民鑿圳，捐俸助之，凡成溝洫數百里，民以富庶。五十八年秩
滿，遷員外郎。六十一年初平朱一貴，出知臺灣縣，值歲大饑，設平糶法。
明年，修文廟，葺諸生舍，皆捐俸獨任之。初臺地土鬆，築城慮弗牢，樹刺
竹為藩蔽。鍾瑄善其法而廣之，東自龍山寺，北至烏鬼井，南至下林仔，西
抵海岸，建木柵二千六百餘丈。始自鄭氏，邑店厝、牛磨皆有稅，歲久人去，
仍按舊籍催租，而新建者不出一錢，鍾瑄乃複查，戶給票，罷業者憑票註銷。
鍾瑄長才遠識，凡所規劃，計皆久遠。時有陳夢林者，負才博學，鍾瑄延修
諸羅縣志，淹通質實，獨稱善本。當是時，諸羅以北，遠至雞籠，土地未闢，
其間凡可墾田建邑，須駐兵設險者，皆詳言之，後臺灣北路所施為皆如其言。
尋擢去，諸羅縣民寫其像於龍湖巖以祀焉。《臺灣歷史人物小傳──明清暨日
據時期》（國家圖書館）民國92年12月頁211～212。

〔註7〕 周鍾瑄：《諸羅縣志。賦役志（餉稅）》卷六，（臺北：臺灣銀行經濟研究室，
文獻叢刊第141種）頁103。

上是向原住民徵收的稅金，只不過是以一個村落的區域（或數個村或）為徵收對象，而不是像荷蘭徵收貢稅以戶為單位、明鄭對鳳山八社以丁口來徵收，清領則綜前期之「贌社」商業稅的方式以村社為單位，向原住民村社直接徵收定額之稅金。商人不過藉「村社貿易」之名而已，如圖二流程所示：

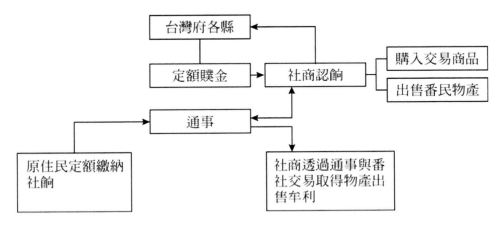

圖 4.1：清治初期贌社交易流程圖

第二節　原住民「餉稅徵收」問題的浮現

　　前節所述，乃就「贌社」制度的實際內容說明其本質與變化。當清治臺灣之初，將原來的贌社時由不定額叫贌變成定額認餉。而又依納餉稅之有無又將「原住民」劃分為「生番」、「熟番」之別。然而原住民盡了「納餉」的義務，卻無從享受任何權利，更為奸徒之輩欺其愚昧，官兵勞役番民等不法。季麒光在〈再陳臺灣事宜文〉中對於清治初期臺灣對漢民徵收田賦、丁銀狀況云：

> 大江左右，田稅既重，丁稅不過一錢；且或一家數口而數一丁，或
> 按田二、三十畝而起一丁，未有計口而盡稅之如臺灣者，未有每丁
> 重至四錢八分如臺灣者也。今既多其粟額，而又重其丁銀，較之偽
> 鄭則已減，較之內地，則實難。〔註8〕

康熙初領臺灣之時，季麒光對於當時所徵丁口稅賦「四錢八分」認為非常重。更何況贌社之稅「定額」徵收，只不過是借助社商之手，行徵稅的目的。語

〔註 8〕季麒光，〈再陳臺灣事宜文〉《台灣文獻匯刊第四輯：東寧政事集》，（北京市：九州出版社，2004），頁 278。

言不通，官員借助社商、通事，遂行統治臺灣的目的，同時取得經濟利益。原住民成爲宦臺官兵直接利益主要來源、通事社商成爲其間媒介。除稅收上佔臺灣全年賦稅三分之一，從中剝削的更是不知凡幾。除了「納餉」，官府又有勞務侵擾，雖有一二良心官員，爲原住民請命，焉能杜此侵漁之弊病。季麒光雖知贌社之制弊多於利，亦猶不能不執行清廷決策。

統一初期季麒光在任諸羅令時，就爲當時這種對原住民不合理的徵稅制度請命過，在諸羅縣知縣季麒光〈覆議二十四年餉稅文〉：「今已入版圖，望切來蘇，而部堂彙議，止就僞鄭之冊，不察時勢之難易，竟以「照舊」二字，按額徵取。」〔註9〕當初開闢諸羅縣設，縣之初民丁才二千七百餘口，又集於府治之近。賦稅幾出於「贌社」而來。季麒光並針對「贌社」的問題詳陳〈覆詳贌社之難文〉說到當時執行上的困難：

> 蓋時銀色低，餉銀色高，爲數相殊一也。各社之鹿因未有贌社營兵搜捕無遺，半年以來滋長有限，鹿皮既少餉從何出二也。五月叫社，七月入社，四月初社，按季納餉，尚苦不支前奉停徵之議。未經報贌，今自正月至四月，欲以一季而徵一年之餉，不特貨物難消，即麕鹿亦難掩捕三也。舊商既去，所存無幾，欲以一商而兼幾社之事，既苦資本不敷，抑且手足難分四也。僞鄭之時事歸於一，不特無人擅取一獐一鹿，並不敢私役一番。今衙門既多，恐有差撥以妨採捕五也。新港、蕭壟、蔴豆、加溜灣、大武壟、倒咯嘓六社額銀四千餘兩，止出米粟，當時米貴尚可完納，今不及十分之二，米賤銀少，商恐虧額，六也。竹塹、南崁、雞籠、淡水與野番接壤，須兵防護始可通商。今不設官，不設兵，無人敢至，七也。〔註10〕

季麒光所言第一條，因繳納餉銀與時銀的差異，「查其時銀色，每一兩取錢四百，名曰時銀，計其實止值七錢，尚有因時增減。」若納餉銀，則二者差異將造成原住民村社增加負擔。以7800兩餉銀（紋銀）計算，時銀繳納則必須11140餘兩，這是貨幣換算的問題；「各社之鹿因未有贌社營兵搜捕無遺，半年以來滋長有限，鹿皮既少餉從何出二也。」營兵來臺過度捕鹿，造成臺灣

〔註9〕 季麒光：〈覆議二十四年餉稅文〉《台灣文獻匯刊第四輯：東寧政事集》，（北京市：九州出版社，2004），頁222。

〔註10〕 季麒光：〈覆詳贌設之難文〉《台灣文獻匯刊第四輯：東寧政事集》，（北京市：九州出版社，2004），頁252～253。

鹿的來源減少。「五月叫社，七月入社，四月初社，按季納餉，尚苦不支前奉停徵之議。未經報贌，今自正月至四月，欲以一季而徵一年之餉，不特貨物難消，即麕鹿亦難掩捕三也。」根本沒有發贌給商人，就算即時發贌施行，時間太過匆促用一季的時間去徵收一年的餉稅根本不可能。「舊商既去，所存無幾，欲以一商而兼幾社之事，既苦資本不敷，抑且手足難分四也。」明鄭時期的舊商人稀少，資本不足也是問題。「偽鄭之時事歸於一，不特無人擅取一獐一鹿，並不敢私役一番。今衙門既多，恐有差撥以防採捕五也。」法令不明，事權不一，各衙門又隨意遣撥原住民，季麒光說的含蓄，怕影響原住民獵捕工作，實際上點出官弁隨意差使原住民服勞役的情形。「新港、蕭壟、蔴豆、加溜灣、大武壟、倒咯嘓六社額銀四千餘兩，止出米粟，當時米貴尚可完納，今不及十分之二，米賤銀少，商恐虧額，六也。」物價波動，原住民村社收入減少，商人不敢包攬。「竹塹、南崁、雞籠、淡水與野番接壤，須兵防護始可通商。今不設官，不設兵，無人敢至，七也。」大甲溪以北之區塘、汛未設，兵勢所不及之地，商人不敢前往承包村社。

　　「贌社」制度配套不明，強行執行此一制度的結果，爲達稅收的目標，當然造成執行上諸多病灶。時間太過匆促，爲求執行上的成果，扭曲「贌社」的本質，來應付稅賦上的問題。不論是納餉之銀色、過度獵捕、商人資本不足、物價波動，甚至官員勞役的差撥，都必須由社商、通事出面處理。因此，社商扭曲制度的原始形態與原住民的交易利益輸稅，以應付官方的賦稅、勞務所需，矛頭必然指向稅賦所出的村社原住民身上。一開始就扭曲原來的制度，那麼接續的問題也就逐漸凸顯出來。而問題也不斷的再宦臺主管官員中被揭發：問題一、對原住民放債取利：

　　　　今聞放債之家不遵律例，每兩月利加至五、六分不等；又有影藉各
　　　　衙門名色，散放印錢，按日盤算；及放與各社土番，欺其蠢懦，準
　　　　折其人口、捆載其牛畜等項。〔註11〕

以高利貸的手段欺騙原住民，藉欠債之藉口搜刮原住民的財物。問題二、官員索賄番民負擔。臺灣道高拱乾〔註12〕至臺就任，在〈近苦累土番等弊示〉

〔註11〕　高拱乾：〈禁重利剝民示〉《臺灣府志。藝文志（公移）》（台灣文獻叢刊第65
　　　　種），頁248。
〔註12〕　高拱乾，字九臨，陝西榆林衛人。陰生。康熙二十一年（1682），任戶部郎中。
　　　　二十九年任泉州知府。三十年，臺廈道缺，以拱乾有識略，且熟諳沿海情形，
　　　　經督撫兩院會薦，奉特旨陞補分巡臺灣廈門兵備道，並兼理學政。於翌年蒞

赤裸裸的將官兵惡行寫的一清楚，並申令禁止：

> 本道下車以來，訪聞有司官役於招商贌社時，需索花紅陋規，以致
> 社商轉剝土番，額外誅求，番不聊生。〔註13〕

官弁向「社商」勒索費用，而社商除向原住民收取社餉之外又轉而向原住民
榨取這些被官弁勒索的銀兩，使原住民負擔更加沉重。問題三、官弁濫役番
民疲勞：

> 更有各衙門差役兵廝經過番社，輒向通事勒令土番撥應牛車，駕駛
> 往來。致令僕僕道途，疲於奔命；妨其捕鹿，誤乃耕耘。因而啼飢
> 呼寒，大半鶉衣鵠面。至於白取竹木，以供私用；責令馱送，恬不
> 知怪。〔註14〕

為官弁者向贌社商人勒索錢財以供花費，兵丁衙役透過通事隨意差用番人，
白白取用番社之人力物力以供差遣，被勒索贌社商人商又轉嫁成本到原住民
身上。對於原住民村社，造成不論在稅賦上、勞役上，官、兵、商人交相侵
漁「原住民」。問題四、通事、社商從中侵漁番民。不論居間之社商通事，情
屬自願或者被動配合，清治初期贌社制度執行後的病灶一一浮現出來。尤其
是社商、通事，又藉贌社，上下其手：因此，高拱乾「東寧十詠」其八〔註15〕
針對原住民之生活發出悲憐之聲：

> 竹弧射鹿萬岡巔，罟網張魚百丈淵；幅布無裙供社餉，隻雞讓食抵
> 商錢；文身纏起瘡痍色，赤手誰將垢簸湔。為語綰符銜命吏，遠人
> 新附倍堪憐。

原住民以射獵物產為生計，為供應社餉的的窘困之色，對於原住民寄予同情，
說明了他自己親見對於原住民因贌社所造成的經濟生活困境，更希望治理的
官員們能夠體會自身來臺的使命，原住民處境實在非常的可憐。在《臺灣府

任。既至，肅官常，興教化，敦風俗，和兵民。三十四年秩滿，陞浙江按察
使。其在任期間，深感有纂修府志之必要，乃以季麒光之「臺灣郡志稿」為
底本，廣搜資料，纂輯成《臺灣府志》十卷，於三十五年刊行。為繼蔣毓英
之後第二部臺灣府志，為後來續修諸志所依循。《臺灣歷史人物小傳──明清
暨日據時期》（國家圖書館）民國 92 年 12 月　頁 400～401。

〔註13〕高拱乾：〈近苦累土番等弊示〉《臺灣府志三種》（北京：中華書局），1985，
頁 294。

〔註14〕高拱乾：〈近苦累土番等弊示〉《臺灣府志三種》（北京：中華書局，1985），
頁 294。

〔註15〕高拱乾：〈東寧十詠〉《臺灣府志。藝文志》，（台灣文獻叢刊第 65），頁 278。

志。賦役志》總論中云：

> 社商將日用所需之物赴社易鹿作脯，代輸社餉。國朝討平臺灣，部
> 堂更定餉額；比之僞時雖已稍減，而現在番黎按丁輸納，尚有一、
> 二兩至一、二十兩者。或此社困窮、彼社勻納，移甲易乙，莫可稽
> 考。有司只按總額徵收，番亦愚昧無知，終歲所捕之鹿與夫雞、犬、
> 牛、豕、布縷、麻菽，悉爲社商所有。間有餉重利薄，社商不欲包
> 輸，則又諉諸通事，名爲自徵；通事額外之朘削，無異社商。雖屢
> 禁懲，未盡改也。〔註16〕

社商乃透過與原住民交易之便「代輸社餉」，並非爲商人因交易所應付之稅
捐。府志認定爲「按丁輸納」，其實官方自身根本就對「贌社」錯誤認知。商
人又將營業之稅轉嫁由原住民村社承擔。看似「贌社」減少負擔的金額，實
際情形卻是加重了原住民的經濟負擔。

　　在稅賦經濟上，「贌社」之制乃是依靠社商、通事執行。原住民又因「衣
食之外，別無他計，予以酒食，則懽欣趨事；平日以射飛逐走，殪獐殺鹿爲
事。透草穿林，攀藤援木是彼之長技。」〔註17〕對於天性樂觀的原住民，官
府收取應取之稅賦，其餘交稅的事務，全由社商、通事處理。才造成社商壟
斷番社經濟，魚肉「原住民」的狀況出現：

> 況贌社之設原爲仰佐賦額，必使不累于商，不病於番。而後爲商者
> 踴躍以擔事，爲番者亦悅服而急公，爲吏者亦可遵循，而罔失臺灣
> 既入版圖，土番即爲赤子，其所倒懸待救者，正此贌社一節。既已
> 編入正課，不能懲弊革除，踵而行之已矣！〔註18〕

季麒光對初領臺灣執行「贌社」的困境，主張先免再議，但終究還是議定踵
行前制。造成官弁、社商對原住民的侵剝，移時而下則弊病叢生。

　　康熙三十六年（1697）郁永河〔註19〕在來臺採硫，在其《裨海紀遊》書

〔註16〕高拱乾：〈賦役志總論〉《臺灣府志》三種，卷五，（北京：中華書局，1985），
頁788～791。
〔註17〕蔣毓英：《臺灣府志。風俗（附土番）》卷之五（北京：中華書局），1985，頁
99。
〔註18〕季麒光：〈詳陳贌社之難文〉《台灣文獻匯刊第四輯；東寧政事集》，（北京市：
九州出版社）2004，頁248～249。
〔註19〕郁永河，字滄浪，浙江仁和人，諸生。好遠遊，意興甚豪，康熙三十年（1691）
遊幕閩中，遍歷八閩勝境。康熙三十五年（1696）冬，福州火藥庫遇災，焚
燬硫磺五十餘萬斤，典守者應負債責，時硫磺多購自日本，唯價昂無力負擔，

中亦對當時所見原住民社會所面臨的「贌社」狀況亦有記錄，其云：

> 仍沿包社之法，郡縣有財力者，認辦社課，名曰社商；社商又委通事夥長輩，使居社中，凡番人一粒一毫，皆有籍稽之。射得麋鹿，盡取其肉爲脯，并收其皮。日本人甚需鹿皮，有賈舶收買；脯以鬻漳郡人，二者輸賦有餘。然此輩欺番人愚，朘削無厭，視所有不異己物。〔註20〕

社商一如前代對於原住民的射鹿所得之鹿皮、鹿肉發賣獲利，郁永河觀察這二項產物足以納餉而且還有多餘，但是社商將原住民村社所有視爲己所包攬之物，這種作法早已超出「贌社」的範圍。其詩有云曰：

> 竹弓楛矢赴鹿場，射得鹿來交社商；家家婦子門前盼，飽惟餘瀝是頭腸。（番人射得麋鹿以付社商收掌充賦，惟頭腸無用，得與妻孥共飽）〔註21〕

原住民射獵的所得的鹿產，交由社商處裡，僅能得那些無用之頭腸之物，反映出社商刻薄行徑，原住民獵獲所能得到的僅是商人所不取之頭腸。而不單只是社商的問題而已，還有「社棍」爲禍，郁永河又云：

> 然又有暗阻潛撓於中者，則社棍是也。此輩皆內地犯法奸民，逃死匿身於辟遠無人之地，謀充夥長通事，爲日既久，熟識番情，復解番語，父死子繼，流毒無已。彼社商者，不過高臥郡邑，催餉納課而已；社事任其播弄，故社商有虧折耗費，此輩坐享其利。社商率一二歲更易，而此輩雖死不移也。此輩正利番人之愚，又甚欲番人之貧：愚則不識不知，攫奪惟意；貧則易於迫挾，力不敢抗。匪特不教之，且時時誘陷之。即有以冤訴者，而番語味離，不能達情，

又多方收購不獲。聞臺灣淡水盛產硫磺，因地險阻，無敢至者。永河聞之，概然請行，乃於翌年二月來臺。先在府城（台南）停留一月，會晤地方官員，招募工作人員，置辦採硫之裝備物資，四月初七日一行五十六人，乘坐牛車，沿西部海岸平原北上。歷新港、目加溜灣、倒咯國、打貓、柴里、大武郡、半線、大肚、沙轆、牛罵、大甲、雙寮、宛里、吞霄、新港仔、後壠、竹塹、南嵌諸社，凡二十日至八里坌社，旋渡淡水，至通事張大家，並赴北投築屋煮硫，竟其事，於同年十月十二日歸省復命。永河居臺九月，著《裨海紀遊》，或曰《採硫日記》，記其來臺見聞。另著有《鄭氏軼事》、《海上紀略》、《番境補遺》等書，亦多記臺灣事。《臺灣歷史人物小傳──明清暨日據時期》（國家圖書館）民國 92 年 12 月，頁 353。

〔註20〕郁永河：《裨海紀遊》卷下（台灣文獻叢刊第 44），頁 36。
〔註21〕郁永河：〈土番竹枝詞〉《裨海紀遊》卷下（台灣文獻叢刊第 44），頁 44。

聽訟者仍問之通事，通事顛倒是非以對，番人反受呵譴；通事又告

之曰：『縣官以爾違通事夥長言，故怒責爾』。於是番人益畏社棍，

事之不啻帝天。〔註22〕

郁永河這一趟南北奔波所親見的問題，詳細說明了原住民遭受到通事、社商、
社棍侵剝的現實，看來前述高拱乾所申令不見改善之外，更揭露社棍、通事
欺番愚昧、語言不通而顛倒是非的惡劣行徑，而官員不通原住民語言，隨其
顛倒是非的愚昧也寫之在文字之中。主要就是由「贌社」所衍生而出的問題，
「雖屢禁懲，未盡改也」。郁永河對原住民社會現實的觀察，弊病依然如故。
而漢人曲解原住民生活習性，亦讓郁永河發出內心的不平之鳴：

是舉世所當哀矜者，莫番人若矣。乃以其異類且歧視之：見其無衣，

曰：『是不知寒』；見其雨行露宿，曰：『彼不致疾』；見其負重馳遠，

曰：『若本耐勞』。噫！若亦人也！其肢體皮骨，何莫非人？而云若

是乎？馬不宿馳，牛無偏駕，否且致疾；牛馬且然，而況人乎？抑

知彼苟多帛，亦重綈矣，寒胡為哉？彼苟無事，亦安居矣，暴露胡

為哉？彼苟免力役，亦暇且逸矣，奔走負戴於社棍之室胡為哉？夫

樂飽暖而苦飢寒，厭勞役而安逸豫，人之性也；異其人，何必異其

性？仁人君子，知不吐余言。〔註23〕

郁永河在康熙三十六年（1697）來臺所見所聞，卻一如高拱乾所申禁的內容，
原住民受到社商、通事、社棍的侵剝，原住民的生活困苦、勞役上的迫害，
臺人竟視之為當然爾。原住民納餉的堪憐景象。社商的盤剝歷歷可見，也因
由臺地所見的景況，而發出：

台灣西向俯汪洋，東望層巒千里長。一片平沙皆沃土，誰為長慮教

耕桑。（臺郡之西俯臨大海，食與中國閩廣之間相對。東側層巒疊嶂，

為野番巢居穴處之窟，鳥道蠶叢，人不能入。其中景物不可得知也。

山外平壤接肥饒沃土，惜居人少，土番又不務稼穡，當春計食而耕，

都無蓄積，地利未盡，求闢土千一爾。）〔註24〕

其所見沃土遍地，因原住民不務稼穡，曠土未開，而希冀牧民者能夠思考，
教導原住民拓土耕作。《重修福建臺灣府志》卷十五名宦（宦蹟附）王敏政

〔註22〕郁永河：《裨海紀遊》卷下（台灣文獻叢刊第44），頁37。

〔註23〕郁永河：《裨海紀遊》卷上（台灣文獻叢刊第44），頁15。

〔註24〕郁永河：《裨海紀遊》卷上（台灣文獻叢刊第44），頁15。

〔註 25〕條云：

> 王敏政，字九經；正黃旗人。由監察御史，外轉興泉道。康熙四十
> 三年，移節臺灣。仁厚不苛，事悉就理。尤加惠番民：凡通事、社
> 商有朘削者，嚴禁之；番車之有濫派者，懲創之。〔註 26〕

至康熙四十三（1704）年監察御史王敏政移任臺灣時，猶對於通事、社商有
「朘削者」嚴加禁止、官兵「濫派者」假以懲創，將之列爲王敏政之政績，
可見官兵、社商、通事、侵剝番民之事猶同故往，持續而不能禁絕。

除上述之反映原住民社會所面臨的問題外，移民拓墾壓縮番民生活空
間，更爲原住民村社所面臨的嚴俊挑戰。以農業爲主的中國人來臺墾荒，在
郁永河來臺之時，臺地開發及其所見，猶不過斗六門北，「地利未盡」，不施
農墾，原住民生活空間尤闊。然而移民的向北拓展，到了孫元衡〔註 27〕已有
所改變〈村居二十餘日身在田疇宜有所慕乃蓑笠耰鋤堅不類農家氣味殊足慨
也因作雜詩〉：

> 鹿場乃番窟，化爲良田疇。稻苗似書帶，潤澤如膏油。無煩理荒穢，
> 苗盛眾草囚。人力解胼胝，百金買馴牛。鵝鴨有欣喜，豝豵非遠憂。
> 早禾當夏刈，晚田及冬收。況有甘蔗林，青青滿中丘。可以安作息，
> 失德於乾餱。摽心對充耳，覯閔夫何尤。〔註 28〕

〔註 25〕 王敏政，字九經，漢軍正黃旗人，官學生。由監察御史外轉興泉道。康熙四十
三年（1704）移分巡臺廈道。仁厚不苛，尤加惠番民，凡通事、社商有剝削者
皆嚴禁之；番車之有濫派者則懲創之。遇歲荒歉，申請賑恤，民賴以全。四十
九年秩滿，補廣東雷瓊道尋以病卒，民建祠以祀。《臺灣歷史人物小傳——明
清暨日據時期》（國家圖書館）民國 92 年 12 月，頁 59～60。

〔註 26〕 劉良璧：《重修福建臺灣府志。名宦（宦蹟附）》，卷十五，（台灣文獻叢刊第
74），頁 424。

〔註 27〕 孫元衡，字湘南，江南桐城人，由貢生授四川漢州知府。康熙四十二年（1703，
一說四十年）遷臺灣府海防同知。會歲旱，令商船悉運米，多者重其賞，否
則有罰，南北商艘雲集，臺民得飽而歌。嘗攝諸羅縣篆（四十五至四十七年），
興修文廟，建義學。署臺灣府符，創置學田，以資貧士，嚴緝捕，以靖地方。
秩滿，遷山東東昌府知府。性溫厚，不屈權勢，所至多有善政。縣民建坊立
碑，以示垂愛。在臺任職期間，著有《赤嵌集》四卷，收詩三百六十篇，多
係吟詠臺灣風物之作，王士禎爲之點定，稱「追蹤長安，躡跡長公」。另有《片
石園集》，官漢州時所作。臺灣歷史人物小傳——明清暨日據時期》（國家圖
書館）民國 92 年 12 月，頁 362～363。

〔註 28〕 孫元衡：〈村居二十餘日身在田疇宜有所慕乃蓑笠耰鋤堅不類農家氣味殊足慨
也因作雜詩〉，《赤崁集》卷四戊子，（台北市：臺灣銀行經濟研究室，台灣文
獻叢刊第 10 種），頁 70。

漢人土地的開發，原為鹿場之地化為田園，一片良田美景，孫元衡見到田園日闢之景，原住民的生活空間已被壓縮。但番民生活依舊漁獵維生。從孫元衡的詩歌描述云：

> 物情殊熳爛，問俗竟何如。樂事喧鼉鼓，哀音轉犢車。番荒逃火鹿（番藉鹿為糧，驚火犇散，謂之番荒），海熟上潮魚（歲有海魚逆潮而上，謂之海熟）。生理無妨陋，安恬可瑟居。〔註29〕

表現出原住民經濟型態，並未因鹿場減縮而轉型。表面看來，原住民生活還可維持。但原住民射獵維生，本就辛苦，社商憑藉著「贌社」盡其搜括之能，孫元衡也反映到這一方面上，詩云：

> 海山宜鹿，依於樸樕。麌麌呦呦，群行野服。諸番即之，長鈚勁鏃，毒狖橫噬。倍於殺戮。憑藉商手賦公局，獲車既傾壑有欲，彊犿骷食何辛苦，值朵頤於刖蹄而剖腹。（番麌鹿為輸，將獲悉委社商，惟利蹄腸一飽而已。）〔註30〕

原住民辛苦而得的獵物，也只能「惟利蹄腸一飽而已」只能得漢人所不取之處。反映出這種以射獵為主的生活，但也反映了社商侵剝的現實。原住民社會中對於這樣的制度無法反映，詩人們將其所見，於詩作中吟詠出來，赤裸呈現了原住民社會經濟上如何的受到不平等待遇。這些不同時期的詩文作品反映出同樣的社會現象，顯示出「贌社」制度對於原住民社會所造成的影響。

宦臺官員遂行政務執行，猶靠社商、通事，如：

> 四十七年，泉人陳章請墾大佳臘之野。署諸羅知縣宋永清遣社商、通事與土官會勘，報可。是為臺北府治。自是移民漸至，越二年始設淡水守兵。〔註31〕

移民的拓墾在臺之荒埔，地權之所屬並不明朗，據大大佳臘肯開墾之內容所示：

> 大佳臘地方有荒埔一所，東至雷匣秀朗，西至八里分干脰外，南至興直山腳內，北至大浪泵溝，四至並無妨礙民番地界，現在招佃開墾，合亟瀝情稟叩金批，准給單示，以便報墾陞科等情。業經批准：

〔註29〕　孫元衡：〈秋日雜詩〉二十首，《赤崁集》卷三丁亥，（台灣文獻叢刊第10種），頁52。
〔註30〕　孫元衡：〈裸人叢笑篇〉，《赤崁集》卷二丙戌，（台灣文獻叢刊第10），頁26。
〔註31〕　連橫：《臺灣通史。撫墾志》（台灣文獻叢刊第128），頁419。

行。查票著該社社商、通事、土官查勘確覆去後，茲據社商楊永祚，

夥長許總、林周，土官尾帙、斗謹等覆稱：祚等遵依會同夥長、土

官，踏勘陳賴章所請四至內高下不等，約開有田園五十餘甲，並無

妨礙，合就據實具覆各等情到縣。據此，合給單示付墾。為此，示

仰給墾戶陳賴章即便招佃前往上淡水大佳臘地方，照四至內開荒墾

耕，報課陞科，不許社棍、閒雜人等騷擾混爭；如有此等故違，許

該墾戶指名具稟赴縣，以憑拿究。〔註32〕

宋永清〔註33〕的批照為官方首肯移民拓墾進入北臺灣，土地開發，猶依賴社
商、通事居間行之，對原住民管理溝通，社商、通事尤是重要媒介之外，一
經報墾，原住民之生活空間也就被合法的縮減掉，至於對原住民因生活空間
的減損補償，卻是隻字未題，這樣的情況可能不單只存在淡水之區域。

　　阮蔡文〔註34〕的原住民社群地理描繪如〈後壠〉、〈竹塹〉到〈淡水〉反

〔註32〕宋永清：〈為墾給單示以便墾荒裕課事〉（康熙四十八年七月二十一日），明清
　　　　台灣檔案彙編 第九冊，頁 219；《清代臺灣大租調查書．墾照》（臺灣文獻叢
　　　　刊第 152 種），頁 2；《臺灣私法物權編》〈第一款 業主權之沿革／第一項 田
　　　　園之業主權〉（臺灣文獻叢刊第 150 種）墾單，頁 207。
〔註33〕宋永清，號懲庵，原籍山東萊陽，由漢軍正紅（一作黃）旗監生。康熙四十
　　　　三年（1704）由汀州府武平知縣調補知鳳山縣事。興學宮，建衙署，創義塾，
　　　　百廢俱舉。聽斷平允，尤雅意文教。初，硫磺水官田，地瘠租重，民率逋逃，
　　　　永清詳薄其賦，另募耕種，充為文廟香煙。東關上則田數百甲，歲苦旱，永
　　　　清發倉穀千石貸民。就蓮池潭築堤，長一千三百餘丈，以資灌溉。又以龍目
　　　　井糖，移充義塾膏火，延師教授，復捐己貲助之。永清為山左名士，士亦樂
　　　　從之遊，鳳山文教振興，自永清始。郡南夢蝶園址（前已改為準提庵），四十
　　　　七年永清改為法華寺，建前殿祀祝融，故又稱火神廟。素工詩，著有《溪翁
　　　　詩草》。任中曾三度兼署諸羅縣事。與參將儒學等至羅山，定縣治廣狹，環以
　　　　木柵，周圍六百八十丈，設四城門，為自佳里興移治後之新建設，乃一位關
　　　　心民瘼之良吏。五十一年（1712）秩滿，陞直隸延慶知府。時有陳天章以「陳
　　　　賴章」為墾號，請墾大佳臘荒埔，准之。臺北市開發自此始。《臺灣歷史人物
　　　　小傳——明清暨日據時期》（國家圖書館）民國 92 年 12 月，頁 156～157。
〔註34〕阮蔡文（阮蔡文 1666～1715）字子章，號鶴石，福建漳浦人，幼隨父徙居江
　　　　西南昌，中江西籍庚午（康熙二十九年，1690）科舉人。康熙五十一年（1612）
　　　　以招降山東海賊陳尚義功，清聖祖召見，問沿海事宜，條奏甚悉。授雲南陸
　　　　涼知州，未行，特旨改福建廈門水師提標中營參將，五十四年改臺灣北路營
　　　　參將。至則興學革陋，壁壘一新。北路半線（今彰化）以上，民少番多，水
　　　　土苦惡，硫磺產地，毒氣燻人，巡哨未有至者。蔡文決計親往，以熟知其道
　　　　里情形。竟以中瘴氣，歸而成疾。後遷福州城守營副將。赴京道劇，卒於宿
　　　　遷，年五十。他雖任武職，卻雅好詩文，臺灣志書中收其所作約八九篇。（按
　　　　阮蔡係雙姓，其文榜姓蔡，任廈門參將始復阮姓。）《臺灣歷史人物小傳——

映出北路原住民社會環境與地理風物，對於北路原住民社會，具有一定程度
的反映：若如反映後壠「顧此後壠番，北至中港限；音語止一方，他處不能
辨。」語言的特異與他處不同。而詩作內容多有反映地域之內的原住民社會
的狀況，如〈竹塹〉〔註35〕反映竹塹地理位置、原住民社會生活及其困境，
詩云：

> 南嵌之番附淡水，中港之番歸後壠；竹塹周環三十里，封疆不大介
> 其中。聲音略與後壠異，土風習俗將無同！年年捕鹿丘陵比，今年
> 得鹿實無幾。鹿場半被流民開，藝麻之餘兼藝黍。番丁自昔亦躬耕，
> 鐵鋤掘土僅寸許；百鋤不及一犁深，那得盈寧畜妻子！鹿革爲衣不
> 貼身，尺布爲裳露雙髀。是處差徭各有幫，竹塹煢煢一社耳；鵲巢
> 忽爾爲鳩居，鵲盡無巢鳩焉徙？

流民開墾、鹿產減少、農技粗淺，又有差役勞煩，詩中呈現的原住民社會狀
況，其實際遭受嚴重的威脅。「佔墾鹿場」生活空間頓減。阮蔡文的原住民主
題詩篇，語言不尚難，篇制較長，敘寫內容也充分反映番社地理風貌及呈現
出諸羅縣原住民分布狀況。對於北路地方原住民社會情狀與現實作反映。

第三節　原漢稅賦的不平等與「贌社」制度的修正

　　季麒光在統一之初就認爲贌社對於原住民社會具有嚴重之影響，但畢竟
無法改變中央的命令。但制度執行後問題逐漸出現，在稅賦內容的紀錄上也
發覺原住民負擔沉重的問題。高拱乾之時對於諸羅三十四社即提出再減社餉
十分之三，而對於鳳山八社番婦之丁口米也應予以豁免的建議〔註36〕。福建

明清暨日據時期》（國家圖書館）民國92年12月，頁198～9。

〔註35〕周鍾瑄，《諸羅縣志。藝文》（台北市：臺灣銀行經濟研究室，台灣文獻叢刊
第141），頁267。

〔註36〕今天下賦役皆行折色，仍一條鞭法。惟臺灣以新闢海邦，就田徵穀、計口輸
錢；其不得與諸郡國一者，局於地勢使然也。然徵輸之間，尚有再宜酌減，
以廣聖朝勞來安集德意。如諸羅三十四社土番捕鹿爲生、鳳山八社土番種地
餉口，僞鄭令捕鹿各社以有力者經管，名曰贌社；社商將日用所需之物赴社
易鹿作脯，代輸社餉。國朝討平臺灣，部堂更定餉額；比之僞時雖已稍減，
而現在番黎按丁輸納，尚有一、二兩至一、二十兩者。或此社困窮、彼社勻
納，移甲易乙，莫可稽考。有司只按總額徵收，番亦愚昧無知，終歲所捕之
鹿與夫雞、犬、牛、豕、布縷、麻菽，悉爲社商所有。間有餉重利薄，社商
不欲包輸，則又諉諸通事，名爲自徵；通事額外之股削，無異社商。雖屢禁

巡撫張伯行更對於縣官〔註37〕、弁員、社商、通事之不法，嚴命申飭：

> 社港花紅陋規宜禁也。臺地各社番民，打鹿爲生，歲應辦納餉銀；不肖有司額外勒取花紅，大者數百，小者五、六、七十兩不等。且派糴麻豆粟石，而書承、差役、通事、社商又從中股剝，更逾額餉數倍；民何以堪？嗣後臺屬各社應需餉稅，俱令番民自行輸納，不許社商、通事人等經手。其花紅一切陋規，概行禁革。如有陽奉陰違，仍前勒取及額外橫徵者，許番民據實赴轅呈控，以憑參筭究處。〔註38〕

但顯然張伯行〔註39〕不知臺灣番情實際狀況，對於一切仰賴社商通事的官

懲，未盡改也。至種地諸番（鳳山八社），偏鄭不分男婦，概徵丁米：識番字者，呼爲教冊番，每丁歲徵一石；壯番，一石七斗；少壯番，一石三斗；番婦，亦每口一石。納土以來，仍循舊例。今諸邑社餉縱難全豁，似當酌減十分之三；俟建城垣之後，再議履畝定稅，或議照丁輸稅之法。其鳳邑八社丁米，教冊、壯、少諸番，似宜一例通行徵米一石；其番婦之米，似應全豁。蔣毓英等：《臺灣府志三種》（高志：卷五賦役志），北京：中華書局，1985，頁 787～791；高拱乾《臺灣府志。賦役志／總論》（臺灣文獻叢刊第 65 種），頁 161。

〔註37〕飭歸縣治：朝廷設官定邑，自應各照所轄地方駐箚，以撫綏子民。臺郡初闢之時，因衙署未建，鳳山、諸羅二縣邑令俱寄居府治。以後歷任各官，上下相沿。續爲行查事一案，據臺廈道詳稱：鳳山縣篆見係海防趙同知兼攝，該同知有稽查出入船隻、督修戰船之責，未能遠離，應俟新縣到日，即著歸治；諸羅縣已據該縣毛鳳綸呈報，帶領吏役移歸本管地方等由。近聞鳳山、諸羅二縣藉徵收錢糧名色，久住郡城，應酬諧謔，不歸縣治，殊乖職守。該府立即轉飭該二縣各照所轄地方衙門駐箚，鳳山歸南路、諸羅歸北路，不得仍住郡城。福建巡撫張伯行：〈申飭臺地應行事宜條款檄〉《清經世文編選錄》（臺灣文獻叢刊第 229 種），頁 62；明清台灣檔案彙編第九冊，頁 225）。

〔註38〕福建巡撫張伯行：〈申飭臺地應行事宜條款檄〉《清經世文編選錄》（臺灣文獻叢刊第 229 種），頁 66；明清台灣檔案彙編第九冊，頁 227。

〔註39〕張伯行（張伯行（張伯行，字孝先，自號曰敬庵。河南儀封人。康熙二十四年進士，考授內閣中書，改中書科中書。四十二年，授山東濟寧道。四十五年，上南巡，賜「布澤安流」榜。尋遷江蘇按察使。四十六年，上復南巡，至蘇州，以伯行居官清廉，親擢福建巡撫，賜「廉惠宣猷」榜。伯行疏請免臺灣、鳳山、諸羅三縣荒賦。薦賢良，有政聲。復遷江蘇巡撫，與總督噶禮互訐，俱解任，交張鵬翮、赫壽查審張伯行以疑贓誣參論罪應死，上原之，起爲倉場侍郎。雍正元年，擢禮部尚書，賜「禮樂名臣」榜。二年，命赴闕里祭崇聖祠。三年，卒，年七十五。遺疏請崇正學，勵直臣。上軫悼，贈太子太保，諡清恪。光緒初，從祀文廟。在官所引，皆學問醇正，志操潔清，初不令知。平日齮齕之者，復與共事，推誠協恭，無絲毫芥蒂。曰：「已荷保全，敢以私廢公乎？」所著有困學錄、續錄、正誼堂文集、居濟一得諸書。（參

府，令番自行輸納於官根本不可能。雖有命令但根本上無法執行。

對於臺灣內部事務熟悉的陳璸〔註40〕，具體上呈治理諸羅縣的條議，陳璸數條亦因實際所見弊病而陳書，針對「除濫派以安番民」、「給腳價以甦番困」、「立社學以教番童」、「禁冒墾以保番產」、「添塘汛以防番社」、「歸縣署以馭番眾」六條〔註41〕，建議是從根本上建立理番制度，希望上級採納。首先：

> 除濫派以安番民。番民即吾民也。內地人民，自輸納正供而外，一切雜派，盡行革除。番民何獨不然？查各番每年有花紅陋規，以社之大小分多寡，或二百八十兩、一百二十兩、或八十兩、六十兩、四十兩不等，縣官索之通事，通事索之土番。日朘月削，以致舉家老少，衣不蔽體、食不充腹；而又派買芝麻、鹿脯、鹿皮，搬運竹木，層層搜括，剝膚及髓，甚為土番苦累。長此不已，必有意外之變，相應亟行革除，俾番民得相安於出作入息，此休養第一事也。請飭縣勒石永禁。〔註42〕

考《新校本清史稿。列傳五十二／張伯行》卷二百六十五，頁9939：〈傳六十四／陳璸〉，頁10091：〈本紀。聖祖三／康熙五十一年〉卷八，頁281：〈本紀。聖祖三／康熙五十四年〉，頁289：《新校本清史稿。志一百二十一藝文》卷一百四十六，頁4280～4382。）

〔註40〕 陳璸（1656～1718）字文煥，號眉川，廣東海康人。康熙三十三年（1694）進士，授福建古田知縣，四十一年以才能調知臺灣縣事。清操刻苦，慈惠愛民，念商艘水丁，重困窮黎，詳請豁免。四十二年行取，授刑部主事，歷郎中，充會試同考官，出為四川提學道。四十九年為福建巡撫張伯行薦，調分巡臺灣廈門道，兼理學政。時臺灣有官莊之制，以所入為文武養廉之用，璸因其弊，請廢止，悉入於官。始建萬壽宮，中殿奉龍亭，以便文武朝賀。在任努力作育人才，修聖廟，重修府學，新建朱子廟、文昌閣，及重修臺灣縣學等，置學田以資師生膏火。凡所創建，親董其事，終日不倦，於是臺灣文風丕振。在官應得公使錢悉屏不取。五十三年超擢湖南巡撫，年底調福建巡撫，兼攝閩浙總督。五十六年奉命巡海至臺，北及上淡水。五十七年以病乞休，詔慰留之，十月初三日卒於官，年六十三。追授禮部尚書，諡清端，士民為塑像於文昌閣。璸出熊賜履之門，深研《西銘》等書。著有《陳清端公文集》八卷、《詩集》十卷。（郭啟傳）《臺灣歷史人物小傳——明清暨日據時期》（國家圖書館）民國92年12月，頁492～493。

〔註41〕 陳璸：〈為條陳經理海疆北路事〉《陳清端公文選》，（臺灣文獻叢刊第116種），頁15：明清台灣檔案彙編 第九冊，頁244。

〔註42〕 陳璸：〈為條陳經理海疆北路事〉《陳清端公文選》，（臺灣文獻叢刊第116種），頁15：明清台灣檔案彙編 第九冊，頁244。

陳璸認為長久以來官員勒索社商、通事，社商、通事轉盤剝原住民，又官員額外需求買辦物品，使原住民的生活即為困苦，長期下去必致使民變發生，故首先必飭行禁革官弁勒索，這是第一重要的事，此正所謂正本清源之策。又：

> 一、給腳價以甦番困。北路自府治起，至淡水社止，計程二千餘里，往來俱用牛車。牛車俱出番社供辦，雖沿路設塘，而上下文書皆土番接遞。雨夜不辭，寒暑不避。若遇公差，深溪大澤，使番先下試水；長坡曠野，使番終日引路。番之急公，亦云至矣。而猶不恤饑渴，不念勞苦，強拉車牛，迫勒抬轎，奴僕隸役，鞭箠加之，彼獨非天朝之赤子乎？何為輕賤蹂躪之至此極也！今於無可奈何之中，略寓休息。凡往來需用牛車，止令照官票答應，每十里給車腳錢二十文。若用番民肩背行李，每名給飯錢五十文，毋許迫勒抬轎。請於經由各要路刊刻木牌曉示，庶番困可以少甦。〔註43〕

原住民應官差服勞役郵遞、駝送，乃急公之表現，但官弁不僅不體恤反而是以「鞭箠加之」之惡劣行徑，輕賤蹂躪原住民已極。陳璸認為使原住民服勞役必須給價，並且依官府的令狀來執行勞役的內容，不許逼迫原住民抬轎，刻牌公告，以舒解原住民因的服勞役困境。拉近原漢區隔，建議立社學來教育原住民幼童，八歲就要接受教育無分原漢。對於移民來拓墾原住民土地的問題，陳璸認為臺灣為土地皆為原住民所有，對於請墾番地應該永行禁止，臺灣原住民得以保有土地。陳璸所建議，是禁止官照濫發，壓縮原住民生活。

陳璸之六條，均直指官弁對原住民的治理與互動上論述，從基本管理上著手原住民問題，有條有法而確切能行，最要之處，陳璸不以原漢差異，一體視同為民，認為原住民納糧餉、當差與民無異，勞役應給價金；提議立社學以教育番童，認為土地之權屬原住民，墾照濫發損害其權益等，皆出平等觀念之表現；官員不歸縣治，無視民瘼，這才是造成原住民政策執行敗壞之要因，當應歸縣不曠民事。然此議議而不行，終無所改變原住民社會遭受的不平等待遇。

原漢稅賦不平等的問題，不只有贌社、勞役、土地開墾等問題上，在康熙五十年（1711）蠲免臺灣賦稅問題上同樣也突顯出來：

〔註43〕陳璸：〈為條陳經理海疆北路事〉《陳清端公文選》，（臺灣文獻叢刊第116種），頁15；明清台灣檔案彙編 第九冊，頁244。

卑府查看得康熙五十年分地丁錢糧，奉旨：『特行蠲免』。除人丁一
項遵照蠲免外，查臺郡地畝俱徵本色正供粟，是以不在蠲免數內。
但同屬地畝所徵之賦稅，應與澎湖地種折徵之銀一例請蠲。再有鳳
邑各社土番丁口額徵粟，亦係土番丁米，即如漢民人丁，并入正供
穀項內奏報。又有鳳邑額徵社餉與諸邑額徵社餉一項，因土番不諳
耕種，原撥定地土與土番捕鹿，每歲徵收餉銀，即如漢民田畝賦稅。
以上土番丁米與社餉兩項，若不蠲免，則皇恩浩蕩，止及漢民而不
及土番，似應一例請蠲，使土番同被皇仁。〔註44〕

臺灣原住民繳納的「贌社」餉稅，鳳山八社繳納之丁米，卻在蠲免稅賦的同
時，竟不能被一體視同的免除，現實原漢分際之不公對待，也就更加突顯出
來，這也是在周元文知府〔註45〕再三申覆據理而爭之下，中央之官署議定之
後方才同意一體蠲免。

康熙五十六年（1717）諸羅縣令周鍾瑄〈上滿總制書〉，揭露「原住民」
各方面所遭的不公平對待，其云：

自比年以來，流亡日集。以一定之疆土，處日益之流民，累月經年，
日事侵削；向為番民鹿場、麻地；今為業主請墾，或為流寓佔耕。
番民世守之業，竟不能存什一於千百。〔註46〕

原住民本來的餉稅上已經是不平等對待了，除了供給固定餉額之外所賴以維
生的空間已逐漸為漢人拓墾耕種，原有的土地不斷的流失，所剩餘已經很少。

〔註44〕周元文：〈詳請題蠲臺灣五十年正供粟石稿〉《重修臺灣府志。藝文志》（台灣
　　　　文獻叢刊第66種），頁316。
〔註45〕周元文，字洛書，遼左金州人，隸漢軍正黃旗，監生。嘗守延平，以廉能著
　　　　稱。康熙四十六年（1707）由延平調補臺灣知府。值歲饑，請免本年正供十
　　　　分之三，而餘復請分年帶徵，又發穀平糶，並禁商船運米出境。臺郡向有承
　　　　修戰艦之役，每遇修期，工役浩繁，費用百出，無不責之民間，拖枋運料，
　　　　尤為商民大累。元文傷之，因籲詳院司，就省興修。既得請，捐俸委員以董
　　　　其事，由是臺民得免斯勞。五十年（1711）奉諭蠲免本省地丁錢糧，以敕內
　　　　無「米粟」字，經元文籲請者再，方援奉天例，免五十一年正供。斯皆有功
　　　　於臺民者。元文為人方正廉潔，在任六年，曾設義學，修聖廟，建名宦鄉賢
　　　　之祀。忠恕誠秩，禮賢下士，郡人德之。而在其任內，以高拱乾所纂《臺灣
　　　　府志》，歷年已久，乃於康熙五十一年春與郡邑博士弟子員，搜討舊籍，諮訪
　　　　新聞，纂成新志，是為「周志」。同年陞湖南辰沅靖道。《臺灣歷史人物小傳
　　　　──明清暨日據時期》（國家圖書館）民國92年12月，頁205～206。
〔註46〕周鍾瑄：〈上滿總制書〉，《臺灣通志。餉稅》（台灣文獻叢刊第130種），頁250
　　　　～251。

獵物收穫已不能和從前相比，但由方志原住民餉稅統計資料「表4.2」顯示依舊繳納相同的稅賦。

表4.2：康熙時期臺灣府餉稅表

	臺灣府	鳳山縣	臺灣縣	諸羅縣
臺灣府志（蔣）	7888.7592	179.2224	0	7709.5368
臺灣府志（高）	7888.7592 新附98.5			新附98.5
鳳山縣志		179.2224 新附12		
諸羅縣志				7820.0368 32年新附98.5 54年新附12

自康熙朝治臺開始，個村社之餉銀徵收數幾乎完全沒有變化。此若以諸羅縣所計鹿皮折徵銀價計算五十張折銀十二兩計算（每張二錢四分），年輸鹿皮計達 32583 張；此數不含社商利益、通事盤剝、官員索賄等，轉嫁在原住民身上。社商、官員的侵剝：

> 且開臺以來，每年維正之供七千八百餘金，花紅八千餘金，官令採買麻石又四千餘金，放索社鹽又千餘金；總計一歲所出共二萬餘金。中間通事、頭家，假公濟私，何啻數倍？土番膏血有幾，雖不窮得乎？〔註47〕

稅賦卻一點也沒有因土地被漢人開墾而負擔減少外，還得應付社商勒之、官員索賄，生活現況實可謂交相侵剝，官員的索賄開支更達正供餉稅三倍以上。原住民焉能負擔得起這些時空之變化與交相侵魚的行徑，生活那能夠不窮困。周鍾瑄還認為：

> 然其本則在縣令之自正其身而已。舊例歲一給牌通事，以社之大小為多寡，自百金而倍蓰之，曰花紅；不者，則易其人。每年各社產脂麻之處，官採買而短其價；或發鹽計口分番，而勒以食貴。又各社歲派鹿筋、鹿茸、鹿皮若干。於是官以通事為納賄之門，通事得藉官為科索之路；而土番之絲粒出入，無不操縱其手。雖欲禁之，

〔註47〕同前註。

　　亦惡得而禁之？〔註48〕

周鍾瑄更是直接點明官商勾結交通，侵漁、納賄、勒索，這才是「雖欲禁之，亦惡得而禁之」的最主要原因，官員要負起最大的責任。因此，康熙末期在當時行政上對於侵漁「原住民」的社商一環予以革除外，在張伯行在〈申飭臺地應禁諸弊示〉中云：

　　社港花紅陋規宜禁也。臺地各社番民，打鹿為生，歲應辦納餉銀；
　　不肖有司額外勒取花紅，大者數百，小者五、六、七十兩不等。且
　　派糴麻豆粟石，而書承、差役、通事、社商又從中朘剝，更逾額餉
　　數倍；民何以堪？嗣後臺屬各社應需餉稅，俱令番民自行輸納，不
　　許社商、通事人等經手。其花紅一切陋規，概行禁革。如有陽奉陰
　　違，仍前勒取及額外橫徵者，許番民據實赴轅呈控，以憑參究處。
　　〔註49〕

也對於官員索賄陋規加以管制，但從統一至此康熙末期，因社商、官員盤剝原住民之陋習而出的命令何止周鍾瑄一人、佈告何止一章。惟官員對於命令無法貫徹嚴謹執行，因此侵漁的問題不斷發生。「贌社」制度及稅基不改，原住民所受之苛斂與一般漢民不同，是以康熙五十四年所去除社商只是「贌社」諸弊猶冰山一角而已。清治康熙末期贌社交易流程如下圖4.2所示，並未平其賦稅，原住民面臨的問題實際上並未解決。

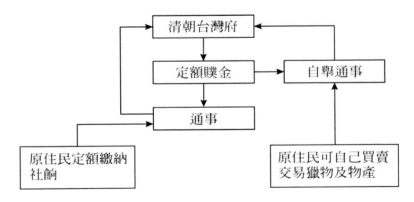

圖4.2：清治康熙末期（廢除社商）贌社交易流程圖

〔註48〕周鍾瑄：〈上滿總制書〉，《臺灣通志。餉稅》（台灣文獻叢刊第130種），頁250
　　　　～251。
〔註49〕張伯行：〈申飭臺地應禁諸弊示〉《清經世文編選錄。附錄一》（台灣文獻叢刊
　　　　第229），頁68。

　　以上諸節透過古典文獻之詔令、佈告、文學、方志數據之統計分析，對於原住民社會在康熙時代面對「贌社」經濟上所面臨的情況與環境問題綜合分析之以下數點：

　　首先，官方繼承了對原住民實施的村社貿易制度，重訂「社餉」，一開始便錯誤認知，使原本由商人負擔之稅額轉變成原住民村社負擔，改變村社貿易制的本質。

　　其次，原住民村社負擔勞役繁瑣，弁員侵擾不時，卻無有效方法加以抑制，事權不一，禁令無法貫徹，以致騷擾視之成為常態。

　　再次，番社之管理委之社商、通事，由於官員由之索賄不時，社商、通事轉而盤剝於番社，原住民之負擔更加繁重。

　　再次，官方對商人、通事的依賴，並且毫無管制，只知徵收社餉，置番漢貿易處於不公平地位不顧，致使原住民得不到應有的報酬。

　　最後，移民強力拓墾，隱占番地，官方又濫發墾照，使生原住民產空間不斷縮減，造成原住民倚生的鹿場逐漸消失，原為經濟來源之鹿產減少，歸屬之土地不斷消失。

　　清治繼承的贌社制度，實際上卻是將此稅額視如同田賦、丁口等同之稅，而非商業交易的稅項。贌社商人的交易活動變成鞭策原住民達成清政府徵稅目標，但定額徵社餉也未規範出徵社餉的範圍與內容，制度改變，卻讓原來的贌社制度的執行內容模糊，造成官弁、社商、通事當原住民為俎上肉，此乃清治初期「贌社」制度實質轉變重大之關鍵，而通事、商人扭曲贌社的執行工作才是贌社制度轉變之後的重大敗筆之因，官兵的強加索派勞役，將原住民生活更陷於困苦之中，漢人開墾田園也無異是讓原住民生活的困境雪上加霜。

圖 4.3：捕鹿圖

文字說明：捕鹿 淡防廳大甲、後壠、中港、竹塹、霄裏等社熟番，至秋末冬初，各社聚眾捕鹿，名為出草。

圖像出處：（中央研究院歷史語言研究所文物圖像研究室資料庫（珍藏《番社采風圖》圖象及解說）http://saturn.ihp.sinica.edu.tw/~wenwu/taiwan/index.htm

註：臺地未入版圖以前，番惟以射獵為生，名曰「出草」；至今尚沿其俗。十齡以上，即令演弓矢；練習既熟，三、四十步外取的必中。當春深草茂，則邀集社眾，各持器械帶獵犬逐之，呼噪四面圍獵，得鹿則刺喉吮其血，或禽兔生啖之；醃其臟腹，令生蛆，名曰「肉筍」，以為美饌。其皮則以易漢人鹽米煙布等物。六十七：《番社采風圖考》（台灣文獻叢刊第 90 種），頁 12。

圖 4.4：渡溪圖

文字說明：渡溪 諸邑目加溜灣、麻豆等社土目、通事遇霖雨過溪，眾番浮水乘筏而
渡。

圖像出處：（中央研究院歷史語言研究所文物圖像研究室資料庫（珍藏《番社采風圖》
圖象及解說）http://saturn.ihp.sinica.edu.tw/~wenwu/taiwan/index.htm

註：臺地南北大溪數十，寬廣無梁：經冬淺涸可徒涉，夏秋水泛，洶湧湍激。土目、

通事有事經涉，乘竹筏，令番浮水繞筏扳援而行。更有虎尾溪，其沙陷人足，人誤踐之則溺，必令番試探，插標以示行人。參將阮蔡文詩云：『蓬山萬壑爭流渝，溪石圍圍馬蹄縶。大者如鼓小如拳，溪面誰填遞疏密。水挾沙流石動移，大石小石盪摩澀。海風橫刮入溪寒，故縱溪流作譬戲。水方沒脛已難行，水至攔腰命呼吸。夏秋之間勢益狂，瀰漫五里無從測。往來溺此不知誰，征魂夜夜溪旁泣。山崩巖壑深復深，此中定有蛟龍蟄』。六十七：《番社采風圖考》（台灣文獻叢刊第 90 種），頁 16。

第五章　雍正朝原住民政策的續變與商榷

　　在康熙末期的朱一貴事件，亂後廣大的諸羅縣經巡臺御史無達禮〔註1〕等人的建議，在半線地方增設縣治，其云：

> 查諸羅縣為臺郡北路，……諸事不能不委之保長、通事，而擾累欺
> 隱其弊有不可勝言者。查諸羅縣北二百八十里為半線地方，臣等曾
> 親身巡歷見，其平原沃野，民番錯處，實為居中扼要之地。〔註2〕

其中特別點明通事「擾累欺隱」多到說都說不完。康熙末期廢除了社商制度（見前章述），原住民村舍納餉的執行，落入通事、土官之手，特別是通事，成為番社與地方政府間的溝通橋樑，但也成為清治管理原住民弊病之一。

　　經過康熙以來的統治，「贌社」拿掉了商業經營的面具「社商」制度，不能免除「通事」，所由乃「語言不同」是最大的原因，番民「不識不知」也是原因，然治臺已近四十年，同時伴隨的是不斷出現的「刻剝番人」、「番民差

〔註1〕吳達禮，姓覺羅，滿洲正紅旗人，清景祖皇帝第三兄之曾孫。康熙十九年（1680），以七品官隨征雲南，平定吳世璠有功；二十五年議敘，授拖沙喇哈番世職；三十五年（1696）從撫遠大將軍伯費揚古征厄魯特噶爾丹有功，加世職為拜他喇布勒哈番。康熙六十年（1721）始設巡視臺灣監察御史，滿漢各一員，與黃叔璥首膺斯選，翌年蒞臺履任。是年因逢清聖祖崩逝，為安定政局，秩滿留任一年。在職期間除考察全島之政風民情外，更於雍正元年（1723）奏請增設彰化縣與淡水廳，以促進北臺灣之開發。《臺灣歷史人物小傳——明清暨日據時期》（國家圖書館）民國92年12月　頁142。

〔註2〕吳達禮等：〈為請增邑治事〉（雍正一年五月二十日上奏），《明清台灣檔案彙編》第九冊，頁438。

役勞苦不時」，明知如此，卻讓如此狀況持續，最主要的問題在於養活這些宦臺官員的「稅賦」問題身上。財從土地而出，不論是牲養、獵獲，或者是貨殖、農業，土地掌握在原住民的身上。官員不便強取豪奪，然移民來臺，不過為生活，賴土地以生以養，如何透過各種手段取得土地以生活，官員因稅從所出，不免權宜行事，又加上人口、戶口、土地調查的不確實，諸多原因，使官弁、移民、通事不斷從原住民的身上索取政治、經濟與私人利益。

本章以雍正朝原住民政策的續變與商榷為題，共分為四大部份。以生番歸化與鹿皮餉為題分析原住民分類納餉之差異；其次，侵剝土利與勞役壓榨激變的苦果對於生番殺人與熟番作亂探討原住民的動亂變因，並兼論變亂與餉稅的關係；再次，移民的墾荒與社餉關係的分析，從移民拓墾數值、隱田問題與社餉之間的交互關係，使原住民生活日蹇因素的說明；最後，雍末理番三議的分析對於雍正末期對於原住民勞役、教化與社餉三項關係原住民民生社會的議題，朝廷執行變革的過程的分析研究與社餉制度廢除的過程進行分析探討。

第一節　生番歸化與鹿皮餉

康熙時期臺灣除納餉稅的原住民社群之外，清政府也接受界外（非納餉稅之原住民）歸化南路鳳山縣山豬毛等社而北路則有阿里山、水沙連〔註3〕等界內外原住民，而康熙之時協住清軍勦平北路吞霄番亂的岸裡社生番相率歸化清政府統治。對於歸化之原住民村社，往往以賞賜煙、布、銀牌等物。對歸化之原住民，當時政府以鹿皮納貢方式處理。（鹿皮每張折銀二錢四分）在

〔註 3〕生番歸化山豬毛社（大澤機後山頂）、八絲力社（巴六溪山頂）、加蚌社（與加無朗社相連）、加無郎社（下淡水山頂）、礁□其難社（與加無郎社相連）、加少山社（在阿猴山頂）、北葉安社（與施汝臘社相連）、山里留社（與施汝臘社相連）、施汝臘社、錫干社（與施汝臘社相連）：共十社，年輸鹿皮五十張折銀一十二兩。《鳳山縣志。賦役志（陸餉）》／卷之六，頁 72；康熙五十四年，新附生番六社：岸裏社、掃束社、烏牛難社、阿里史社、樸仔籬社年共納鹿皮五十張，折徵銀一十二兩《諸羅縣志。賦役志（陸餉）》卷六，頁 247。；康熙三十二年新附土番社六社，共徵銀九十八兩五錢（內木武郡赤嘴社徵銀三十九兩、水沙連思麻丹社徵銀一十二兩、麻咄目靠社徵銀一十二兩、挽鱗倒咯社徵銀一十一兩五錢、狎裏蟬戀蠻社徵銀一十二兩、干那霧社徵銀一十二兩。《臺灣府志（高志）。賦役志（諸羅縣）》卷五，頁 135～6。

康熙時所立之賦役志中有相當清處的記錄，僅示羈縻。覺羅滿保〔註4〕〈題報生番歸化疏〉即云：

> 自入版圖以來，所有鳳山縣之熟番力力等十二社、諸羅縣之熟番蕭壠等三十四社，數十餘年仰邀聖澤，俱各民安物阜，俗易風移。其餘南、北二路生番，自古僻處山谷，聲教未通。近見內附熟番賦薄徭輕，飽食煖衣，優游聖世，耕鑿自安；各社生番，亦莫不歡欣鼓舞，願附編氓。今據臺灣鎮、道詳報南路生番山豬毛等十社土官匪目等共四百四十六戶、男婦老幼計共一千三百八十五名口，北路生番岸裏等五社土官阿穆等共四百二十二戶、男婦老幼計共三千三百六十八名口，俱各傾心向化，願同熟番一體內附』……除熟番聽其照常貿易外，內地兵民毋許擅入番界生事及藉巡查擾累。所報丁口，附入版圖，勿事編查；順其不識、不知之性，使之共樂堯天。其南、北二路每年各願納鹿皮五十張（各折銀一十二兩）代輸貢賦，聽其按年輸納，載入額編，就臺充餉。〔註5〕

對於歸化生番的政策，「除熟番聽其照常貿易外」，利用熟番與生番貿易，然「順其不識、不知之性」生番既然向慕歸順之生活，當以教化使之由生化熟，使其移風易俗。順其不識不之知性，歸化不過形式。「願納鹿皮五十張（各折銀一十二兩）代輸貢賦，聽其按年輸納，載入額編，就臺充餉」此等焉有容

〔註4〕覺羅滿保（1673～1725）字鳧山，號九如，滿洲正黃旗人。康熙三十三年（1694）進士，選庶吉士，授檢討。五十一（《清史稿》作五十）年巡撫福建，五十五年晉閩浙總督。六十年四月朱一貴事起，全臺陷。滿保以廈門為臺郡咽喉，疾赴泉州。為安廈門民心，水路官兵悉由海道赴廈，為籌餉，命副使道韓奕撥運省倉及上游貯穀，並借運粵東倉穀各數萬石，廈門米價頓減，人心大安。飛諮水師提督施世驃督師，以南澳總兵藍廷珍副之。時全臺唯淡水尚堅守，調守兵千七百援之，餘分三路，佯稱南攻打狗港，中攻鹿耳門，北攻鹽水港。實際上則密筒諸將，於澎湖併三路為一，盡銳攻鹿耳門，於是世驃復安平鎮，轉戰七鯤身；廷珍率精騎登岸，繞敵背擊之，一貴遂大潰，遂復府治。清軍續進，一貴逃至溝尾莊，莊人有楊旭者，以計縛獻之。凡七日，臺郡悉平。加兵部尚書，贈一品秩。雍正三年（1725）辛於任。著有《檢心堂集》，輯有《小學實義》六卷。《臺灣歷史人物小傳——明清暨日據時期》臺灣歷史人物小傳——明清暨日據時期（國家圖書館）民國92年12月，頁817～818。

〔註5〕臣謹會同撫臣陳璸、水師提督臣施世驃合詞具題：〈題報生番歸化疏〉，（康熙五十五年五月十七日上奏），《明清台灣檔案彙編》第九冊，頁314；覺羅滿保：〈題報生番歸化疏〉，七四《重修福建臺灣府志。奏疏》（台灣文獻叢刊第74種），頁516～517。

納傾心向化生番之心意。然言及熟番賦薄徭輕，飽食煖衣，優游聖世，耕鑿
自安，歷來官方禁止盤剝熟番之諭令不止，弁兵、通事勞役不時的指控不斷，
飢寒苦累，言成「飽食煖衣」，番民土地爲墾戶佃民所侵墾，獵場漸失，又何
有「耕鑿自安」之日。官方將歸化之所由不實美化成爲治績。並且「內地兵
民毋許擅入番界生事及藉巡查擾累」並嚴於界限以不相擾。熟番「三十八社」
成爲政府與歸化生番之緩衝地帶。當漢民移墾侵蝕原住民土地之後，生活困
頓的熟番漸趨向沿山遷移，政策防止生番逸出擾民，設屯以制，熟番也頓成
防守之先鋒。

　　進入雍正朝後，臺灣原住民出現一波歸化熱潮。南路鳳山縣東傀儡生番
於雍正元年（1723）起續有歸化之舉，雍正元年有加蚌社等，次年四月加者
惹也社、則加則加單社、擺律社、柯覓社四社前來歸化。捌月，復有陳阿難
益難社、大文里社、七腳亭社、拜律社、柯律社、八歹社共六社歸化。〔註6〕
又於接續的雍正二年（1724）：

> 本年十月十六日，（鳳山縣）南路山前復招有生番歷歷社、爪覓社、
> 率罔社、大龜文、謝不一社等共五社。十一月初二日，（諸羅縣）北
> 路山前亦招有生番本祿社、六龜呂走社、南仔加瀨社、裡色見社共
> 四社。俱經宣揚聖德，厚加給賞，以慰歸誠去後。惟後山傀儡生番
> 從未有歸來者。臣思去歲玖月陛辭之日，跪聆聖訓，有撫輯番黎之
> 旨，臣隨即會商巡臺御史臣禪濟布、臣丁士一、臺廈道陳吳昌祚，
> 仰體皇仁，思所以招徠之，因公同捐備一切賞物、行糧，遴尾水師
> 中營守備吳崑，帶領通曉番語之人，同歸化卑南覓社土官，遍歷山
> 後各社……茲有八里罔社、加留難社、射已寧社、傍哈社、八里罔
> 雅社、大板六社、大狗社、虫間仔彌社、柯末社、傍北社、大里力
> 社、知本社、社馬干社、大鳥萬社、百馬以力社、悶悶社、朝猫厘
> 社、美基美基社、本灣社、八搭禮社、里踏里社、礁那傍狗社、呂
> 佳罔社、拔望社、八絲鬮社、老郎社、達龜文社、蒙六社、里立社、
> 召猫厘社、下加留難社、隆鷥社、虫間仔嵜社、搭文具社、多囉覓
> 則社、搭林搭林社、謝臘眉社、大德訖社、大棗高社、卻只零社、
> 屢捫社、猫美萬社、礁猫里力社、加那打難社、多囉網萬氏社、買

〔註6〕福建臺灣鎮總兵林亮：〈爲奏臺灣番社歸化事〉（雍正二年八月二十四日上
　　　奏），參《明清台灣檔案彙編》第十冊，頁111。

屢里郊社、礁里望社、馬僯的社、作那作社、加里房葛社、琅仔琅
社、干也□葛社、思僯宰社、豬馬淵社、誅力社、溫律是社、加僯
突社、覓索社、房仔要社、丁仔荖社、礁僯哈社、加落社、花戀社、
甘武突社、舍別社等六十五社（鳳山縣南路後山）、心悅誠服，願附
版圖。〔註7〕

而雍正三年（1725），二月初四日復據臺灣道吳昌祚〔註8〕等報稱：新設彰化
縣內山又有巴荖遠社、麻著麻著社、獅子頭社、獅子社生番共男婦八百五十
一名口，各土官造具戶口冊歸化。〔註9〕又茲據招徠南路生番……內開：貓子
社、紹勞里社、豬僯束社、令蘭社、拔蟯社、上多囉快社、寶力社、猴洞社、
龜僯律社、蚊率社、猫籠逸社、猫厘毒社、滑思滑社、加錐來社、施那隔社、
慄留社、新蟯牡丹社、德社、下多囉快社等一十九社前來歸化〔註10〕等等。
當時雍正皇帝對於如此生番歸化之舉亦有言曰：「今日接踵歸化固可喜，又在
地方文武官弁緝安得法也。不然亦當防異日背叛逃亡之可愧，方好爾等封疆
大吏，不可不預為籌劃，嚴斥屬員施仁布德，今野人心悅誠服，永永向慕，
而無更變，方可謂久安長治之道也。總之，勉勵屬員以實心任事，無有不能
辦理者也。」〔註11〕同時也囑咐官員「要打量永遠之道，加意教養，不可作
賤而貪其利用，令已歸之心復生離意也。勉為之。」〔註12〕然而官員邀功報
賞之後，並未實心任事，也未加意教養，更甚者盤剝利用原住民，生番騷擾
事件不斷發生外，終至雍正九年（1731）底爆發大甲西社及大肚社的大規模

〔註7〕福建臺灣鎮總兵林亮：〈為聖德浩蕩難名生番歸化日眾〉（雍正二年十一月二
　　　十六日上奏），明《清台灣檔案彙編》第十冊，頁163。
〔註8〕吳昌祚，滿洲正黃旗人，由監生、議敘。雍正二年（1724）任臺灣道。四年
　　　秋，水沙連社番骨宗等叛。總督高其倬面授機宜，委昌祚為總統，囑其分路
　　　進討。昌祚遣北路參將何勉率兵親入水沙連，擒獲骨宗父子三人，解省正法。
　　　六年陞昌祚為山東按察使。《臺灣歷史人物小傳——明清暨日據時期》臺灣歷
　　　史人物小傳——明清暨日據時期（國家圖書館）民國92年12月，頁137。
〔註9〕福建巡撫黃國材：〈為奏臺灣番社歸化事〉（雍正三年三月一日上奏），《明清
　　　台灣檔案彙編》第十冊，頁198。
〔註10〕巡臺御史禪濟布：〈為聖德浩廣佈生番歸化日眾事〉（雍正三年三月十六日上
　　　奏），《明清台灣檔案彙編》第十冊，頁198。
〔註11〕福建巡撫黃國材〈為奏臺灣番社歸化事〉（雍正三年三月一日上奏），《明清台
　　　灣檔案彙編》第十冊，頁199。
〔註12〕福建臺灣鎮總兵林亮：〈為彙報生番歸化事〉（雍正三年五月八日上奏），《明
　　　清台灣檔案彙編》第十冊，頁263。

反抗事件。

　　針對當時的生番歸化問題，也有清廷官員發出質疑。若如福建巡撫毛文銓就指出：雍正 2-3 年間（1724～1725），先後歸化之生番，其間亦有為不肖熟番所欺瞞者，黃國才具奏之處亦非盡實。〔註 13〕福建臺灣鎮副將館總兵官事陳倫炯〔註14〕上奏皇帝：

> 臣查水沙連水里社，乃康熙三十二年歸化之生番……康熙二十二年王師撻伐，始入版圖，於是設立一府三邑。南路鳳山縣所轄八番社，每年徵穀九千餘石，北路諸羅縣所轄番社三十四社，外附小社五十餘社，共徵餉銀將萬兩，南北二番服役供課，經今四十五年，名曰平埔熟番，應令其薙髮易報，同我編氓，省賦輕徭，撫綏告誡，庶可以安其心，不萌異志。〔註15〕

又：

> 又有康熙三十二年赤嘴社水沙連等六社、五十四年岸裡等五社、南路山豬毛等十社，依山負固，名曰歸化生番，狼心未化，凶狠難馴，必須恩威並濟，勤撫兼施，庶可駕馭，以服其邪心。至於野番種類繁多，……得之不可以添我民丁，地無穀屬桑麻，取之無益於我賦稅，惟以不治治之，不獨無害於地方，尚且有益於固圉，人固未之知也。〔註16〕

對照前述之歸化生番，黃國倫上奏也點出，當時之水沙連六社在康熙三十二

〔註13〕福建巡撫毛文銓，〈為奏臺灣生番事〉（雍正四年六月二十二日上奏），《明清台灣檔案彙編》第十一冊，頁 33。

〔註14〕陳倫炯，字次安，號資齋，福建同安高浦人。父昂，別有傳。倫炯少與父往來海上，及長又遊歷日本，對沿海形勢與海外風土皆有相當了解。世習水師，初以蔭生授三等侍衛，康熙六十年（1721）署臺灣南路營參將；雍正元年（1723）署臺灣協副將，十一月升澎湖協副將。時朱一貴亂初平，新築鳳山縣城，倫炯親板幹、督工役，馭兵勤練鎮定，寬嚴並用。復工書翰歌詩，暇則進紳士，談論詩書。尋陞安平副將。築海岸護安平城，建五忠祠，祀平台事死者許雲以下五人。雍正四年（1726）十月擢臺灣總兵，五年十二月移鎮廣東高雷廉總兵，乾隆七年（1742）提督兩浙，十一年（1746）罣誤奪官。倫炯為侍衛時，聖祖嘗召詢互市諸國事，所對悉與圖籍合。著有《海國聞見錄》，行於世，採入四庫，海疆要書也。享年六十有四。《臺灣歷史人物小傳——明清暨日據時期》（國家圖書館）民國 92 年 12 月，頁 520～521。

〔註15〕福建臺灣鎮副將館總兵官事陳倫炯：〈為微臣接受銀兩遵旨賞勞事〉（雍正五年三月十二日上奏），《明清台灣檔案彙編》第十一冊，頁 248。

〔註16〕同上註221，頁249。

年（1693）已歸化，有不實的情況。雍正皇帝也自言：「朕從未到閩，一切台灣情形皆道聽途說之見解，況論治臺之策亦紛紛不一，你總與高其倬悉心商酌，亦不可因一時之己見，即已爲確，論當博操廣就，參酌人情土俗，詳細籌劃，斟酌而爲之。」〔註17〕當劃界執行之時，竟將當時鳳山熟番四社中之瑯嶠、卑南覓、劃歸生番界外，造成生熟番的模糊空間，水沙連、山豬毛、阿里山諸社，歸化之時所納「鹿皮餉」與雜稅之「社餉」不同。康熙時所謂熟番、生番、歸化生番的定義就餉稅繳納而分，是非常清楚而不混淆。岸裡社本是生番，康熙五十四年（1715）納鹿皮餉歸化爲歸化生番，到了乾隆二年（1737），廢除社餉改以那番丁稅二錢，始被列入熟番之列。福建分巡臺灣道張嗣昌，就針對這些原本屬於熟番又處於界外的諸番在開貿易之路進行申復，認爲崇爻、四匏鸞等社番從前既經通商輸餉，載在志書可考〔註18〕外：

> 查得卑南覓社番請與內地一體貿易一案。……卑南覓社於康熙三十年歸入版圖，報部徵納，載於志書，遞年貿易輸餉，并有瑯嶠、加六堂、小琉球三社、共徵銀一百七十兩九錢二分二厘零。因六十年變後，奉前督憲滿禁止，分定生熟番界限，自六十年變後，奉前督憲滿禁止，分定生熟番界限，自六十一年起前項餉稅不許攛徵，歷經墊解在案。又於雍正二年卑南各社曾赴府輸誠向化，前道吳移會前鎮林委員，前往招撫，詳題頒賞有案。又於雍正三年爲遵批議覆等事案內，以瑯嶠地方開禁，行縣議覆，詳撫未轉，則是卑南覓社均屬王朝赤子，通商輸課由來已久，後因禁絕往來，今復輸誠向化，仰見聖朝文德武功，無遠弗屆，……且諸邑之崇爻番社，蒙各縣准於通商，事同一轍，似應俯如府縣所議，邀請憲恩，一體准予通商，并請依崇爻之例，飭令呈赴廳、縣給照放行。惟於出入口之時，嚴加查察，不許挾帶違禁貨物，自可永遠行之而無弊。〔註19〕

在對原住民「社餉」制度改革之前，對於原住民的分類上，納餉稅者爲爲熟番；不納餉稅者爲生番，而生番一經納「鹿皮餉」即爲歸化生番。類別的區分非常明顯，而不會有錯誤。反而劃界而分，使原住民在分類上變得模糊，這也就是雍正時期原住民在分類上變得模糊混亂的原因，因爲界線本來就模

〔註17〕同上註221，頁250。
〔註18〕福建分巡臺灣道張嗣昌：〈生番貿易〉《明清台灣檔案彙編》第十六冊，頁257。
〔註19〕福建分巡臺灣道張嗣昌：〈議覆通商〉《明清台灣檔案彙編》第十六冊，頁256。

糊而難以釐清，以界分類將使原住民本身變得模糊。這也使就像平埔番、高山番、內山番、外山番等變得難以分類，使族群變得模糊一般。生、熟、歸化生番，雖然是以餉稅為基礎，然就漢化標準來觀察也可說明。但定名不影響原住民的生活，納稅卻絕對影響原住民生活的良莠，還有人為與土地問題，才是原住民生活及社會最大的變動因素。

第二節　勞役壓榨與侵剝土利激變的苦果——生番殺人與熟番作亂

自統一以來，宦臺之官弁即因循明鄭稅賦制度利用社商、通事向原住民（熟番）徵收稅金，但凡可資利用原住民的勞役駝送、招待、驛傳、防番（生番）、甚至征伐，可能利用乃多差派。因侵剝原住民而致生事端，如康熙三十九年（1700），通霄社反抗事件及淡水事件，究其原因，則為社商、通事不法而激出番變，非原住民有意識集合反抗政府，反抗不是為取代統治與治理，而是出於對賦稅、勞役壓榨不法的反抗。康熙朝雖多明令加以禁止官弁索賄及勞役原住民，社商及通事刻剝原住民等不法情事，但執行效率往往虎頭蛇尾，終康熙之世不過革除社商一弊。革除了社商，讓「贌社」制度變成落實了向原住民徵收「社餉」現實。雖經歷朱一貴抗清事件之後，進入雍正朝，勞役原住民、土地拓墾衝突問題反趨嚴重，本節所欲處理的就是關於雍正朝移民跨界拓墾與官弁勞役原住民之間的問題進行分析探討。

> ……查台灣府鳳山縣土番社內歷有蓋倉收貯稻穀，其修蓋倉房俱交與土番等修理，況穀數出入俱係衙役及官之家人公同料理，乃遇有霉爛及官役侵盜以致缺欠，則每每著落土番等賠補，從前不肖官員謂土番愚蠢，肆行苛取，相效成風矣。再各社土番納糧當差，因不會漢話，俱用通事代為料理，因此奸徒謂土番可欺，謀為通事，恣意濫派需索，以致男婦子女俱供役使。乃縣官自到任後，即藉稱改換通事之名，需索銀兩者有之，並云一年之間易官數次，通事亦隨改換數次。等語。此項銀兩名雖出自通事，實從各番社派出，土番之苦難以盡言，伏乞敕下總督、巡撫，嗣後止應令土番在倉外巡查，其倉內稻穀及修造倉房之處，俱責成該縣官員，若有濫派土番粒米片木者，即指明題參嚴查議處。在通事內有好事不遵法者，俱行責

革，不令藉換通事，濫派銀兩，違者按其所得贓銀從重治罪。〔註20〕
上述是覺羅滿保對於鳳山八社所遇官員索賄、通事盤剝原住民的不法情形的
再行申飭的命令。但這些不法內容不過延續自康熙朝的陋習、陋規。周元文
在審康熙四十八年（1790）革阿猴諸社通事不法〔註21〕的內容與周鍾瑄〈上
滿制總書〉總結康熙朝剝剝原住民的總總不法情事，依然存在而無改，而覺
羅滿保不過再次宣告要從重治罪，卻拿不出有效的治理方法。

更換通事勒索銀兩一事，在鳳山僅有八社，若諸羅縣番社甚多，向
有新官到任，致送花紅銀兩陋規，其通事之科派擾累土番弊端甚眾，
臣等每年嚴示飭禁，番困稍蘇，不敢公然肆行，而衙役串合通事暗
中作弊，亦難信其盡無。今年春時曾據諸羅縣知縣孫魯又將花紅陋
規通事累番各弊，詳明請禁，臣等隨批行道、府，令勒時永禁去後。
今吳達禮係在臺新回，必知果有其弊，方敢條奏，則臣等從前盡革
恐多陽奉陰違，敬捧御批不勝惶悚（硃批：朕之諭爾等若不陽奉陰
違，則爾之屬員自然實心任事也，其身正不令而行，此皆朕一人之
過也，所以致，雖令不從也，實愧）隨嚴行該道、府、縣令將各弊
再行逐一據實察明，并將作何實力禁革清理，方可杜絕一切弊端，
永蘇番人苦累之處。〔註22〕

〔註20〕閩浙總督覺羅滿保：〈為禁格擾累土番弊端事〉（雍正二年十月二十五日上
奏），《明清台灣檔案彙編》第十冊，頁155。
〔註21〕「審得阿猴等五社通事許安等，皆奸狡之徒也，緣各社土番賦性痴愚，不識
漢字：畜以異類，肆其魚肉，固非一朝一夕矣，臺灣自開闢以來，各邑土番
俱有正供粟石，因其語言各別，不能赴倉完納，每社設有通事，代其催辦供
役，議貼辛勞粟石，此係因地而施，不得不然也。詎意事久弊生，借各項使
費名色，於正供之外，加派數倍；將本年之-323-粟，盡取無遺。無怪乎阿猴
等社土番，聚集呼冤，連名僉控也。揆其情事，總緣番納正供，交穀既無收
字、完糧不給官串。一任通事派徵，言欠即欠、言完即完。今經當堂研訊，
追出通事日收清簿，發經歷司與書記、土官三面清算。四十六、七兩年正供
俱已全完，且有多收粟石各數倍不等。許安等猶敢逞其如簧，以為盤運上倉
耗折。夫即有耗折，倉費何至如許？則其濫派侵肥，已百喙無辭矣。其多取
粟石，本應按數追給；姑念腳運耗折不無所費，各量追數百石，分給土番。
許安等從寬枷責，俟追完日行牌革逐可也。」周元文：〈審革阿猴搭樓等各社
通事給追原騙粟石審語并酌定通事辛勞使費等項立〉，《重修臺灣府志。藝文
志（公移）》（台灣文獻叢刊第66種），頁322。
〔註22〕閩浙總督覺羅滿保：〈為禁格擾累土番弊端事〉（雍正二年十月二十五日上
奏），《明清台灣檔案彙編》第十冊，頁157。

巡臺御史吳達禮，回京面聖，同樣對雍正皇帝報告官弁索賄、通事苛累原住民的情形在臺灣普遍存在。理番數十年，通事之擾害數十年，官員不法亦數十年積弊，惟陽奉陰違，官弁相交護，騷擾傷害番民已極，正所謂積重難返，即使立有重典罰則，空有律令而不遵命，不重懲，空說而無益於事，將作何實力禁革清理，亦不過空談爾。並非律令之不足也，通事貪墨罔法而不治，官員趨利而因循苟且，二者相互勾結，又如何紓解原住民困境、苦楚？

一、移民越界侵墾與生番殺人

進入雍正朝之後，前節所述生番歸化後，卻屢屢發生原住民殺傷人命的事件，巡臺御史禪濟布〔註 23〕，對過去發生原住民殺傷人命事件仔細調查，其云：

> 為細查歷年生番傷人緣由，皆因一二無知愚民，貪圖小利入內山溪岸，非為樵採竹木，便是開掘水道，甚至據其鹿場而募丁耕種，無非自取其禍，以戕其命；況生番性雖嗜殺，不過乘黑夜、值天雨，潛伏伊近界草間，突出鏢殺，取人首飾金，以稱好漢，從不敢探越內地，有剽劫殺掠之患。〔註 24〕

原住民所以傷害民人，歸罪於民人侵墾原住民土地、樵採竹木、開掘水道，最主要就是貪求地利，雍正四年（1726）臺郡有征伐水沙連等各社〔註 25〕。當時的東螺眉社、大武郡牛相觸口、新莊牛相觸、石榴班斗六東、竹腳寮、南投崎等處，在當時巡臺御史汪繼璟調查發現「此數處地界逼近生番，但歷經墾熟已成沃土，佃民依戀安居，勢難遷移委棄。」〔註 26〕墾民實際上也是越界侵墾。又：

> 臺灣地勢背靠層山，面向大海，其山外平地皆係庄民及熟番居住，

〔註 23〕禪濟布，滿洲鑲藍旗人。雍正二年（1724）出任巡臺滿洲御史。任中建議在臺設馬兵，批准。另建議將部分米糧改為折價收銀，留充兵餉。興建府城木柵，諸事都是歷任官員建議而中央未採納者，可見禪濟布受寵之一般。另參劾周鍾瑄一事，亦為牽連重大。《臺灣歷史人物小傳──明清暨日據時期》（國家圖書館）民國 92 年 12 月，頁 761。

〔註 24〕巡臺御史禪濟布：〈為臺灣生番傷人並勤撫事〉（雍正三年十二月二日上奏），《明清台灣檔案彙編》第十冊，頁 395。

〔註 25〕福建巡撫毛文銓：〈為請撫生番事〉（雍正四年一月四日上奏），《明清台灣檔案彙編》第十冊，頁 413。

〔註 26〕巡視臺灣吏科給事中汪繼璟：〈為奏臺地生番事〉（雍正四年四月十六日上奏），《明清台灣檔案彙編》第十冊，頁 478。

各種生番皆居深山之中，不出外山，雖其性好殺，然向來畏懼外人，不敢肆惡。間有殺人事，俱係外人生事，走入深山，抽籐吊鹿，生番不忿，以鏢弩殺死不過一二人，從無出境敢到平地殺人之事。自臺灣匪變，水沙連社各處之番公然叛抗，平臺之後原納番餉三百一兩五錢，竟分釐不納……林亮等召番歸化亦不言水沙連原納之餉，概謂之爲生番。……但須示以兵威，懲其首惡，令認餉賦，然後再加撫恤，始可懲創燒殺，寧靜地方。〔註27〕

閩浙總督高其倬對於水沙連在朱一貴亂後，抗稅不繳，林亮等又在雍正二年（1724）將水沙連諸番歸入歸化生番之列，當時並未被要求復納社餉，而民人侵界越墾，又有抽籐吊鹿之舉，過錯雖在官民，但爲「懲創燒殺，寧靜地方」不得不以兵相加。水裡社番骨宗及附助爲惡者係哈裡難社，二者一居水沙連北港，一居南港。清軍於雍正四年（1726）十二月三日進勦。至十二日，招出骨宗，十四日，其夥十六名投出。其來歸各社之原住民，俱願照額認餉，不敢再行生事。〔註28〕然而移民偷開界外之地不肯離棄所得之成果，但原住民土地利益被侵蝕，發生事端傷及人命時，卻只道是生番殺人，言原住民爲惡、爲兇番，對於起釁的緣由，隱晦不談，若非御史的調查，反倒像是原住民好殺而窮兇惡極，而侵墾竊其地利的移民好像成了受害者一般。水沙連諸社最後接受招撫〔註29〕。雍正皇帝對於征討水沙連之事認爲：

此番勦撫，甚屬可嘉。今經此一振作，自然安靜數時，終非久長之策。全在文武官弁撫恤有方，必令漢人總不與熟番交接，熟番總不與生番交接，各安生理，彼此不相干，自然無事。若文官圖利，武官懈弛，漢人欺侵熟番，熟番凌辱生番，激成有事，彼皆爲禽獸之類，野人何事而不可爲，雖如此加以兵威，未免殺及無知。今既平

〔註27〕 閩浙總督高其倬：〈爲奏聞水沙連社番肆惡情形事〉（雍正四年九月二日上奏），《明清台灣檔案彙編》第十一冊，頁111。

〔註28〕 閩浙總督高其倬：〈爲奏聞勦臺灣兇番事〉（雍正五年一月七日上奏），《明清台灣檔案彙編》第十一冊，頁207〜208。

〔註29〕 其間社子社、決里社、思麻丹、毛啐社、猫蘭、伊力社迎順；大基麻丹社、木扣社、木武郡社、紫黑社、佛子溪社、哆洛社、蠻蘭社，望風歸附。水里社、蛤里難社、挽蘭社、猫狸眉內、外二社、眉加臘社、哆羅郎社、平了萬社、致霧社、福骨（佛谷）社、斗截社分別招撫。巡臺御史索琳：〈爲勦撫生番以保民命事〉（雍正五年一月十二日上奏），《明清台灣檔案彙編》第十一冊，頁215。

定之後，務令感恩，徐徐開導，令知人理，方久長之策，如全賴以
兵威，朕不取也，爾等可協力共勉之。〔註30〕

雖然，示以兵威，勦撫同進，使水沙連諸社復歸納餉，然而在處理上，並未
處理根由，移民侵界越墾的問題，透過武力壓制原住民村社，但問題本身並
未解決，原住民生活空間，不斷的因開墾而逐漸縮減，移民侵墾在先、抽藤
吊鹿在後，視越界禁令而不顧，造成現實之後又不願放棄既成之利益，造成
番漢衝突，卻歸咎「生番殺人」。水沙連抗稅不繳，清廷以武力威逼，並未公
斷處理。此等情形，不單是水沙連獨一事件，墾民侵墾生、熟番土地，侵擾
生活空間，致生衝突，不斷在民間發生。雍正五年（1627）征勦南路傀儡社
番亦以多殺人命為由進勦懲誡〔註31〕，南路港東及港西傀儡番社〔註32〕其中
多係二年歸化之原住民。這些發生歸化原住民殺人亦多由移民越界而生，同
樣不治根弊，而行兵威勦撫壓制而已。南路原住民殺人臺灣鎮總兵王郡〔註33〕
調查回報皇帝：「其向西一帶山腳服役、納課者為熟番，而分散居山不入教化
者為生番。……生番所殺人多頑民深入內山，抽藤吊鹿者。」〔註34〕，官方

〔註30〕巡臺御史索琳，〈為勦撫生番以保民命事〉（雍正五年一月十二日上奏），《明
清台灣檔案彙編》第十一冊，頁 217。

〔註31〕閩浙總督高其倬：〈為奏報臺灣北路番社平定南路即行進勦事〉（雍正五年二
月十日上奏），《明清台灣檔案彙編》第十一冊，頁 226。

〔註32〕巡臺御史索琳：〈為奏報勦捕臺灣南路兇番事〉（雍正五年四月二日上奏），《明
清台灣檔案彙編》第十一冊，頁 264；〈為奏報臺灣南路兇番不法請議勦懲事〉
（雍正五年四月二十日上奏），《明清台灣檔案彙編》第十一冊，頁 295；所列
傀儡番有 1 七齒岸社、2 大文里社、3 山裡留社、4 佳者惹也社、5 北葉社之 6
巴思立、7 辛武里，8 山豬毛社；9 勃朗錫干社、10 望子立社、11 無朗逸社、
12 加籠雅社、13 拜律社、14 加泵社、15 加無朗社、16 陳阿其難社、17 陳阿
修社、18 柯律社、19 毛系系社、20 加走山社、21 擺律社、22 則加則加單社
23 礁崗曷氏社、24 施率臘社、山豬毛之番社25 山里目社、26 毛邦難社、27
賓儸龜臘社、28 加知務難社。

〔註33〕王郡（？～1756）字建侯，陝西乾州人。康熙三十年（1691）陝西饑，就食福
建，冒李姓入伍。五十四年拔補臺灣鎮標把總。五十八年遷延平守營千總。六
十年從總兵藍廷珍平亂有功，始復本姓。翌年四月調臺灣北路營千總。雍正元
年（1723）累遷至臺灣南路營參將；六年調臺灣鎮總兵，七年討平鳳山山豬毛
番。九年彰化大甲西社番亂，時王郡已調為水師提督，先平南路鳳山，新任總
兵呂瑞麟為番所困，總督郝玉麟命王郡往援，遂平北路。以功加都督。鎮臺者，
郡之功為優云。乾隆十一年（1746）調陞福建水師提督，以老乞休，命以原官
休致，加太子少保，食全俸。二十一年六月卒。賜祭葬，諡愨勤。《臺灣歷史
人物小傳——明清暨日據時期》（國家圖書館）民國 92 年 12 月，頁 42～43。

〔註34〕福建臺灣鎮總兵王郡：〈為遵旨回奏事〉（雍正六年九月一日上奏），《明清台

奏報原住民殺人，調查最後多屬民人越墾或者抽藤吊鹿，雍正六年（1728），鳳山縣又發生原住民殺傷十四人命之事件，調查結果又是：「愚民貪開水利，擅入番界被殺」這使雍正皇帝責過到：

> 自然過在佃民也。此地方官平素不實力嚴察所致，即爾等亦難辭疏忽之咎。既生出事端，敕令設法緝捕，有何益也。汝等來時，朕諄諄訓諭，但劃清界限，令熟番、生番、百姓爲安生理不相互爲侵擾，則可保相安無事之諭，汝等忘記。帥向後當防，事於未然，方爲治地方之道者，如此隨事整飭，恐不勝其煩矣。總之汝等庸才之輩，虛應故事者多，實心任事者少，奈何！〔註35〕

雍正皇帝對於每每發生原住民傷害人命之事，雖知「此皆內地頑民越界生事之所致，今爲此剿殺無知，朕心實爲憐惻，但已勢處不得矣，亦無可奈何者。〔註36〕」然動輒以兵威勦番，認爲官員「當時不能約束內地人越界生事，既激出事，將此無知之類爲此勦殺誅滅，實爲可愍，將此以爲功乎！朕實恥之。」〔註37〕官員不實心任事，民人又趨利侵墾不時，就算皇帝同情臺地原住民，也無助於改善此種情況。

二、勞役壓榨——大甲西社與大肚社的反抗

　　康熙九年（1731）十二月，發生大甲西社的反抗事件，官弁勞役原住民過度致生事端，卻被官方視之爲兇番、歹番，未查明事實之前，肇事的淡水同知張弘章〔註38〕逃到彰化縣，彰化知縣陳同善只說：「淡防廳親臨到縣，口稱有眾番猖獗，擁來放火焚燒房屋。」之後彰化知縣陳同善詳稱：

灣檔案彙編》第十二冊，頁 31。

〔註35〕　巡視臺灣吏科掌印給事中赫碩色：〈爲奏臺灣生番殺人事〉（雍正七年一月十八日上奏），《明清台灣檔案彙編》第十二冊，頁 86。

〔註36〕　福建陸路提督石雲倬：〈爲奏報臺灣南路番民殺人並調兵撫勦情形事〉（雍正七年四月八日上奏），《明清台灣檔案彙編》第十二冊，頁 207。（所奏與巡視臺灣吏科掌印給事中赫碩色所言之事同。

〔註37〕　閩浙總督高其倬：〈爲拿鳳山縣不法生番情形事〉（雍正七年四月十二日上奏），《明清台灣檔案彙編》第十二冊，頁 227。

〔註38〕　張弘章：江南丹徒人，監生。雍正九年任淡水同知兼攝彰化縣事。年底北路大甲西社番林武力、學生等結樸仔籬等八社，臘月鼓眾倡亂於彰化，恣橫焚殺。淡同知張弘章走免，所由乃其縱容官弁不法，勞役番民所造成激變。十年，以此由革職解任。參考《重修福建臺灣府志。淡水海防同知》卷十三，頁 356；《重修福建臺灣府志。雜記（祥異）》卷十九，頁 479。

二十五日隨帶番、兵數人親往驗看情形。……沙轆、牛罵、大甲西
三社毘連，昨日猖獗者只係大甲西一社，今則號召鄰社多番在沙轆、
牛罵地方，……眾番性既狡悍，勢復猖狂，若非添兵堵禦，恐汛兵
力不能支，而且眾寡難敵，將遂有不測之患，不得不亟請憲臺，轉
請總鎮，迅撥營到沙轆堵禦。〔註39〕

雖然知到原住民發生動亂，卻不知道是什麼原因造成，只是急求兵丁支援。
事緩之後，巡視臺灣工科掌印給事中希德慎調查大甲西社動亂原因上報朝廷：

查起釁緣由，據各營汛稟稱，雍正十年一月五日：參將靳光瀚駐箚
岸裏社溪邊，據阿里史社通事林華、土官稱，做歹係大甲西社，串
通內山朴子籬、巴荖苑、獅頭、獅尾等社。有番婦供稱：聽見他（大
甲西社）土官蒲氏講張太爺起造衙門，撥番上山取木料，每條木要
番一百多名，又撥番婆駛車，番婆不肯，通事就拿藤條重打，十分
受不得苦，故此作歹的。〔註40〕

大體上指同知張宏章建造衙門，過度勞役原住民所造成大甲西社原住民的反
抗。又福建巡撫趙國麟的上奏章呈，陳述大甲西社的發生因由乃是「同知起
蓋衙署，撥番車運木料，徵糧十日一比，土官、甲頭一齊杖責，以致番民怨
憾作歹；又稱同知幕賓楊姓常出署調戲番婦，其未曾作歹之先，即貼歌謠笑
罵同知。」〔註41〕內容上大致相同。大甲西社亂事擴及整個中臺灣之區域，
臺灣總兵呂瑞麟甚至提出想要召集水沙連的原住民作內外夾攻之策。〔註42〕
亂歷數月，事緩未靖，大甲西社之番民猶未歸降，清朝廷先行懲治官員，雍
正十年（1732）二月二十五日奉旨：

臺灣地方官關係緊要，朕命該督、撫於通省內，慎重揀選調補，何
以將張弘章此等劣員調居淡水同知之任，至於巡臺御史身在地方，
必能備悉官員之賢否，其劣跡昭著者，即當具疏題參，而於地方不
甚相宜者，亦當聞之督府酌量更換，屢降諭旨甚明。今張弘章居官

〔註39〕巡視臺灣工科掌印給事中希德慎等：〈爲勦服兇番猖獗事〉（雍正九年十二月
二十八日上奏），《明清台灣檔案彙編》第十四冊，頁210。
〔註40〕巡視臺灣工科掌印給事中希德慎等：〈爲官兵進勦大甲西社並查明損失情形
事〉（雍正十年一月十四日上奏），《明清台灣檔案彙編》第十四冊，頁218。
〔註41〕福建巡撫趙國麟：〈爲臺灣大甲西社兇番集眾鬧事必因同知激成緣由事〉（雍
正十年一月二十六日上奏），《明清台灣檔案彙編》第十四冊，頁225。
〔註42〕福建總督劉世明：〈爲續報勦捕彰化縣大甲西社番情形事〉（雍正十年三月十
七日上奏），《明清台灣檔案彙編》第十四冊，頁299。

乖戾，致生事端，該御史漫無察覺，而到府平日若罔聞知，著將督、撫及台灣御史道、府俱交部嚴查議奏。至總兵、副將雖無管轄文武之責，然同在海洋，有此不肖官員，苛累番民，而伊等瞻狥隱匿，不告知督撫甚屬不合，亦著交部察議。嗣候臺灣官弁，若有貪酷乖張以致起釁生事者，應將同在臺地之大員，一並議處，著吏、兵二部定例具奏。福建總督劉世明、福建巡府趙國麟降二級調用。詳請補調之解任布政使潘體豐照例降三級用。巡視臺灣工科給事中希德慎、兵科給事中高山降二級調用。台灣知府王士任降三級調用。臺灣道倪象愷乃臺地大員，對張弘章乖戾不具詳請參，又代為粉飾，故意因循，不行摘印，殊屬溺職，應將臺灣道倪象愷照溺職例革職。
〔註43〕

實際上大甲西社番作亂，牽連廣大，積怨並非一時一地一事而已。大甲西社不過為引爆翻亂起點，福建漳州總兵初有德對於大甲西社的事件的評述，就探究因由，認為：

> 臺灣土番久入版圖，素沐聖恩，早以懾服心志，鄉安寧貼已非一日，今不意如此兇頑猖獗，不能改悔歸誠者，蓋因承平日久，地方官自肆漸生，聞得淡水同知張弘章，派令土番男婦做工，逐日勞苦，抑勒不堪。其衙役等人，又將少年番婦有姿色者，兜留夜宿。再聞得該汛兵丁及民壯巡遊地方，經過番社需索土番飯食。夫文員擅役土番，縱容骨役不法，汛防民丁、民壯復騷擾番社，以致眾番懷恨發狠，此激變之所由來也。〔註44〕

原來順服的原住民，這一次如此強力的反彈，除張宏章的問題之外，地方官員自己放縱，還有汛丁、民壯長期以來需索無度，官弁隨便差役原住民，長期如此勞役原住民，騷擾原住民村社，釀成事端，眾原住民長期以來的怨氣，亦同時爆發，所以牽連廣闊。然而釀成禍亂，本應嚴加懲同知及其所屬，以熄其冤與怨，但卻指原住民為叛亂兇番，威加以武力，兵刃相加，造成原漢死傷無算。大甲西社事件發生附從作亂沙轆、牛罵、蓬山八社番、貓霧束、

〔註43〕 大學士張廷玉：〈為特參庸懦無能之廳員以重海疆事〉（雍正十年五月十四日上奏），《明清台灣檔案彙編》第十四冊，頁386。

〔註44〕 福建漳州總兵初有德：〈為見聞所及據實陳奏敬抒末議事〉（雍正十年閏七月二十九日上奏），《明清台灣檔案彙編》第十四冊，頁513。

阿里史社，大甲西社又串通內山朴子籬、巴荖苑、獅頭、獅尾等社大甲東社；沙連仔等社。然而貓盂；後壠社土官烏牌率領番兵，協力抗禦；岸裏社；烏牛欄；水裏社、大肚等社並未附從作亂甚至率領番丁，協力抗禦。但前事未靖，而原本效力的大肚社番又起為作亂。

　　大甲西社番亂未靖又有大肚番事件發生。陸路提臣王郡轉咨由吉林黃彩報稱：

> 雍正十年閏五月一日，有大肚番并番婆數人，叩見鎮、道，要根究臺道民壯殺死效力良番情由，隨於初二日有，南大肚、水裡、沙轆、牛罵等數百黨番，直抵縣治，圍燒臺道駐箚房屋，并彰化縣及典史衙署，鎮臣呂瑞麟令林黃彩帶兵堵禦，番隨退去。〔註45〕

福建陸路提督王郡在事後調查大肚番何以圍攻道署，說明原由，其說：

> 從前大甲東、西等社作歹之時，而大肚等社並未報有附和，現在軍前運糧效力，即道役殺死效力五番之後，彰化縣將道役李華等拿收入監，番乃安靜，續經督、撫牌行發審，未曾審訊，而臺灣道硬將李華等釋放，番與番婆始於閏五月一日來縣喊冤，初二日遂圍縣治焚殺，其為殺效力五番所致。〔註46〕

引起這次亂事的是臺灣道倪象愷所屬道役李華殺死效力軍前的大肚社原住民，臺灣道倪象凱不但未處份自己所屬，反而將道役李華等釋放，由此激起另一大肚番社聚眾的變亂。由於大甲西社與大肚社此二事件發生的時間過近，地區同屬一地，範圍也大致重疊，往往述及雍正十年中部番亂時，均言大甲西社事件，但實際上是兩個不同事件所引發。

　　兩次事件牽連整個中部地區原住民村社。主導平定原住民動亂的王郡，將平亂過程詳述詳實，參與其中之番社除淡水、奇崙社二社非屬北部的村社另有情由外，中部地區據王郡所說參加兩次原住民反抗活動的村社計有：

> 沙轆社、牛罵社、阿束社、柴坑仔社、水裡社、南投社、北投社、貓羅社、南大肚社、中大肚社、北大肚社、水裡社、大武郡社、貓霧束、岸裡社三社、朴子籬社、阿里史社、大甲西社、大甲東社、

〔註45〕巡臺御史覺羅柏修等：〈為大甲西社兇番糾眾作歹緣由並官員不能和衷辦事恐有誤地方事〉（雍正十年閏五月十四日上奏），《明清台灣檔案彙編》第十四冊，頁401。

〔註46〕巡臺御史覺羅柏修等：〈為查明臺灣北路兇番復起作歹實在緣由不得隱諱事〉（雍正十年閏七月十三日上奏），《明清台灣檔案彙編》第十四冊，頁475。

南日南北二社、雙寮社、貓盂社、宛裡社、吞霄社、宛東社、房裡
社。馬之林、東螺、西螺、半線、二林、南社、貓兒干北路一帶共
計五十餘社，幾難辦及誰為好番。〔註47〕

然而在平亂的過程當中亦有助清軍平亂之原住民村社，如後壠通事張芳楷領
後壠番截堵北竄的原住民，又有岸裡社通事張達京領岸裡、朴子離等社，引
帶兵丁搜拿，俱各踴躍用命。〔註48〕實際整個當時的彰化縣區域的原住民村
社幾乎牽連在其中。亂後福建陸路提督王郡最終上呈皇帝云：「據審起釁根由
去年十二月作歹原因，革職同知張弘章起蓋衙門，濫役虐差，今年閏五月再
叛，則緣臺灣道倪象愷〔註49〕民壯伏路誤殺良番所致。」〔註50〕大甲西社及
大肚社動亂，全然由於官弁激變原住民所造成的結果。然而，卻仍有污名化
原住民之論，當北路番亂平息，福督郝玉麟上報朝廷竟云：「臣查北路歹番不
法，皆因恃其鹿槍、番箭拒敵官兵，又緣便捷善走懸崖峭壁，騰奔如飛，且
有深山邃谷，窩頓糧食以為前身巢窟之地，乃從前並不太加懲創，以致兇番
不知畏懼，恣肆猖獗。」〔註51〕竟如此扭曲原住民作亂原因。

第三節　移民墾荒與社餉

臺灣遍土皆原住民之地，隨著漢人的移民進入，土地也被逐步的開墾出
來。然而，對原住民土地開墾，有其一定的程序，「向來民人欲耕者，必先與
番社議墂，議租，而後承耕」，或如宋永清核准大加臘墾照的模式，官方所發

〔註47〕福建陸路提督王郡：〈為恭報剿平逆番安撫凱捷情形事〉（雍正十年十一月七
　　　　日上奏），《明清台灣檔案彙編》第十五冊，頁83。

〔註48〕福建陸路提督王郡：〈為恭報剿平逆番安撫凱捷情形事〉（雍正十年十一月七
　　　　日上奏），《明清台灣檔案彙編》第十五冊，頁87。

〔註49〕倪象愷，四川榮縣（或作咸遠）人，舉人。雍正三年（1725）知福建羅源縣，
　　　　七年陞臺灣知府，八年攉分巡臺廈兵備道。修大目降莊舊埤，以利灌溉。雍
　　　　正九年，以淡水同知張宏章激變大甲西番，巡臺御史高山檄委員代理。象愷
　　　　執以應，俟督、撫兩院兩司行知到日，始轉飭遵照：且揭參彰化試用知縣路
　　　　以周。高山俱指為專擅，以疏上聞。十年乃解任以去。《臺灣歷史人物小傳
　　　　──明清暨日據時期》臺灣歷史人物小傳──明清暨日據時期（國家圖書館）
　　　　民國92年12月頁356。

〔註50〕福建陸路提督王郡：〈為恭報剿平逆番安撫凱捷情形事〉（雍正十年十一月七
　　　　日上奏），《明清台灣檔案彙編》第十五冊，頁82。

〔註51〕福建總督郝玉麟：〈為恭報蕩平臺灣大捷事〉（雍正十年十月二十一日上奏），
　　　　《明清台灣檔案彙編》第十五冊，頁65。

墾照，所墾之土地，也是經過土官、通事，確認無誤，才核發。若以當初康熙二十三年，所有已開墾之土地面積，為基準之數，至康熙之末報陞在冊，移民透過各種方式已取得的田園數量已經非常龐大（如附表 5.1），而隱藏未報陞的田園數量，更不知凡幾，移民墾荒逐漸北移，郁永和來臺所見不過斗六門，可耕空間尚闊，康熙末，拓墾已達半線地區。透過移墾，良田頓開，但是反觀原住民賴以維生的鹿場、草地，也在逐漸消失。漢人移民臺灣的最大誘因，就在於土地，在於利益以養生，故遠涉重洋來此開闢力田，貨殖謀求生活。但土地只有這一片，在沒有嚴格的土地調查與政策的當時，模糊的地權，成為原漢之間磨擦的導火線。本節即以官方、移民拓墾土地與原住民社餉之間關係進行論述之。

> 臣查臺灣田土……諸羅、鳳山縣皆係未墾之土，招人認墾，而領兵之官自原任提督施琅以下皆有認佔，而地方文武亦占做官庄，在其下強豪之戶亦任意報佔，又俱招佃墾種取租，待後佃又招佃戶，輾轉頂授，層層欺隱。按其賦稅，每田一甲不過內地十餘畝，而納八石有餘之粟，似種一畝而納十畝之粟，類若田少賦重；然佃戶之下皆多欺隱，佃戶下之佃戶又有偷開，至業主不能知佃戶之田數、人數，佃戶又不能究其下小佃戶之田數、人數，實則種百畝之地不過報數畝之田，究竟糧少田多，是以家家有欺隱之產，人人皆偷開之戶。〔註52〕

閩浙總督高其倬反映康熙以來官方、民人開墾田園的真實狀況，指出官員起頭私占開成官莊，強豪及佃戶亦上行下效私開田園，造成「家家有欺隱之產，人人皆偷開之戶」。而且開墾田園，乃墾多報少「種百畝之地不過報數畝之田」的情形。但是未墾之土，並非無主之土，以藍張興莊開墾為例：

> 張藍興莊舊名張鎮莊，逼近生番鹿場，兇番不時出入，不令民人開墾者也，自康熙四十九年原任臺灣副將張國報墾，立戶陞科，遂至生番擾害。於五十八年間該莊佃民被生番殺死九命，通詳各上司，奉原任總督臣滿保檄行，將該莊毀棄，逐散佃民，開除課額在案。且此地舊屬諸羅縣管轄，該知縣孫魯於六十一年到任之後，即赴該地方立石為界，不許民人擅到彼處。自雍正二年改屬彰化縣，而提

〔註52〕《宮中檔雍正朝奏摺第六冊》，〈為奏臺地開墾事〉閩浙總督高其倬（雍正四年十一月八日上奏），明清台灣檔案彙編 第十一冊，頁157。

督臣藍廷珍復委管事蔡克俊赴該地方招墾，自立莊戶，名爲藍張興

莊，其原任彰化知縣譚經正不能禁止，致令林愷等又遭生番之

手。……該臣等伏念墾地雖以便民，然因生番爲患，既奉有督臣禁

革，何得私行開墾，至起事端。〔註53〕

張國〔註54〕以代納番餉二百四十兩，取得開墾張鎮莊土地的權利，此處所云「番餉」乃爲熟番才有繳納，可見地係熟番所屬之地，以貓霧捒東北之野，稱爲「藍張興莊」（今台中市南屯區域），康熙之時其地應屬貓霧捒社（舊社）之社地。張國代輸番餉亦應是貓霧捒社番餉，但查康熙府縣賦役志，貓霧捒社是屬熟番三十四社之一，但實際的餉稅徵收（二十九兩六錢三分五釐二毫），貓霧捒社未有二百四十兩社餉之數。且上述巡臺御史禪濟布指出藍廷珍〔註55〕開闢藍張興莊乃私墾行爲：

彰化縣，新經設立，田土錢糧俱爲有限，其所轄藍張興一庄，其地

向係番人納餉二百四十兩，原任總兵張國原認墾其地，代番納餉，

招佃取租。數年之前提督藍廷珍轉典其庄，現聚墾種田者已二千餘

人，地方文武因生番到其處傷人，以爲開田惹番，意欲驅逐墾戶，

以地還番。……臣意欲將此田總行清查，所有田畝令各墾戶報出認

賦，即爲永業；各墾戶當初開未定之時，又聞驅逐，自無不聽從。

〔註53〕巡臺御史禪濟布：〈嚴私墾番界之禁〉（雍正三年十月十六日上奏），《明清台灣檔案彙編》第十冊，頁363。

〔註54〕張國字昭侯，福建晉江人。康熙二十二年（1683）以平臺功，授襄陽游擊。四十四年（1705）以會剿紅苗運糧功，遷臺灣北路營參將，住諸羅縣治。繼而認墾貓霧捒社之地，代納其餉，招墾取租。四十八年升福州城守副營將。五十年調補臺灣水師協標中營副將。（《重修臺灣縣志》卷四作「澎湖水師副總兵」）。五十四年，擢浙江定海總兵官。及卒，賜祭葬。（郭啓傳）臺灣歷史人物小傳——明清暨日據時期（國家圖書館）民國92年12月，頁409。

〔註55〕藍廷珍（1664～1729）字荊璞，福建漳浦人。族祖藍理移鎮舟山，自請入伍。康熙五十八年（1719）遷澎湖副將，尋改授南澳鎮總兵。善捕盜，擒殺關東大盜孫森。朱一貴起，總督覺羅滿保委令總統水陸大軍，前赴征剿。廷珍率大軍先取鹿耳門，乘勝進攻安平鎮，遂克府治，並分遣諸將進復南北二路。六十一年任臺灣鎮總兵官，任內成就爲反對臺鎮移駐澎湖，與掃平各地餘黨。雍正元年（1723）十月，特授福建水師提督。七年（1729）卒於官，年六十六。贈太子少保，諡襄毅。其孫藍元枚乾隆三十八年任臺灣總兵，林爽文之亂時來臺，死於臺灣，亦諡襄毅。廷珍於雍正二年在彰化縣附近荒埔，召佃開墾，面積四百九十一甲，名藍興莊。五年，此田園歸公，成爲官莊。《臺灣歷史人物小傳——明清暨日據時期》（國家圖書館）民國92年12月頁785。

俟報明查清，不必照諸、鳳二縣之例，以一甲之田定粟八石，止照
內地，照其畝數以定糧數，量寬其力，以下則起科，大約可得一兩
千兩額賦，或再稍多亦未可定。竟將原納二百四十兩之番餉題請開
除，藍、張二家總不許霸佔。並趁量田之時，兼查戶口，編清保甲，
更立四界，令官嚴查，不許墾戶侵耕出外，似屬一勞永逸、久長可
行。〔註56〕

高其倬的建議是以開除番餉，令墾民報墾陞科，原住民則免納餉稅，藍、張
二家不許霸占產業，欲重新定立課則，比照內陸收取田賦，進行土地及戶口
調查，其似乎有整頓臺灣官莊之意，而且還可充裕國課。而藍廷珍雍正六年
九月十三日上書自言：

竊臣在臺灣北路彰化縣治內，將昔年令置貓霧束社庄一所，為闢土
增賦起見，報明開墾，……除荒埔未有開墾不計外，所有微臣分內
應得之熟田四百九十一甲，造具印開申繳（雍正五年五月之事）。……
今臣又據家人吳祖稟稱，各佃丁已將荒埔陸續開墾，業有稟報新任
彰化知縣湯啟聲丈明，有四百四十七甲七分四厘一絲五忽，另新墾
園四十一甲八分七釐四毫六絲四忽。……俟各田園收成之日，除應
給各佃丁費用外，內有微臣應得若干稻穀概行收貯以充公用。其前
項代納餉銀二百四十兩，統聽督府二臣酌覆，毋庸輸納。〔註57〕

其所開墾貓霧捒社社地，共開墾田九百三十八甲有餘，園四十一甲有餘之數，
若依據賦役資料（如附表5-1）當時下則田園起科（下則：田每甲徵粟五石五
斗、園每甲徵粟二石四斗。）計算：每年應得約有 5257 石，折銀近二千兩之
數。代納餉銀二百四十兩不用輸納，這二百四十兩如果真是代納餉銀或者為
租佃之權利金，然免繳則原住民權利完全被犧牲，將原屬之土地任官佃開墾，
所得為何？番餉題請開除，就乾隆二年止所見雜餉，總數額依舊不少，可證，
貓霧捒社社餉並未被蠲除，而依舊照徵。原屬社地也變成陞科田園繳納田賦，
佃民、官員得有田業，原住民賴以生存的空間卻頓時縮減。這也成為貓霧捒
社不得不移地而居的因素之一。

〔註56〕閩浙總督高其倬：〈為奏臺地開墾事〉（雍正四年十一月八日上奏），《明清台
　　　灣檔案彙編》第十一冊，頁158。
〔註57〕福建水師提督藍廷珍：〈為奏開新墾田園充公事理事〉（雍正六年九月十三日
　　　上奏），《明清台灣檔案彙編》第十二冊，頁44。

　　雍正五年（1727）彰化知縣張縞還請墾荒埔以裕國課，「興直埔有荒地一所（東至港，西至八里坌山腳，南至海山山尾，北至干荳山）……不得遺漏，以及欺隱侵佔番界，致生事端」〔註58〕。諷刺的是，隱田問題並未完全處裡，卻還不斷的開放拓墾荒埔，又怕民人墾田又以少報多，隱蔽田園，又所開之地又多係番地，不開民智為先，對原住民社會卻形成上下交相煎的情勢，官與民所覬覦的利益卻全在原住民的身上。臺灣本地處海外，政令又不被官員所貫徹執行，遠在閩浙官員亦猷能自臺灣取利。臺灣土地積極被開發的重要原因還有物產出口的經濟問題層面，以稻米為主食的中國人，中國沿海地狹民稠，稻米產量，不足以供應民食，故內地米價，本比臺米貴，若遇欠收，價格差異更大，臺灣稻獲一年之耕雖不能足供七年之食，但三四年應能不乏，自有輸出之利益，官倉平糶賤買貴賣，民間轉輸皆得從中取利。利益動則萬兩計，又糖之出口，本臺灣之一大生意，每年自臺出口皆數十萬石以上〔註59〕，相對也須大面積的田園來植蔗，以供榨糖，出口卻在浙閩海口掛單收稅，稅為內地所收，並有吞沒貪污情事發生。地方官員之所以虎頭蛇尾的執行上級命令，實在不過是上行下效而已。植稻、插蔗，所需之土地從何而來？移民不斷的開墾土地，官員攫取利益，不斷的壓縮原住民，不論是生番、熟番、歸化生番的生活空間，運用各種手段取得土地，如附表5統計這些逐年之間不斷的開墾拓植下，然而，原住民本身的餉稅，卻不因空間的縮減相對減少，正如貓霧捒社地，墾出良田千甲，而二十九兩餘的餉銀卻一毛未被蠲除，犧牲原住民土地，原住民也沒有得到社地贌租或者轉讓的利益。更何況那些侵墾未報之隱田：

〔註58〕　臺灣府彰化知縣張縞〈為請墾荒埔以裕國課事〉（雍正五年二月八日），《明清台灣檔案彙編》第十一冊，頁219。
〔註59〕　閩浙總督覺羅滿保：〈為尊旨覆奏事〉（雍正三年八月十二日上奏），《明清台灣檔案彙編》第十冊，頁299：台灣所產之糖、青靛等物，出口稅則由內地之港口徵收（在臺出口從無徵稅，必令到廈門掛號），研議在臺徵出口稅（每年估計在四萬兩），閩浙總督覺羅滿保最後建議「臣請照舊例由廈掛號，嚴禁廈門文武不許稍有留難需索，則商賈便而海洋亦得肅清矣。」（進口亦同樣免稅）（304～308）；《宮中檔雍正朝奏摺第四冊》，〈為奏臺灣錢糧並地方情形事〉福建巡撫毛文銓（雍正三年十月六日上奏），明清台灣檔案彙編 第十冊，頁350：每船以1000擔計每擔官價2兩四錢，每船計價2400兩，每年以700船出口，規模1680000兩，（每隻船輸十六兩二錢），（此由廈門掛號，按船收取，名曰驗規，故每船一隻不論糖觔多寡即納銀十六兩二錢，非照糖觔上稅〈為海關商船糖稅事〉，頁366）。

> 竊查閩省欺隱田糧，惟獨臺灣為甚，……另有臺灣、諸羅縣監生陳
> 天松等首出園地數千餘甲，應正餉四百五十九兩零，穀二千五十三
> 石零，亦歸於彙報事案內提陞外。〔註60〕

隱田的背後正反映出，原住民的社地遭遇侵墾的現實，雍正年間針對臺灣隱
田的問題，飭令出首報陞：

> 竊臣查臺灣孤懸海嶼，昔年地係荒埔草萊，土番不知稼穡，就地捕
> 鹿，而僞鄭按社地寬窄，派銀之多寡，名曰社餉自入我朝版圖，內
> 地人民漸次來臺，向土番租地耕種，年貼社餉，給番輸官，其所墾
> 田地未報陞科。雍正五年欽奉上諭：「凡各省未報陞田園，著令自行
> 首報，統於雍正七年起科，悉免從前欺隱之罪。」海外各官明白曉
> 示，而眾士民亦即陸續首報，合計台灣四縣共報陞田園一萬七千一
> 百七十甲零。〔註61〕

福建臺灣道劉藩長的理解有誤，「社餉」非社地寬窄，派銀之多寡。這些隱匿
未報的田園土地，不會憑空而生，或侵墾番社荒埔鹿場、或越界侵墾界外土
地，然而面對這些不法侵墾又逃避國家稅賦的土地，當時政府准其報墾陞科，
就地合法，對於政府而言，是增加了國稅收入，依據表 5 所列台灣府各廳縣
所列田土類額統計表，雍正六年至八年間，隱田報陞之數量大致以園下則起
科四縣所報陞之田園數量（17170 甲）換算（每下則園徵粟二石四斗）共收
41208 石粟折米 20604 石，若以官價每石七錢計算得銀 14423 兩。但相對的對
臺灣原住民而言，長期以來土地被侵墾隱佔，卻未得到任何的補償外，當官
方無條件讓漢民自首陞科，原屬社地就此成為漢民之耕地，賴以維生的空間
頓時縮減，所謂的社餉從出之地被莫名轉移掉。而餉稅確一毛未減。官方每
年還有大量田賦收益。

　　自統一以來，臺灣的田園不斷的被開發出來，如附表 5.1 統計，至雍正末
（50517甲）已超出明鄭舊額（18453甲）近三倍之多，這還不包括未報陞隱
佔之數，而且這還是集中在彰化縣以南之區域數字，可見原住民村社所受到
空間上的壓迫。因此，在經歷大甲西社、大肚社諸番亂後，又再提議開墾荒

〔註60〕福建巡撫毛文銓：〈爲奏臺地欺隱田糧事〉（雍正四年十二月二十一日上奏），
　　　　《明清台灣檔案彙編》第十一冊，頁 196。
〔註61〕福建臺灣道劉藩長，〈爲額賦有重仰叩皇仁等事〉（雍正八年三月八日上奏）《明
　　　　清台灣檔案彙編》，第十三冊，頁 286。

埔之議時，張嗣昌對此提出：

> 開墾之宜稍緩也，台北地土洵爲廣闊，惟開墾可以有裨于國計民生。本道一路巡歷所致地方，可耕之地悉係土番，立有界牌。向來民人欲耕者，必先與番社議贌，議租，而後承耕，尚多反覆，且番性寧聽其地之荒蕪，不肯與人耕種。今地方初平之後，若遽行招墾，番心反疑奪其田土，恐致滋事，容當緩圖再議。〔註62〕

對於再開放墾荒，由於這些都是原住民所屬之土地，驟行開墾恐怕番民不肯而再激出變事。因此，建議放緩開墾妥善計畫後再執行。原住民生活所需及社餉所出在於這一片土地上，假設張嗣昌所說的「向來民人欲耕者，必先與番社議贌，議租，而後承耕」土地開發，原住民反而有租佃利益，失去鹿場的利益，卻增加土地租賃給漢人開墾，對原住民生活上應有補益。但是原住民土地在官方准墾陞科、移民的偷開侵墾，正如貓霧捒社所面臨的問題一般，土地被移民拓墾、官方准其陞科，國家、官方、佃民皆有利益，原住民的權益卻完全沒有被規畫與保護，開除社餉，沒有先執行就將土地歸給官莊及開拓之佃民，且原住民沒有得到任何的補償，而負擔依舊存在，生活空間被壓縮，原住民何肯如此，焉能不反抗？「寧聽其地之荒蕪，不肯與人耕種」這是累積經驗的結果，人的常性。

表 5.1：臺灣府土田類額表（康熙 24～32 年）

明鄭舊額	類別／甲數				新墾	小計	新舊合計	
18453	田	7534	上則	2678	274	2952	8994	26460
			中則	1901	392	2294		
			下則	2953	792	3746		
	園	10919	上則	2565	573	3139	17465	
			中則	3347	679	4027		
			下則	5006	5292	10299		

〔註62〕福建分巡臺灣道張嗣昌，〈密陳事宜〉，《明清台灣檔案彙編》第十五冊，頁165～167。

臺灣府土田類額表（康熙 24～49 年）

明鄭舊額	類別／甲數				新墾	小計	新舊合計	
18453	田	7534	上則	2678	274	2952	9161	30109
			中則	1901	392	2294		
			下則	2953	960	3913		
	園	10919	上則	2565	575	3141	20947	
			中則	3347	725	4027		
			下則	5006	8727	13734		

臺灣府土田類額表（康熙 24～乾隆 2 年）

明鄭舊額	類別／甲數				新墾	小計	新舊合計	
18453	田	7534	上則	2678	274	2896	14076	50517
			中則	1901	392	2252		
			下則	2953	5960	8927		
	園	10919	上則	2565	575	3102	36441	
			中則	3347	725	4003		
			下則	5006	24329	29335		

資料出處：

表 1-1 臺灣方志／六五 臺灣府志／卷五 賦役志／土田／臺灣府 114～118。

表 1-2 臺灣方志／六六 重修臺灣府志／卷五 賦役志／土田／臺灣府 155～160。

表 1-3 臺灣方志／七四 重修福建臺灣府志／卷七 田賦／土田／臺灣府 129-138。

說明：

1. 本表所作數據資料田土以甲爲單位，以下省略。

2. 雍正六年，新墾田園一萬二千三百三十一甲三分六釐三毫八絲三忽七微八纖三沙六塵三埃六渺四漠：田二千四百八十一甲九分一釐二毫八絲七忽五微六纖三沙六塵三埃六渺四漠（俱下則），園九千八百四十九甲四分四釐零九絲六忽二微二纖（俱下則）。又，里民自首新墾園三千一百五十一甲一分九釐二毫四絲八忽八微七纖（俱下則）。又，奉文起科園八百五十五甲八分（俱下則）。雍正六年當報墾、自首新墾、奉文起科等田園共 16337 甲。

3. 雍正七年，新墾田園三千三百五十一甲零四毫二絲五忽七微九纖八沙一塵七埃八渺四漠：田〔二千三百六十一甲八分二釐六毫一絲一忽二微二纖三沙三塵一埃七渺一漠〕（內中則四甲三釐五毫八絲五忽六微、下則二千三百五十七甲七分九釐零二絲

五忽六微二纖三沙三塵一埃七渺一漠），園九百八十九甲一分七釐八毫一絲四忽五
微七纖四沙八塵六埃一渺三漠（俱下則）。

4. 雍正七、八年，共報墾陞科田園 19688 甲，此為自康熙朝長期以來累積之隱田，朝
廷命免從前隱蔽之罪，故此二年有大量報墾之田園。（中則田 4 甲、下則田 4838 甲，
其餘 14846 甲皆下則園）

5. 國朝議定通臺賦役規則：上則：田每甲徵粟八石八斗，園每甲徵粟五石；中則：田
每甲徵粟七石四斗，園每甲徵粟四石；下則：田每甲徵粟五石五斗，園每甲徵粟二
石四斗。雍正九年，詳請以七年入額陞科新墾田園，援照同安則例，每甲照內地弓
步折算一十一畝；徵銀折粟，以三錢六分折粟一石。上則田：照同安民米例，每畝
徵銀八分五釐三毫四絲，另徵秋米六合九抄五撮；以一米二穀折算。中則田：照同
安鹽米例，每畝徵- 163 -銀六分五釐八毫八絲四忽，另徵秋米三合八抄七撮，以一
米二穀折算。下則田：照同安官米例，每畝徵銀五分七釐五毫五絲，不徵秋米。上
則園：照中田鹽米例：每畝徵銀六分五釐八毫八絲四忽，另徵秋米三合八抄七撮；
以一米二穀折算。中則園：照下田官米例，每畝徵銀五分七釐五毫五絲，不徵秋米。
下則園：照同安鹽米不徵鹽折例，每畝徵銀五分六釐一毫八絲，不徵秋米（臺灣方
志／七四　重修福建臺灣府志／卷七　田賦／租賦 162～163）

6. 中則田 4 甲每甲徵粟七石四斗（二十九石六斗）、下則田 4838 甲田每甲徵粟五石五
斗（二萬六千六百九石），下則園 14846 每甲徵粟二石四斗共徵粟（三萬五千六百
三十石四斗）共徵六萬二千二百六十九石，每石折銀三錢六分，共折銀二萬二千四
百一十六兩八前四分。

表 5.2：臺灣縣土田類額表（康熙 24～32 年）

明鄭舊額	類別／甲數			新墾	小計	新舊合計	
8561	田	3885	上則 857	102	959	4338	10344
			中則 787	132	919		
			下則 2240	218	2459		
	園	4676	上則 205	29	234	6006	
			中則 1367	147	1515		
			下則 3203	1152	4255		

臺灣縣土田類額表（康熙 24～51 年）

明鄭舊額	類別／甲數			新墾	小計	新舊合計
	田	3885	上則 857	102	959	

8561			中則	787	132	919	4359	10560
			下則	2240	239	2480		
	園	4676	上則	205	29	234	6200	
			中則	1367	150	1518		
			下則	3203	1344	4547		

臺灣縣土田類額表（康熙 24～雍正 12 年）

明鄭舊額	類別／甲數			新墾	小計	新舊合計	
8561	田	3885	上則	857	156	1013	4934
			中則	787	420	1208	
			下則	2240	471	2712	
	園	4676	上則	205	394	599	7888
			中則	1367	305	1673	
			下則	3203	2512	5615	

新舊合計：12822

資料出處：

2-1 臺灣方志／六五 臺灣府志／卷五 賦役志／土田／臺灣縣 118～121。

2-2 臺灣方志／一〇三 臺灣縣志／賦役志七／田畝 178～182。

2-3 志／七四 重修福建臺灣府志／卷七 田賦／土田／臺灣縣 138～145。

說明：

雍正六年新田園共一百零六甲三分一釐九毫八絲二忽：田一百甲零七分五釐七毫七絲六忽（俱下則），園五甲五分六釐二毫零六忽（俱下則）。雍正七年，里民首墾田園共六十四甲二分八釐五毫：田三甲八分（俱下則），園六十甲四分八釐三毫（俱下則）。隱田主要不出於臺灣縣境。

表 5.3：鳳山縣土田類額表（康熙 24～32 年）

明鄭舊額	類別／甲數			新墾	小計	新舊合計	
5048	田	2678	上則	1804	106	1910	3327
			中則	187	136	323	
			下則	686	406	1093	
	園	2369	上則	738	137	875	3921
			中則	229	127	356	
			下則	1401	1287	2689	

新舊合計：7249

鳳山縣土田類額表（康熙 24～43 年）

明鄭舊額	類別／甲數			新墾	小計	新舊合計	
5048	田	2678	上則 1804	106	1919	3466	8729
			中則 187	136	323		
			下則 686	545	1232		
	園	2369	上則 738	137	875	5262	
			中則 229	127	357		
			下則 1401	2628	4030		

鳳山縣土田類額表（康熙 24～雍正 12 年～乾隆 2 年）

明鄭舊額	類別／甲數			新墾	12小計	新舊合計	
5048	田	2678	上則 1804	106	1855	3566	10944
			中則 187	144	297		
			下則 686	809	1414		
	園	2369	上則 738	137	815	7377	
			中則 229	127	291		
			下則 1401	5416	6270		

資料出處：

3-1 臺灣方志／六五　臺灣府志／卷五　賦役志／土田／鳳山縣 121～123。

3-2 臺灣方志／一二四　鳳山縣志／卷之六　賦役志／土田 65～69。

3-3 臺灣方志／七四　重修福建臺灣府志／卷七　田賦／土田／臺灣縣 146-151。

說明：

雍正六年，新墾田園九百九十六甲一分四釐二毫四絲四忽一微：田六甲八分四釐一毫
（俱下則），園九百八十九甲三分一毫四絲四忽一微（俱下則）。雍正七年，新墾田園
共二百七甲六分五釐四毫二忽六微：田四甲零三釐五毫八絲五忽六微（俱中則），園
二百三甲六分一釐八毫一絲七忽（俱下則）。雍正八年，奉文首報陞科新墾田園共一
千五百四十六甲五分八釐二毫七絲八忽：田二百二十四甲五分四釐一毫四絲三忽三微
（俱下則），園一千三百二十二甲四釐一毫三絲四忽七微（俱下則）。又，雍正八年，
新墾下則園三十甲七分六釐七毫二絲三微。又，雍正八年，新墾下則園一十四甲六分。
又，雍正八年，奉文陞科新墾下則園三十一甲三分二釐。

表 5.4：諸羅縣土田類額表（康熙 24～32 年）

明鄭舊額	類別／甲數			新墾	小計	新舊合計	
4843	田	970	上則	17	65	82	1327	8865
			中則	927	120	1051		
			下則	26	167	194		
	園	3873	上則	1621	407	2028	7538	
			中則	1750	404	2154		
			下則	501	2853	3354		

諸羅縣土田類額表（康熙 24～54 年）

明鄭舊額	類別／甲數			新墾	小計	新舊合計	
4843	田	970	上則	17	65	82	1338	10977
			中則	927	124	1051		
			下則	26	178	204		
	園	3873	上則	1621	409	2030	9639	
			中則	1750	447	2197		
			下則	501	4908	5409		

諸羅縣土田類額表（康熙 24～雍正 9 年～乾隆 2 年）

明鄭舊額	類別／甲數			新墾	小計	新舊合計	
4843	田	970	上則	17	63	82	2003	17115
			中則	927	124	1051		
			下則	26	843	869		
	園	3873	上則	1621	409	2038	15111	
			中則	1750	447	2197		
			下則	501	10381	10883		

資料出處：

4-1 六五 臺灣府志／卷五 賦役志／土田／諸羅縣 124～126。

4-2 臺灣方志／一四一 諸羅縣志／卷六 賦役志／戶口土田／田園賦稅 86-95。

4-3 臺灣方志／七四 重修福建臺灣府志／卷七 田賦／土田／諸羅縣 146-151。

4-4臺灣方志／七四　重修福建臺灣府志／卷七　田賦／土田／鳳山縣151-158。

說明：

1. 雍正二年，奉文截歸彰化縣管轄舊額下則園一百四十甲零一分五釐二毫五絲三纖，新墾上、中、下則園二百五十一甲五分四釐三毫三絲三忽三微；康熙六十一年，奉文禁革生番地界新墾下則園二十一甲奉旨豁免外，實截歸園三百七十甲六分九釐五毫八絲三忽三微三纖（內上則二甲九分七釐、中則一十甲五分四釐、下則三百五十七甲一分八釐五毫八絲三忽三微三纖）。

2. 雍正六年，里民自首新墾下則園九百四十五甲五分六釐八毫三絲六忽二微五纖。又，本年各里民自首新墾下則園三千一百五十一甲一分九釐二毫四絲八忽八微七纖。又，奉文起科陳天松等下則園八百五十五甲八分。雍正七年，里民自首新墾下則田七百七分。又，奉文起科陳天松等下則田五百五十一甲九分七釐一毫九絲五忽。

表5.5 彰化縣土田類額表（雍正2～雍正12年）

諸羅截歸	類別／甲數			新墾	小計	新舊合計	
370	田		上則			3985	11664
			中則				
			下則	0	3985	3985	
	園	370	上則	3	0	3	7678
			中則	10	0	10	
			下則	357	3308	7665	

表5.6：淡防廳土田類額表（雍正9～雍正12年）

彰化截歸	類別／甲數			新墾	小計	新舊合計	
485	田	149	上則			217	555
			中則				
			下則	149	68	217	
	園	336	上則			337	
			中則				
			下則	336	1	337	

資料出處：

5-1臺灣方志／七四　重修福建臺灣府志／卷七　田賦／土田／彰化縣159～161。

6-1臺灣方志／七四　重修福建臺灣府志／卷七　田賦／土田／（附）淡防廳161。

說明：

1. 雍正六年，奉文報墾田園共一萬零二百八十三甲三分三釐三毫二絲一忽四微三纖三沙六塵三埃六渺四漠；田二千三百七十四甲三分一釐四毫一絲一忽五微六纖三沙六塵三-160-埃六渺四漠（俱下則），園七千九百零九甲零九毫零九忽八微七纖（俱下則）。

2. 雍正七年，奉文報墾田園共二千五百一十九甲一分零三絲八忽二微零八沙一塵七埃八渺四漠；田一千七百九十四甲三分一釐八毫三絲零六微二纖三沙三塵一埃七渺一漠（俱下則），園七百二十四甲七分八釐二毫零七忽五微八纖四沙八塵六埃一渺三漠（俱下則）。

3. 雍正九年，奉文大甲溪以北撥歸淡防廳管轄舊額、新墾田園共四百八十五甲四分二釐一毫；田一百四十九甲二分九釐（俱下則），園三百三十六甲一分三釐一毫（俱下則）。〔又〕，雍正九年，奉文以乾隆二年爲始，豁免水衝沙壓舊額、新墾田園共一千三百九十八甲三分四釐一毫四絲二忽零九纖零九塵零九渺一漠：田三百五十五甲八分六釐九毫五絲（俱下則），園一千零四十二甲四分七釐一毫九絲二忽零九纖零九塵九渺一漠（俱下則）。

第四節　雍末理番三議

進入雍正之時，對於臺灣地方官府在管理原住民事務上，許良彬〔註63〕說的最爲傳神：

> 其番社新舊歸化，內附戶口不下二、三萬，每社男婦老幼多至一、二百人，少亦不外數十眾。越數里方有一社，地廣最易藏奸，向無專設授職之土司董制，惟有正副首長，雖稱土官漫無約束，不過一社之頭目，仍一番民也，是以其俗多不雅馴。雖雖四邑縣令分治，然只催科，問及管事，其餘悉莫稽察。」〔註64〕

〔註63〕 許良彬字質卿，福建海澄人。面有七黑子，目光射人，讀書不屑章句。從族父貞究心韜略。嘗隨貞遣人適外國，海中島澳，風潮夷險順逆，皆識之。賈廣東，與南洋人互市，堅守信約，諸夷知其信，悉赴其市，遂雄於資。提督姚堂廉其才，聘使緝奸，藍廷珍奏其熟悉海疆，信孚異域，可大用。召見，以知州改參將，歷烽火、澎湖、瑞安、南澳、金門諸鎮，遂繼廷珍提督廈門。雍正九年（1731）臺灣大甲西土番爲逆，官兵渡海剿捕。良彬自出俸餘課，恭親賞勞，將士奮勇，亂遂平。在職十年，正己率屬，未嘗以私喜怒黜陟一人。年六十三卒於官。賜祭葬，加太子少保，諡壯毅，贈光祿大夫，蔭一子侍衛。《臺灣歷史人物小傳——明清暨日據時期》（國家圖書館）民國92年12月頁461。

〔註64〕 南澳總兵許良彬：〈爲陳台灣矜束番民已資永遠善後事〉（雍正八年五月二十

對於原住民村社管理只管通事催科納餉，此利益之所在，其他的事情根本都不加重視，毫無管理之策可言。統治原住民，縱任其不識不知又語言扞格，加以官弁勞役不時，民人向來侵墾社地鹿埔，積弊不除，由來已久。迨有生番殺人、熟番造亂發生，臺灣道陳璸曾對於管理原住民題出建議，卻未置可否，到雍正末期才開始對造成番政問題進行改革及其建議。本節即針對雍正時期漢原之間勞役的問題、教化的問題、社餉徵收三議題進行分析論述。

一、勞役改革給價之議

> 臣訪得從前管押兵丁過臺之弁員，如送至南北兩路及淡水各營，俱有數百里之遠，中間經由番社地方，往往役使番民，勒供酒食、柴車、牛車，稍不如意，即將番民凌辱，並將車輛、器皿毀壞，甚為滋擾。從前督臣亦曾嚴行查禁，奈地隔重洋，既鞭長莫及，而臺灣鎮臣又因該員係內地營弁，非其統屬，不便嚴加約束，以致番社每受擾累。……況各番社既出力奉公，輸租納賦，既與內地民人無異，自應一體撫恤。〔註65〕

自康熙以來，官弁驅使原住民服勞役之惡習，相沿而下，雖每每禁飭，卻歷時不改，滋擾番社，同為納稅之民，原住民也應該受到與漢民一般的待遇。官弁的惡行惡狀，讓當時擔任御史的史貽直〔註66〕認為既知其弊應設法處理這樣的情況，禁止換班兵丁不可前往原住民村社，以避免恣行騷擾原住民之情事發生。但是，同樣命令歸命令，實際執行也同樣和從前的各級申飭狀況一樣，一點都沒有改變：

四日上奏），《明清台灣檔案彙編》第十三冊，頁 345。

〔註65〕吏部左侍郎史貽直：〈為奏臺灣各營換班不宜擾累番社事〉（雍正七年九月十九日上奏），《明清台灣檔案彙編》第十二冊，頁 486。

〔註66〕史貽直（1681～1783）字儆絃，號鐵崖，江蘇溧陽人，康熙三十九年（1700）進士，入翰林。雍正七年（1729）總督福建。福、興、泉、漳四郡，積穀日多，有司不能遵「有七糶三」之例，以致紅朽。而臺灣歲運米八萬三千餘石，而米不耐久存。貽直請易米為穀，運費雖增，但是臺灣穀價較低，差價補運費有餘。且可陸續出清各倉舊穀，計六年可盡易新穀存倉。奏入，著為例。班兵舊戍臺灣，換班歸押送，過番社，輒橫索供項，臺灣鎮以非所轄，噤弗問。貽直改歸鎮標押送，弊遂絕。八年（1730），移督兩江。卒，諡文靖。公由甲第迄大拜，在外督、撫八行省，內周歷六官，首尾居相位垂二十載，名注朝籍總六十有四年。《臺灣歷史人物小傳——明清暨日據時期》（國家圖書館）民國 92 年 12 月，頁 72。

　　臺、鳳、諸、彰四縣屬各汛，沿途尚有飯店，往來兵丁得以買食住宿，惟淡廳所屬自半線以上，並無民莊飯店，悉皆住宿番社，每有不法兵丁，不恤番情，到社換車，額外多索，恣取酒食，不給飯錢。

　　雖名通事之供應，寔出番黎之膏脂。種種騷擾，苦累難堪。〔註67〕

福建分巡臺灣道張嗣昌〔註68〕所言狀況，與史貽直所言恣行差役原住民及村社的狀況依然沒有改變。上官有命，弁員根本沒執行作為，徒空有命令，弁員陽奉陰違，故張嗣昌再行申飭〔註69〕不准騷擾原住民。但官弁方面也有話說，兵丁難以支應公事差費，因此福建臺灣鎮總兵蘇明良〔註70〕：「建議以『生息銀兩』用餘剩之多寡，計其往返之程，賞給遊巡目兵，以為雇募車輛之費。」〔註71〕然而無差費焉可就隨意差累原住民及村社。況且有無差費並非騷擾差

〔註67〕福建分巡臺灣道張嗣昌：〈班兵騷擾〉，《明清台灣檔案彙編》第十五冊，頁413。

〔註68〕張嗣昌：山西浮山人，貢生。歷任廈門同知（《廈門志》／卷十四 列女傳／列女傳（一）／國朝／陳氏，（臺灣文獻叢刊／九五），頁581。）興化府知府（《雍正硃批奏摺選輯》／選輯（二）〈福建巡撫趙國麟奏各司道府州賢否摺〉頁202）、漳州府知府，署福建總督郝玉麟奏薦（《臺案彙錄乙集》／卷二〈署福建總督郝玉麟奏摺〉，頁61），雍正十年任台灣道（雍正十年十一月十八日到任）。時值北番初靖，親赴諸、彰一帶招徠賑恤，規畫區處，民番得以安業。（《重修福建臺灣府志》卷十三 職官／巡分臺灣道，頁353）。在臺添建道臺官廳，注重台灣民番教育，並加義教養番民，雍正十二年，詳請奉文設立。各置社師一人，以教番童；訓導按季考察。（《重修福建臺灣府》志／卷十一 學校／（附）土番社學，頁333）對台灣理番政策與弊病多所謀劃與禁絕。又請加臺灣解額。十三年任滿，補四川鹽驛道。乾隆四年，陞福建按察使司；乾隆六年陞布政使司，乾隆七年參贊編修《重修福建臺灣府志》，著有《巡臺錄》一卷。

〔註69〕「不得於常例撥車之外，多索車輛，亦不得索取酒食，恣行騷擾。到社買食住宿，亦必須給飯錢。如敢不遵，仍前需索擾累，一經訪聞，或被告發，定行查拿，重究不貸。」福建分巡臺灣道張嗣昌：〈班兵騷擾〉，《明清台灣檔案彙編》第十五冊，頁413。

〔註70〕蘇明良，福建海澄人。出身行伍，洊升至漳浦營都司，廣東碣石鎮總兵。康熙六十年（1721）從提督征臺灣，平朱一貴之亂。雍正十一年（1733）至十三年四月任臺灣總兵。以功累遷至陸路提督，卒於官。《臺灣歷史人物小傳——明清暨日據時期》（國家圖書館）民國92年12月，頁814。

〔註71〕「惟是目兵出巡，遍歷村社，往返十有餘日，若借宿村社，難免騷擾番民，必須隨帶鑼鍋、帳房等物，不無攜帶為艱。所有番民應差車輛，又經臣會同文員盡革，不許苦累番民，如有公事差遣，務必按照里數給價，而遊巡目兵勢必自行捐雇車運。海外窮卒，月支糧餉，內有室家之養，外有衣食之需，若責令捐雇車輛，實難支應。」福建臺灣鎮總兵蘇明良：〈為撥生息銀兩以資兵丁催車等事〉（雍正十一年七月十五日上奏），《明清台灣檔案彙編》第十五

役原住民之絕對因素：

> 凡換班兵丁，從前概係派撥番車運載，續因番累難堪，業於雍正六
> 年間，爲嚴禁班兵勒用番車等事案內，奉前督憲高飭禁，班兵只許
> 出錢雇用車輛運載行李，不許勒派需索酒食在案。迨後法久廢弛，
> 陽奉陰違，徒有給價之名，究無發錢之寔，仍就擾累不已。又於雍
> 正九年間，濫役難當，番苦已極等事。……復於十一年汰革車役以
> 甦苦累事案內，〔註72〕

就算命令兵弁給價運輸，也是陽奉陰違，不尊命令，也沒實際給價，仍舊是
擾累原住民村社不止。故於雍正十一年，張嗣昌直接汰革車役，禁絕弁兵侵
擾之根由。然而從中原住民村社通事又加以侵短勞役付出的金額，爲避免這
種事情發生，張嗣昌諭令：

> 每車十里給錢五十文，民夫每名十里給錢三十文。俱係按里現給，
> 並不分撥鄉保通事，以致侵短，累及百姓番黎。……爲此，牌仰該
> 廳縣官吏，依照事理，即便傳諭遵照，乃將發來告事先行張掛曉諭，
> 敢有藉稱送迎夫馬供應名色，派累里民番社；一經察出，官則詳揭
> 請參，役則立拿處死，斷不姑貸。毋爲。」〔註73〕

班兵之運輸勞累原住民村社經年，是因錢項不足呼？或因執法不確呼？每每
勸諭，優遇兵丁，猶擾累原住民，此不嚴兵丁管制之過。苟擾原住民又何只
此！雖御史有題議，然不確實執行嚴法以對嬌兵，無法根除弊病。幾十年來，
官弁巡行換班，必自理，餐旅費用、僱人車載運必須付出腳價、車資，錢從
何出？可以說明空言命令不准騷擾原住民，卻無規劃合理的執行制度配合，
因此數十年來依然原地踏步。最終於雍正十一年革除車役，直接杜絕不法，
以除勞役番民之累，杜絕通事苛撥給番民之勞費，不再由通事中轉，直接給
價，以杜侵吞。

二、改易風俗教化番民之議

康熙統一之後，對於原住民的教化問題並無政策與目標，而且並不加意
教養，只順其不識不知，終康熙之世，根本對臺灣原住民無教化的政策，自

　　　冊，頁 290。
〔註72〕福建分巡臺灣道張嗣昌：〈酌籌班兵〉，《明清台灣檔案彙編》第十六冊，頁 215。
〔註73〕福建分巡臺灣道張嗣昌：〈行知綏輯〉，《明清台灣檔案彙編》第十五冊，頁 72。

康熙二十五年上任諸羅縣令樊維屏〔註 74〕，府志記其在諸羅縣新港社、目加溜灣社、蕭壠社、麻豆社四社設教番童〔註 75〕，康熙三十四年八月任知臺灣府靳治揚〔註 76〕，「撫輯土番，加意教化；番童未知禮義，治揚立社學，延師教之。」〔註 77〕但明顯的眞對於府治附近的熟番大社。至康熙五十四年知縣周鍾瑄建又在諸羅山社、打貓社、哆囉嘓社、大武壠社〔註 78〕，設立社學以教育原住民。對於治理臺灣原住民的問題，陳璸曾建議：

> 立社學以教番童。語曰：人不知學，牛馬襟裾。番雖異種，亦人類耳。
> 豈可不令識字，以同牛馬乎！請每社各立一學官，爲捐項置書籍、延
> 社師，以爲之教。使番童自八歲以上，胥就小學，習讀孝經、小學、
> 論語等書。教之既久，果有能講貫通曉，文藝粗可觀者，該地方官破
> 格獎進，以示鼓勵。稽古來名賢，出番族者往往不乏。今爲之長養成
> 就，將不擇地而生才，尤足以昭同文之化於無外也。〔註 79〕

陳璸認爲每社普設社學，並建議八歲以上原住民兒童入學就讀中國傳統經典，重點在於原漢平等同文以化、鼓勵學優的進步觀念。但此議在康熙年間並未被落實執行，終康熙之世，原住民之教化工作並未被官方所重視。

　　進入雍正之朝，這些被文化人美化的無懷葛天之民，語言風俗殊異、無欲無求的天朝赤子，官方還是任其不識不知，未能先化民成俗，反而苛剝勞役不時，民人又侵墾越界其土地，壓迫其生活空間，抽藤吊鹿，佔奪其資源，以致熟番造亂事件層出，生番人殺傷人命不窮，官方勞師動眾，以武力威壓以平息（請參前節熟番造亂與生番殺人），原住民教化工作復被重視。臺灣道張嗣昌剖析認爲：

〔註 74〕 樊維屏：山西蒲州人，歲貢。二十五年任，在任其間於新港社、目加溜灣社、蕭籠社、麻豆社設教番童二十七年以劾去，詳由不明。《臺灣府志》卷二（規制志／社學），頁 33；卷三〈秩官志／縣令 縣屬／諸羅縣知縣〉，頁 62。
〔註 75〕 蔣毓英等：《臺灣府志三種》（高志），（北京：中華書局）1985，頁 467。
〔註 76〕 靳治揚，字毛南，遼東人，隸漢軍鑲黃旗。廩生。康熙三十四年（1695）知臺灣府。抵任，蕩滌草竊，安撫土番；捐貲以修文廟；詳免地震傾陷田課。尤雅意作人，番童有未知禮義者，立社學，延師教之，民稱其德。在臺期間，嘗參與高拱乾《重修臺灣府志》之纂輯，列名於「校訂」中。四十一年陞廣東肇高廉羅道。《臺灣歷史人物小傳——明清暨日據時期》（國家圖書館）民國 92 年 12 月頁 650。
〔註 77〕 《清一統志臺灣府》名宦（本朝），頁 34。
〔註 78〕 周鍾瑄《諸羅縣志》／卷五〈學校志／社學〉，頁 79。
〔註 79〕 陳璸：〈條陳經理海疆北路事宜〉，《陳清端公文選》，頁 16。

照得臺疆南北兩路多係土番族聚而居，自入版圖以來均屬朝廷赤
子，……雖曰賦稟有殊，實由漸被未久之故。……無不傾心歸向，納
餉當差。但其頑劣之未馴，悉因習俗之未變。紋身繡面，豈類衣冠，
被髮圈耳，成何面目，本道欲移氣質，先整規模。合行通飭。為此，
牌養該甫廳縣官吏，照依事理，即便傳諭凜尊，將圈耳、紋身、繡面、
被髮之舊習，盡行禁絕，教以衣帽之儀，其各社土官尤必先穿戴，以
為一社表率，其餘男女不許裹布赤身。至於番婦尤當示以廉恥，南娶
女嫁務聽父母之命，更憑媒妁之言，毋許野合，至垂風化。……將來
再立社師教化番童，俾其讀書識字，風俗丕變，一道同風。〔註80〕

勸番歌

論爾番黎，沐化已久，如何陋習，至今尚有。

繡身紋面，裸體露醜，環耳披髮，又加酗酒。

種種頑風，斷不宜狃，開墾田園，子弟耕耦。

何必捕鹿，矢弓棄手，著衫穿褲，不類禽獸。

孝順父母，分別長幼，要識廉恥，男女勿苟。

再毋妄為，自取其咎，三尺具在，法所不宥。

張嗣昌想藉由更改原住民陋習著手，以政令強制手段，命令土官先行為表率，
改變外在風俗為先，然後官方接著立社師，這與陳璸條議立社學以教番童的
建議一致。並作〈勸番歌〉傳唱，以廣佈教化觀念。故雍正十二年起立社師
以教番童，當時針對改易番俗的問題與當時總督討論其有言曰：

第二條，教番禮義廉恥。……復飭廳縣，嚴請社師教化番蒙，讀書
識字，遵漢人之制，行漢人之禮，當經于上年三月摺稟在案。復奉
憲題，設立社師，檄飭力行講明聖諭廣訓。現在淡防廳所屬各社立
社學五處，肄業番童四十一名；彰化縣設立社學六處，肄業番童三
十六名；其餘各縣亦在料理奉行。今奉憲諭，又轉行實心實力，次
第引導，漸可移風易俗。〔註81〕

張嗣昌不是空說而已，且落實去執行。又將番社社師教育興辦交給各縣，飭
令「訓導與教諭共同辦理外，將所屬縣番社社師聽其約束查察，不許怠惰虛

〔註80〕福建分巡臺灣道張嗣昌：〈移風易俗〉，《明清台灣檔案彙編》第十五冊，頁201
　　　　～202。

〔註81〕福建分巡臺灣道張嗣昌：〈摺覆海疆〉，《明清台灣檔案彙編》第十六冊，頁222。

應故事。」張嗣昌將番社設教與漢民之教育合而爲一並且親歷視察教化番民的鳳山八社辦理情形：

> 過溪以東從放索、上淡水、下淡水、阿猴、武洛、力力、茄藤、搭樓等處，周行八社，見其社寮完固，社穀盈倉。沿途迎接之老幼番眾及社師帶領之番童，據各冠服衣履。……其各社番童，逐處面考，或能背誦上諭一、二條，或能朗讀四書、毛詩、朱註，一章一節，令其當面寫字亦能成行端楷。……其於拜跪俱如民人禮儀，且有能習正音者。〔註82〕

爲鼓勵原住民學童進學，並免除學童隨眾當差〔註83〕，以示優養。其推展番社移風易俗，設立社師，加意教養原住民，臺屬一廳四縣造到管轄社番共計番童三百名。〔註84〕據府志所記載如表 5.7 台灣府屬土番社學表：

表 5.7：台灣府屬土番社學表

	所在村舍名稱				
臺灣縣土番社學	新港社口	新港社內	隙仔口	卓猴社	大傑巔社
鳳山縣土番社學	力力社	茄藤社	放索社	阿猴社	上淡水社
	下淡水社	搭樓社	武洛社		
諸羅縣土番社學	打貓後莊	斗六門莊	目加溜灣	蕭壠社	麻豆社
	諸羅山社	打貓社	哆囉嘓社	大武壠二社	大武壠頭社
	他里霧社				
彰化縣土番社學	半線社	馬芝遴社	東螺社	西螺社	貓兒干社
	大肚社	大突社	二林社	眉裏社	大武郡社
	南社	阿束社	感恩社	南北投社	柴坑仔社
	岸裏社	貓羅社			

〔註82〕福建分巡臺灣道張嗣昌：〈報明巡行〉，《明清台灣檔案彙編》第十六冊，頁 140。

〔註83〕竊照各社番黎向皆雕題鑿齒，不知衣冠文物之盛。爾來聲教遠被，漸知躡履穿衣，且眾番之中秀頑不一，上憲其於文治覃敷，行設社師，督以讀書識字。鼓舞作興之下，據報番童就塾各有其人。……但查各童中如年頗成長，乃即與番眾一例，當差督課之餘，復行扛抬負荷，其何以示鼓舞？業經行府轉諭各社通事土官，將讀書番童免其隨眾當差，乃傳諭番童，即受格外優養，更當加意受教，毋致荒怠，有負皇仁憲德作養。福建分巡臺灣道張嗣昌：〈優養番童〉，《明清台灣檔案彙編》第十六冊，頁 214。

〔註84〕福建分巡臺灣道張嗣昌：〈詳報番童〉，《明清台灣檔案彙編》第十六冊，頁 230。

淡水廳土番社學	淡水社	南崁社	竹塹社	後壟社	蓬山社
	大甲東社				

資料來源：劉良璧：《重修福建臺灣府志》〈學校（土番社學）〉，頁333-4。

　　雍正十二年，巡道張嗣昌詳請奉文設立。各置社師一人，以教育原住民；訓導按季考察。所立社學共有47處計台灣縣5處、鳳山縣8處、諸羅縣11處、彰化縣17處、淡水廳6處幾乎西部平原的納餉原住民村社（除遷善社）與鳳山八社、甚至歸化之岸裏社原住民，均設立社學，教養番童，落實改易風俗教化原住民之議。

二、議除餉稅之議

　　　　竊臣查臺灣孤懸海嶼，昔年地係荒埔草萊，土番不知稼穡，就地捕
　　　　鹿，而偽鄭按社地寬窄，派銀之多寡，名曰社餉自入我朝版圖，內
　　　　地人民漸次來臺，向土番租地耕種，年貼社餉，給番輸官，其所墾
　　　　田地未報陞科。雍正五年欽奉上諭：「凡各省未報陞田園，著令自行
　　　　首報，統於雍正七年起科，悉免從前欺隱之罪。」海外各官明白曉
　　　　示，而眾士民亦即陸續首報，合計台灣四縣共報陞田園一萬七千一
　　　　百七十甲零；所有徵課則例，現在督臣、撫臣會疏核題請旨。而社
　　　　餉相因日久，未敢議除，但土番既租地於民而社餉猶存，民已輸課
　　　　於官而貼餉仍舊，民番同此一地徵納，似屬重科。〔註85〕

　　臺灣道劉藩長〔註86〕理解有誤，「社餉」非社地寬窄，派銀之多寡。對原住民村社所徵之餉，並非出於田園之賦，原住民村社所有之地權僅是租佃漢民開墾，漢民繳租原住民村社，自然原住民納餉可也。然原住民之可憐，在於土地之被墾，並非約定，官方議開荒埔招墾，從未明定給價原住民村社，

〔註85〕劉藩長：山西洪洞人，貢生。曾任光祿寺卿。（《清耆獻類徵選編》卷八／趙
　　　　國麟，頁756。）雍正六年，時任福建鹽驛道，雍正七年任調補臺灣道（《雍
　　　　正硃批奏摺選輯》（一）／九四〈福建臺灣道孫國璽聖恩高厚難名摺〉，頁98）。
　　　　雍正八，高山任巡視臺灣御史，曾因軍工匠首詹福生為採辦軍工船料而侵入
　　　　傀儡番界，造成漢番衝突，與希德慎共同指參臺灣道劉藩長失職。（《臺灣歷
　　　　史人物小傳——明清暨日據時期》，頁395～396）九年，丁憂離職；十年秋七
　　　　月二十三日（甲申）福建按察使李玉鋐患病解任，陞原任福建臺灣道劉藩長
　　　　為福建按察使司按察使。（《清世宗實錄選輯》／雍正九年，頁36）。
〔註86〕福建臺灣道劉藩長：〈為額賦有重仰叩皇仁等事〉（雍正八年三月八日上奏），
　　　　《明清台灣檔案彙編》第十三冊，頁286。

移民私墾，更無庸對原住民村社付租，康熙統治以來又未清仗土地，土地自始權利未明。民人報墾陞科，劃定四至建立圖冊，按田徵賦，既無源頭繳租，焉有再貼餉與原住民村社之理。或許其中有與番社議佃社土以耕者，又將其土報墾陞科，地僅租而非其有，又將土地報墾官府陞科，居心更屬不良，顯有侵佔之嫌，此等重科之論，實似是而非，並非實際之情況。只是官員持此論，反而突顯出原住民村社土地問題與餉稅問題政府應該加以正視並予以處裡。這是對於原住民土地政管理的進步，把問題癥結找出來。劉藩長並建議：

> 若令任土作貢，清查番地未墾，仍令番輸社餉，如地租照民而已陞科者，民免其貼餉，即將番餉扣除豁免。且近來土番亦漸習耕種，果能開墾，俱照民人一例報陞，社餉概行豁除，將見窮島僻壤無不耕之土，亦無不賦之地，輸將孔易，番民均霑樂利之休矣。〔註87〕

此具體建議將原住民村社土地清查區分成未墾與租民報墾者，並建議原住民若能報墾陞科從事農業，社餉就可豁除，不失為漸進管理原住民賦稅、土地的具體方法與建議。但是中央並未具體回應，復因雍正九年底至十年，發生大甲西社與大肚社事件，事件結束之後，原住民的土地開墾與社餉問題又再被提出檢討：

> 惟是臺地自入版圖歷經五十餘載，生民滋聚繁多，荒蕪開墾將盡，其臺灣、鳳山二邑，番地久已承瞨漢人耕種，並無鹿場堪墾，亦無鹿場名色。至鳳邑界外沿山一帶，雖有可墾荒地約計四、五萬畝，但附近傀儡生番往往戕殺民人，是以前奉憲檄，飭令營縣會勘定議，豎石立界，復行栽種莿桐竹木為界，不許漢人透越私墾在案。獨有彰化縣、淡防廳所屬地方乃係新闢，民人初集，其中空曠荒地頗多，而諸羅次之。此三處地方荒埔約計開墾共有五萬畝餘，然皆係社番之地，非鹿場即係牛埔。若進行招墾，誠如憲論，無以服番人之心也。且番情不願，勢必滋生釁端。〔註88〕。

張嗣昌認為，如果招民開墾這些原住民村社產業，地屬原住民村社無法讓原住民信服。因此，同樣提出除社餉之建議，並分析漢佃民隱蔽田園之因：

> 滋欲開墾其荒地，以增國賦，須當亟除其社餉，以服番心。漢人瞨

〔註87〕福建臺灣道劉藩長：〈為額賦有重仰叩皇仁等事〉（雍正八年三月八日上奏），《明清台灣檔案彙編》第十三冊，頁286。

〔註88〕福建分巡臺灣道張嗣昌：〈飭查地利〉，《明清台灣檔案彙編》第十五冊，頁75。

> 墾荒地，原係貼納鹿餉，縱有首報陞科，亦止十報二、三何也。以
> 其年既貼納鹿餉，又行輸納正供，是一牛兩皮，不得不隱匿，以長
> 補短也。

這說明了前時報陞的土地中有只有少部份的隱田被報陞，尚有大部分的隱田存在著，歸咎的原因仍推向一牛兩皮，重複課稅的問題上。即部份報陞，隱蔽的田園用以貼納社餉，這樣的說法同樣構成不了所謂一牛兩皮的論調解釋，產生不了重複課稅的問題，還有，隱田數量龐大，隱田報陞之數量大致以園下則起科四縣所報陞之田園數量（17170 甲）換算（每下則園徵粟二石四斗）共收 41208 石粟折米 20604 石，若以官價每石八錢計算得銀 16484 兩。縱然臺灣原住民社餉一年共計 8 千兩，報陞土地田賦都足供二年全臺番社之社餉，隱匿何來有截長補短因，二者間的利益差距太大。隱匿最大原因就是逃避稅賦的負擔，獲得龐大的私墾利益才是。

> 今無論番民，或田或園，並已經賣贌，未經賣贌，一蓋去其鹿皮餉
> 名色，請照例陞科，則漢人無重納之鹿餉，番人有徵粟之科。……
> 至漢人以後欲贌賣番人之業，並從前承贌開墾番地，既無貼納鹿餉，
> 應聽其向番願意贌賣，憑官立界，稅記為業，乃行出示曉諭，以甲
> 化畝准照同安則例輸納，則群樂首報陞科。〔註89〕

張嗣昌建議的辦法中，和以前最大不同在於無條件的將「贌社」之社餉去除，此條若真除，在經濟地位上原漢地位也就趨於一致。且在土地買賣的問題上，原住民則有主導的權利，以往報墾陞科之土地，歸民所有，廢除社餉，民人不能再有重課之託詞，因此，從前承贌開墾原住民土地，既無貼納鹿餉，應聽其向番願意贌賣。此若成立，侵墾未報陞之土地，必須與原住民村社議買，才能歸民人所有。保障並視土地之權為臺灣原住民的。

　　雍正十年番亂過後，清政府加意臺灣原住民土地開發的問題，時任福建總督郝玉麟上奏即認為：

> 今查臺灣依山限海，勢不能擴充疆界，惟有拋荒田地甚多，番民蓄
> 草打鹿荒地亦廣，招墾一事實為有益，除已剿滅之大甲西、牛罵、
> 沙鹿三社，成熟及未墾之田約有三萬畝，……至於番民蓄草打鹿之
> 地，雖有鹿餉之名，原屬羈縻之意，內應稍為變通者，亦容臣等斟

〔註89〕福建分巡臺灣道張嗣昌：〈飭查地利〉，《明清台灣檔案彙編》第十五冊，頁 75
　　～76。

酌妥協，一併請旨遵行。〔註90〕

其與當時福建分巡臺灣道張嗣昌，針對臺灣原住民土地開墾問題進行細部討論，此議針對原住民村社土地買賣、開墾、墾熟之地買賣、開墾後之賦徵、社餉、通事、番民自墾之稅賦、兵弁投宿等問題。張嗣昌逐條回覆，其要如下：

第一條、開墾荒地，每甲荒埔，承買之人給銀五錢，官即給照為業。

第二條、開墾番地，分社之大小，丁之多寡，每口給地一甲，將臨
山歸番，近海歸民。

第三條、已墾熟地於五錢之外，量增價值。

第四條、開墾之後禁植竹果，令其照園納租。〔註91〕

第一條針對荒埔買賣，定價每甲五錢，張嗣昌反對官方定價過於低廉，會因此產生強買原住民產業的問題發生，但其本身並不反對原住民土地荒埔買賣，但認為聽原漢人民自行議價格，兩相甘願，官方不必涉入，官方只要印契給照稅有依據即可。第二條，計口受田，與臨山歸番，近海歸民之議，張嗣昌也認為不可行，原住民人口增長，若無土地再給，原住民生活必窮困。而原住民村社遍處，最主要在當官稅契，立石為界，不許侵佔，均無庸定臨山近海之分，同為清廷子民根本不用此分原漢。第三條，已墾熟地於五錢之外，量增價值。同第一條之論，主張還是原漢人民間自行依時價處理，官方依契發照，杜絕「杜業戶藉贌耕名色，致滋墾佔之弊。」就可以。第四條，開墾之後禁植竹果，令其照園納租，張嗣昌更認為官方沒有干涉的必要。張嗣昌認為處理原住民土地開墾的問題，原漢之間買賣租贌，官方不必干涉，官方只要在雙方議定後印契給照，立石為界，不許隱藏侵佔。張嗣昌所立觀點均在原漢平等一體視同之上，議論客觀，而認為官方立場必需持中不可偏倚。而且建立原住民村社地權，強調原住民墾地、漢民買原住民的荒埔田地等，均須立界、標明四至，官方印契給照，建立地權歸屬。統一以來臺灣土地並未實施清丈，這樣以便改正過去模糊不清之土地所有權的問題。

第五條、社餉應除，鏢箭當追。

第六條、土番墾園請照民間下則田園之例，減半納銀。

〔註90〕福建總督郝玉麟：〈為請准遷徙臺灣民人搬遷眷屬過臺事〉（雍正十一年二月
二十日上奏），《明清台灣檔案彙編》第十五冊，頁177。

〔註91〕福建分巡臺灣道張嗣昌：〈飭行會議〉，《明清台灣檔案彙編》第十五冊，頁419
～421。

　　　第七條、社餉既免，革去通事，舉充社長。〔註92〕

第五至七條建議強調社餉應當蠲除，所持之論免除漢民贌耕原住民土地兩稅之苦，因原住民之土地開墾陞科，考量原住民耕作技術，依照三則之例減半徵賦，以及社餉革除之後，通事一職亦一並革去，另設社長經理，為避免社長刻剝番民，建議：「許該番赴縣具稟究革，另舉誠寔之人頂充。但欲責其廉潔奉公，尤當有以資其辛勞，應於每社議撥墾地二甲，給與耕種，照番田折半科徵，庶衣食既周，自不致有刻削社番之弊。」〔註93〕也就是訂定社長之辛勞費用，供養既足，以免除刻剝原住民之弊發生。三議之中對於原住民社餉的廢除，牽涉的問題甚為廣泛，涉及國家稅賦、原漢土地買賣交易、隱田問題，通事問題甚至於官員占墾等多重因素在內，故終雍正之世，並沒有真正落實廢除社餉，這可見於各方志賦役志中雜稅之條中。社餉廢除之議實際上是議而未行。

四、贌社制度的終結的落實——社餉廢除

　　　乾隆元年，檢討臺地「勻丁於地」的問題，臺地丁稅相較於內地過重的問題浮上檯面：

　　　　自康熙五十二年，欽奉聖祖仁皇帝恩詔，嗣後徵收錢糧，但據康熙
　　　　五十年丁冊，定為常額，續生人丁，永不加賦。各省每多勻丁於地，
　　　　也就是丁賦與田賦合而為一，在田多丁少之處，糧戶所徵無幾，往
　　　　往樂從；在丁多田少之處，光丁之累雖除，業戶苦其加賦，初行之
　　　　時未能相安。閩省自雍正二年，勻丁於地，獨臺灣一屬尚未勻入地
　　　　畝……雍正十二年，前署督臣阿爾賽，據台民羅玫等呈請，將丁銀
　　　　勻入地畝，批行查議，轉行臺屬府、縣確查。臣等查臺屬丁銀，每
　　　　丁額編四錢七分六厘，為則頗重，如臺灣一縣地糧一萬九千兩零，
　　　　而丁銀五千四百兩零，按銀云攤，每則應加銀二錢八分有零；若勻
　　　　丁於地臺屬番民雜處，蠢然無知，不辦丁銀勻入，驟疑加賦，恐至
　　　　滋事。〔註94〕

〔註92〕福建分巡臺灣道張嗣昌：〈飭行會議〉，《明清台灣檔案彙編》第十五冊，頁419
　　　　～421。
〔註93〕福建分巡臺灣道張嗣昌：〈飭行會議〉，《明清台灣檔案彙編》第十五冊，頁419
　　　　～421。
〔註94〕閩浙總督郝玉麟：〈為臺地不宜攤丁仰懇天恩酌中減則以安民番事〉（乾隆元

若匀丁於田畝之中，又將增加田賦的稅賦（一牛二皮問題未解），且原住民土地並丁口問題，隱田均未處裡詳明，且臺灣之丁稅較之內地又更高，種種問題加總，使臺地不適「匀丁於田畝」之中，但臺灣丁口稅過重的問題，郝玉麟〔註95〕呈皇帝：

> 但查內地丁銀，或每丁徵銀一錢至二錢、三錢不等，問有重者，因已匀入地糧之內，民亦相安；獨臺屬限在案丁徵銀四錢七分六厘，加以火耗，則以五錢有零，在赤角光丁歲無所入而令照額完銀，爲免結据。可否仰懇天恩，准照內地丁銀，酌減中則，每丁徵銀二錢，計臺灣四縣丁銀共八千九百兩零，計減銀五千有零。〔註96〕

郝玉麟的建議，乾隆皇帝如其所請，並且直接諭令：

> 乾隆元年八月八日，內閣奉上諭：『朕愛養元元，凡內地百姓與海外番民，皆一視同仁，輕徭薄賦，使之各得其所。聞福建臺灣丁銀一項，每丁徵銀四錢七分，再加火耗則至五錢有零矣，但查內地每丁徵銀一錢至二錢、三錢不等，而臺灣加倍有餘，民間未免竭蹶。著將臺灣四縣丁銀悉照內地之例，著中減則，每丁徵銀二錢以紓民力。從乾隆元年爲始，永著爲例，該督撫可速行曉諭，寔力奉行。若因地隔海洋，官吏等有多索濫徵等弊，著該督撫不時訪察，嚴參治罪。』欽此。〔註97〕

年七月十三日上奏），《明清台灣檔案彙編》第十七冊，頁 43。

〔註95〕閩浙總督郝玉麟（？～1745）鑲白旗漢軍人，由驍騎校於康熙三十四年（1695）授千總，雍正元年（1723）授雲南提督，六年廣東提督。雍正十年總督福建，值彰化大甲西社擾亂，遣兵剿平之。十二年兼領浙江，改閩浙總督。十一年八月奏請臺灣北路營爲協，改參將爲副將，增都司一、守備一、千總四、把總八。南路改山豬毛口守備爲下淡水營都司，增千總一、把總二，兵五百。番亂事件中，牛罵等三社田畝，奉旨仍歸番民。玉麟覆言：漢人耕番田，係番黎契賣，而流寓數十萬人，耕番地二十餘萬畝，若令歸還，則原價難追，漢人無地可耕，而番人無力可耕，彼此不願。請將現有耕地，查明四至，註詳冊存案，以後禁買。部議從之。乾隆四年（1739）擢吏部尚書，十一月命署兩廣總督，五年補刑部右侍郎，六年二月因病乞休，九月爲閩撫參奏，玉麟革職，十年三月卒。《臺灣歷史人物小傳——明清暨日據時期》（國家圖書館）民國 92 年 12 月，頁 390～391。

〔註96〕閩浙總督郝玉麟：〈爲臺地不宜攤丁仰懇天恩酌中減則以安民番事〉（乾隆元年七月十三日上奏），《明清台灣檔案彙編》第十七冊，頁 44。

〔註97〕福建巡撫盧焯：〈爲代臺灣閩郡丁戶恭謝天恩照內地例酌減臺鳳諸彰四縣丁銀事〉（乾隆元年十二月十二四日上奏），《明清台灣檔案彙》編第十七冊，頁 47。

　　漢民與原住民皆採統一之每丁二錢，皇上親下諭旨，「社餉」廢除已成定局，乾隆二年，奉文以二年為始，額徵社餉改悉民丁之例，社餉至此走入歷史。然其改正之措施必然配合執行。乾隆三元年，總督郝玉麟奏准：

> 熟番與漢民所耕地界，飭令查明，有契可憑，輸糧已久者，各照契內所開四至畝數，立界管業。其漢民原瞍界內，有未墾、未陞田園，應令開墾報陞，仍將原瞍買之契，示諭各業戶，呈縣驗明蓋印。該縣設立印簿，照契內買賣本人及中保姓名、畝數、價銀、輸糧額數、土名、四至，逐一填明簿內。有未墾未陞若干一并聲明，毋許弊漏；……將來倘有轉售，劃一呈驗登填。庶田地有冊可考，不致侵佔番業。倘有契外越墾並土棍強佔者，令地方官查出，全數歸番，分晰呈報。嗣後不許民人侵入番界瞍買番業，令地方官督同土官劃界立石，刊明界限土名，仍將各處立過界址土名，造冊繪圖申送，以垂永遠。〔註98〕

雍正末期針對原住民土地諸問題詳議的結果辦法，至此完全上奏皇帝核准實施，為保護原住民生活之土地不再被侵墾佔奪，更進一步「不許民人侵入番界瞍買番業」保其生活。清政府落實了理番三議討論的原住民政策，而剩餘的則是基礎官弁執行的問題。

　　「社餉」制度的終結，只不過證明了原住民長期以來被壓抑的權益被中央所注意到，清治原住民在經歷制度的過程中，是處在一種被官、商、民長期壓迫的狀態。這不同於荷蘭時期純粹的商業經營的背景，也不似明鄭統治者懷抱回歸中土，在有限人力下屯田開闢以供軍需的時代，清治瞍社制度下，臺灣在政治外力威脅解除的狀態，康、雍官方實際上是透過社商與通事來管理原住民諸事務，並透過其手獲取豐厚之不法利益，臺灣土地荒曠，更為移民者來此拓殖的天堂，大量的移民者不論是給照來臺或者偷渡移民，人數不斷增長，農業墾拓由南而北整個西部地區早已佈滿農業移民的足跡，土地的開墾、隱田的問題正表示著原住民地權的流失，這相對的造成原住民原本射獵的生活遭受到嚴重的威脅。在「社餉」制度下原住民盡了了應納餉稅的義務，但其權力並未被政府合理保護。理番三議的執行，確立了原漢平等的地位，也建立了對原住民勞動給價、教育、地權歸屬、稅賦方面應受到合理的保障的開端。

〔註98〕閩浙總督郝玉麟：〈禁止漢人侵入番界瞍買番業〉，《明清台灣檔案彙編》第十七冊，頁229。

圖 5.1：社師圖

文字說明：社師鳳邑下淡水、赤山、加籐等社，設社師教讀番童，其臺、諸二邑亦設社師。

資料出處：中央研究院歷史語言研究所文物圖像研究室資料庫（珍藏《番社采風圖》圖象及解說）http:/saturn.ihp.sinica.edu.tw/~wenwu/taiwan/index.htm

註：南北諸社熟番，於雍正十二年始立社師，擇漢人之通文理者給以館穀，教諸番童。巡使按年巡歷南北路，宣社師及各童至，背誦經書。其後歲科，與童子試，亦知文理，

有背誦詩、易經無訛者，作字亦有楷法。番童皆薙髮冠履，衣布帛如漢人。有番名而無漢姓。侍御張湄有詩云：『鵝筒慣寫紅夷字，馴舌能通先聖書。何物兒童真拔俗，琅琅音韻誦關雎』！六十七：《番社采風圖考》（台灣文獻叢刊第九〇種）頁2。

第六章　贌社制度下詩與原歌反映原住民社會

對於臺灣古典文學的原住民描述，在明鄭時期文學的發展（請參第三章第一節）我們可以知道明鄭時期文學中對於臺灣原住民的描述上大多零星片斷，談不上主題的發揚。進入清朝統治，有清一朝方志發達，臺灣方志藝文志中收錄時人的創作之作品，故其體類大致反映出時人文體創作之類別，《臺灣府志》藝文論云：

> 文章經國之大業、不朽之盛事，六經、子、史之外，凡施諸政事、見諸諷詠，足以垂世勵俗，皆所當尚。是以誌集藝文，其中王言如綍，崇文德而振武功，蔑以加矣；至若章疏、移會、銘傳、詩篇，有關世教，例得採取。然裴行儉有言：士先器識後文藝；文雖工非品不傳，猶視其人何如耳。〔註1〕

除經、史、子之外，諸文學創作之體式，有關世教者，皆爲採取收錄之對像，實受文學之載道觀的影響，因此應用文書亦爲文藝收錄之範圍。又云：

> 閩之臺郡，無殊粵之瓊州：而水秀山明過之。曩雖聖教未孚，與中州迴別：數年來式以宸翰、董以文衡、鼓以科目，家絃户誦，丘瓊山海忠介之烈，當不讓於將來也！名文佳章得之海外，坡公其明驗矣！〔註2〕

古典文學雖早於明鄭時期傳承進入臺灣之地，實至清治諸體文藝才進入初步

〔註 1〕高拱乾編：《臺灣府志。藝文志》（臺灣文獻叢刊第 65 種），頁 227。
〔註 2〕高拱乾編：〈藝文志／總論〉，《臺灣府志》（臺灣文獻叢刊第 65 種），頁 296。

發展階段，教育初萌，本地文人的創作與發展，就當時諸文收錄之情況還只能期望於將來。方志所以錄藝文諸體，一來文以載道，而文章的內容同時也記載了事蹟在其中，文人創作乃據時事所見，因事存文，因此，文章的內容便可作爲考據事物之參考資料。而對於詩、賦這類在藝文的收錄，《澎湖廳志。藝文總論》說的明白而貼切：

> 夫古人登高能賦，可爲大夫，豈惟是流連景光、模山範水云爾哉！
> 是以王粲「登樓」，雅抱經營之志；杜陵「秋興」，儘多感事之篇。
> 矧此地保障窮邊，中流鎖鑰，凡所爲計安全、謀久遠者，遺文具在，
> 有昧乎其言之。即或時未可乘，而言以有待。此則治道所關，有不
> 容泯者。〔註3〕

詩、賦亦與治道有關，詩人吟哦之間，吐露心中塊壘於作品之中，故孔子云：「詩可以興、可以觀、可以群、可以怨」的功能論之外，其間亦存乎社會現實在其中，樂府之「感於哀樂，緣事而發」，漢魏風骨而存感世興嘆，十九首盡征夫離婦之哀，盛唐陳訴西出「陽關」之愁詩，詩歌之流傳何嘗只有「流連景光、模山範水」，其中寄寓了更多文人創作所見之事實，中國詩歌發展如此，臺灣古典詩之作品亦如此。

原住民本身既無文字加以書寫自己的文化及社會，漢人的文藝表現成爲臺灣文學的主流形式。但是政治與文化人物大量的創作與臺灣原住民相關的作品，不論是與管理統治有關的政、令、詔、議，或對於奇異的風土習慣的詩、文描刻，再者漢原之間的互動書寫，民間書契的原漢記錄等等，故臺灣古典文學諸體之中均存在「原住民主題」的書寫，或專論或牽涉，細析貫串，必有可觀之見。諸體文體之中，文人之詩作頗爲可觀，詩人之爲詩，必有其外緣之因素，即成爲詩，此社會因素又成爲內在之思想，故能論其世，始能逆其意。然論其世，又必藉之諸文，以知其外緣，外緣之因不明，解其詩意就不能精到，故原漢社會互動情況必加以釐清，據以爲參考。

康熙統一之初，臺灣傳統詩壇即進入一種劃時代的改變。明鄭時期所帶來的那種遺民抒寫，懷鄉風格的詩文作品，驟然消失。這當然是由於政治因素所造成的結果。但明鄭時期初啓的臺灣書寫，在臺灣新納版圖後，新的統治臺灣官員，初來乍到，雖同於明末遺民文人來臺，反映到宦臺文人身上，所關注的重點也就轉移至他們所處環境及眼見的原住民的奇風異俗上。康、

〔註3〕林豪：〈藝文錄總論〉，《澎湖廳志》（臺灣文獻叢刊第164種），頁521。

雍時期宦臺之文人往往受限於任免期限以及任官之區域往往不能全面或更加的深入，但分別針對原住民主題的詩歌作品進行爬梳分析整理之後，我們不難發現，遊宦文人們都不免被臺灣原住民奇異風俗形象所吸引，並且創作不少相關性的詩篇，有描述原住民之形狀者、生活風習者、使用器物者、番社地理者、生番之風俗者，甚至對於「社餉」制度下原住民生活之境遇等。作品的內容上或統括、或分區、或直指，隨著區域的開拓原住民的風土習慣也逐漸的清析，而且全臺番社內部生活所面臨的情況，也趨於明朗，原漢交會、移民拓墾的情形，也在詩作中表現出來。

　　本章以清治以來康、雍二朝遊宦文人之古典詩歌中的原住民主題對於原住民風俗、文化、社會的描述進行分類說明。第一節，康熙初原住民主題詩的開展，對於統一之初期原住民主題詩歌的創作與發展進行分析。第二節，古典詩之原住民民生風俗反映，對於原住民生風俗的反映，除述異怪奇的形象，此類作品最多創風俗詩為文人們初來乍到的原風主題之風格所，也是原住民主題詩篇的最主要的內容。第三節，原住民主題詩歌的社會反映，除民生風俗外，以原住民社會對於經濟、勞役、番社環境、生番問題等為題材抒寫，此類作品反映臺灣原住民社會面像進行分析，探討原住民在「社餉」制度下，原住民社會的情況，並體現詩人們對於原住民社會問題的關懷。對於「原住民主題」此類古典詩作品的析論作為輔證原住民社會的有力材料證明。

第一節　康熙時期原住民主題詩的開展

　　在兵馬倥傯之後，初期臺灣的規制，正在進行建設與落實，對於臺灣原住民也處於觀察理解的階段。像沈光文以〈番婦〉一題建立了以原住民為主題的詩歌創作，這樣的專題詩事實上並不多見，即便是對臺灣管理政策非常專注的季麒光（首任諸羅縣令康熙二十三（1684）年任。）對其所治之區原住民表現不同的語言，原始的風俗習慣，也只「細譯番音誠異域，喜看野俗尚皇初。」〔註4〕這樣自我觀點表達，談不上什麼主題性。但對於原住民的特殊，即便初見即有「盤頭文項形容古，短袴長衫禮數寬。蠻語徐翻殊格格，番名細譯更難難。」〔註5〕對於原住民外在、服飾、語言的特殊抒寫。然「蠻

〔註 4〕季麒光：〈視事諸羅〉《蓉洲詩文稿選輯》，（香港人民出版社），頁35。
〔註 5〕季麒光：〈舟次土官謁見〉《蓉洲詩文稿選輯》，（香港人民出版社），頁34。

叟亦知長吏貴，簷帷初駐喜將迎。」詩句表示出番民效順的寫照。其〈番婦行〉〔註6〕云：

> 結草編頭兩緌開，短裙尺幅不須裁。也知閒摘黃花戴，跣足相攜踏地來。（一）
>
> 藤綰腰肢竹綰裳，向人笑語自嚷嚷。生來亦解行雲雨，何處巫山短竹床。（二）
>
> 亦有丰姿面面春，可憐裝束舊蠻身。自知顏色相看好，也向籬邊學避人。（三）
>
> 從來不慣巧粧梳，高髻垂鬟事事無。背卻嬰兒村口立，見人猶解供屠蘇。（四）
>
> 不知針線好裁縫，剪竹除茅是女工。到夜圍爐相對宿，朝來單褐向西風。（五）

其開啟系列描繪原住民形象，將其所見的原住民婦女形象入詩，為清治之初首見之作，也突顯出臺灣原住民婦女在其社會的特殊之處。從番婦之頭髮、衣服、髮飾、箍腰（女子亦箍腰）、日常習慣、從事農作事務，不解女工，服裝單薄等等。詩中反映原住民婦女日常生活諸形象的描寫。是對於原住民社會以女性為主的具體反射。而原住民眾多的奇異風習，此種集中反映的書寫形式，也為後續文人的原住民主題創作的一個特殊型態的開端。

以原住民主題的詩篇齊體物〔註7〕（康熙三十年（1691）任臺灣府海防捕盜同知。）其〈臺灣雜詠〉〔註8〕共有十首其內容乃提及所見臺灣風土民情及原住民生活形象，以描繪「原住民」主題之作就有八首。這些作品以描繪原住民的風俗及形象，每首呈現一種原住民的風習為主，例如：對原住民老人的觀察「疑是羲皇上古民，野花常見四時春。兒孫滿眼無年歲，頭白方知屬老人。」對於原住民樂音與婚俗的關係「燕婉相期奏口琴，宮商諧處結同心。

〔註6〕季麒光：〈番婦行〉《蓉洲詩文稿選輯》，（香港人民出版社），頁52～53。

〔註7〕齊體物（齊體物，遼東（奉天）正黃旗人，丙辰進士。康熙三十年任臺灣府海防總捕同知。稽查商船，津梁無阻；賈人便之。凡有讞決，多所平反。《臺灣府志》／卷三〈秩官志〉，頁56）參與編修《臺灣府志》，康熙三十四年仲秋，有序。府志並其中收錄〈臺灣八景〉、〈台灣雜詠〉、〈東郊迎春〉等諸作。（《臺灣府志》卷十〈藝文志／詩〉，頁248）。

〔註8〕齊體物：〈臺灣雜詠〉收錄於高拱乾：《台灣府志》〈藝文〉，臺北市：文建會，民93，頁498～9。

雖然不辨求鳳曲，也有泠泠太古音」，還有眞對釀酒、浴溪、食檳榔等等番民的風俗。而其中值得注意的是，除了熟番的風俗之外，齊體物的作品中也表達了對當時清廷而言屬化外的生番描述：

> 傀儡番居傀儡深，豈知堯舜在當今。含哺鼓腹松篁下，盛治無由格
> 野心。〔註9〕

傀儡番乃鳳山縣東側之生番，齊體物認爲生番不識不知，根本不知年歲，順其生長，根本無須改變他們的生活習慣，提出了他的看法。特別他還去理解對原住民取頭顱的因素：「要向眾中誇俠長，只論誰殺最多人。」表現出對原住民（傀儡番）社會風俗中，何以殺人取頭顱的問題做出「生番社會以爲雄長」端識頭顱多寡的解釋。齊體物的作品不僅表現出集中對臺灣原住民的風俗認識外，以原住民爲主題的詩篇並跨越進入對內山原住民（生番）書寫新的描述表現。

　　對於臺灣原住民風土描述的作品，主要多訴原住民的風俗習慣，其大致與中土風俗上有著顯著的差異。時人黃明學〔註10〕（廣東淳德人。）與高拱乾（康熙三十一年（1692）任分巡臺廈兵備道。）的作品被收錄在方志之中，高拱乾其詩：〈東寧十詠〉〔註11〕，也對臺灣原住民生活也有牽涉：其八

> 竹弧射鹿萬岡巔，罾網張魚百丈淵。幅布無裙供社餉，隻雞讓食抵
> 商錢。文身繞起瘢痕色，赤手誰將垢敝湔。爲語綰符銜使命，遠人
> 新附被堪憐。

此詩爲詩歌首先揭露原住民納餉並遭受剝削的作品。對於原住民以射獵維生的生活，獵鹿捕魚以繳納社餉，生活窘困，以其所觀察新附之原住民處境堪憐，不同於對原住民生活風習的描述，更轉入對於原住民社會因爲餉稅制度下，社商盤剝使其生活困頓情形。高拱乾以其爲臺灣最高行政長官的身分，暴露原住民社會所受到苦處，這使原住民主題詩歌又增加爲其寫述原住民的社會情況的寫眞。這些古典詩歌描述的原住民主題詩，主要眞對於原住民社會風俗習慣而作，在述其異奇之下，本身並未對這樣的風土習慣作鄙夷之詞。

〔註9〕齊體物：〈臺灣雜詠〉收錄於高拱乾：《台灣府志》〈藝文〉，臺北市：文建會，民93，頁498～9。

〔註10〕黃明學《台灣府志》（高志）作廣東淳德人，爲康熙時人，生卒不詳。其作品〈臺灣吟〉最早爲高志收入，亦爲後期方志中經常列舉。《臺灣府志》卷十〈藝文志／詩〉黃學明，頁283。

〔註11〕高拱乾：《台灣府志》卷十〈藝文〉，臺北市：文建會，民93，頁488。

以臺灣原住民為書寫主題，除了對原住民形象的表現外，不雜優劣評述。如黃學明的作品，〈臺灣吟〉〔註12〕，為後來的方志所經常提舉，其云：

> 山深深處又深山，一種名為傀儡番。負險殺人誇任俠，終年煨芋飽兒孫。煙能鑄骨身能壽，薛荔為衣冬亦溫。鳥道倚天高不極，慣常奔走捷如猿。

其所言傀儡番是一種生活於內山的原住民，和齊體物的觀察一致認為，傀儡番殺人取頭顱是一種「誇任俠」，以為雄長之行為，更注意到傀儡番之飲食習慣、服裝以及耐寒強健的體格，而且動作迅捷等。而其又一題中：

> 山花滿插鬢頭光，蠻婦蠻童一樣粧。久嚼檳榔牙齒黑，新成麴藥口脂香。草間察節知風色，日下承暄度歲霜。獨有生男無喜處，女郎求室迓兒郎。〔註13〕

反映的是熟番的生活習慣，全詩完全描述原住民各種生活風習，有喜歡戴野花、嚼檳榔、原住民婦女做估侍酒、觀察風草以知颱風之次數，還有浴溪、生育、婚姻、雜然於詩作之間。這些作品上大致上以原住民風俗為描刻，體現出詩人們對原住民的觀察與理解。他們明顯表現出來不只是表象描繪原住民，更對原住民這樣的風俗習慣毫無鄙視之情。

　　郁永河（康熙三十六年（1697）來臺探硫。）在臺半年餘，其寫成《裨海紀遊》，又名《採硫日記》其遍歷臺灣西部沿途經歷，除紀其所見之外，對當時原住民的觀察也寄託在其詩歌之中。郁永河的臺灣采風詩將「臺灣風土」與「原住民主題」分寫為「臺灣竹枝詞」與「土番竹枝詞」。此一分寫建立了臺灣原住民主題詩的獨立性與專題性，一改前期原、漢社會「雜詠」詩的型態。由於郁永河由南至北親自踏過臺灣西部平原一帶，見識到臺灣原住民部落的情況，如《裨海紀遊》中於詩前記：「十三日，渡大溪，過沙轆社，至牛罵社，……十八日又大雨，嵐氣盛甚，衣潤如洗；階前泥濘，足不得展，徘徊悵結。」：

> 台灣西向俯汪洋，東望層巒千里長。一片平沙皆沃土，誰未償慮教耕桑。（臺郡知悉俯臨大海，食與中國閩廣之間相對。東側層巒疊嶂，

〔註12〕黃學明：〈臺灣吟〉收入於高拱乾：《台灣府志》卷十〈藝文〉，臺北市：文建會，民93，頁494。

〔註13〕黃學明：〈臺灣吟〉收入於高拱乾：《台灣府志》卷十〈藝文〉，臺北市：文建會，民93，頁494。

> 爲野番巢居穴處之窟，鳥道蠶叢，人不能入。其中景物不可得知也。
> 山外平壤接肥饒沃土，惜居人少，土番又不務稼穡，當春計食而耕，
> 都無蓄積，地利未盡，求闢土千一爾。）〔註14〕

語重心長對於臺灣原住民「不務稼穡，當春計食而耕，都無蓄積，地利未盡。」時甚憂慮。對於臺灣「原住民的形象、社會、風習等」郁永河透過一系列的〈土番竹枝詞〉來加以記錄。其針對原住民的服飾穿著、文身風俗、穿耳習慣、髮型髮飾、頭飾、溪浴、項飾、外形、狀貌、器用、生活、習俗、飲食特色、服飾甚至傳說及生番、社餉等全然融入其詩歌之內。郁永河詩中不雜評論優劣，亦無鄙視之情，純以記錄原住民風俗生活形象。如：

> 畊田鑿井自艱辛，緩急何曾扣比鄰。構屋駴輪還結網，百工具備一
> 人身。（番人不知交易，借貸有無相通之理，鄰人有粟，饑者不知貸
> 也，畢世所需，皆自爲而後用。）〔註15〕

原住民社會並無相互借貸的情形，生活完全靠自己的實力，且各種生活的技巧，都於生活之中實踐，使其具備各種生活的技巧。這種詩歌的敘述，對於理解原住民社會的實質內涵是具有正面意義的。原住民本身並沒有自我說明描述的文字能力，漢民族，若以帶有色彩的眼光來描述原住民，先建立自我的立場，便會失去客觀性。郁永河來臺採硫，本身不著對臺灣管理的政治色彩，是以可以據其本心對臺灣原住民作客觀的描寫。透過了採硫這件事，由南到北，見證是時臺灣西部的開拓情形與原住民社會面貌，但由於所記之事物風俗，未特別陳述所記何地、何時，統括其見聞，然由其路線推進情形乃是西部平原的原住民「平埔族」的社會描寫爲主。其中對傀儡番的描繪：

> 深山負險聚遊魂，一種名爲傀儡番。博得頭顱當戶列，髑髏多處是
> 豪門。（深山野番，種類實繁，舉傀儡番以蓋其餘。）〔註16〕

其註云：「深山野番，種類實繁，舉傀儡番以蓋其餘。」其所言傀儡番是一種泛指生活於內山的原住民，並已知道他們並非同一種類。郁永河南北一行發現並非只有南路內山有原住民，整個臺灣內山，有不同種類的原住民居住，其擴大傀儡番爲居住內山的臺灣原住民概念，此一概念被後來文人沿用。又如：

〔註14〕郁永河：《裨海紀遊》，卷上，（台灣文獻叢刊第44種），民48，頁15。
〔註15〕郁永河：《裨海紀遊》，卷上，（台灣文獻叢刊第44種），民48，頁42～46。
〔註16〕郁永河：《裨海紀遊》，卷上，（台灣文獻叢刊第44種），民48，頁42～46。

竹弓楛矢赴鹿場，射得鹿來交社商。家家婦子門前盼，飽惟餘瀝是
頭腸。〔註17〕

作者註自註：「番人得麕鹿以付社商收掌充賦，唯頭腸無用，得與妻孥共飽。」
在其遊記中，反映了通事、社商、社棍苛剝原住民的社會現實情況〔註18〕。
原住民射獵所得之鹿產，被社商收掌充賦，所餘竟剩頭與腳蹄這等無用之物，
詩作中同樣顯示原住民生活所受苛剝的苦處，更顯示出原住民遭遇的可憐情
景。對於原住民社會的現實處境，顯示出不若采風詩生活形象的美好，將之
具體的狀況呈現出來。

　　宦臺之官員，本身都是初來臺灣，對臺灣本身的理解有限，非親歷者不
能明白。孫元衡（康熙四十四年（1705）來臺擔任臺灣府海海防同知。）的
《赤嵌集》為在臺詩作，創作豐富而精緻外，牽涉臺灣「原住民」主題的作
品頗為豐富。但作為以臺灣「原住民」主題來觀察，其作品所呈現表明了對
臺灣這塊土地的觀點、與想法，就不是一種客觀的描述，且前後變化差異極
大，及對於臺灣原住民的觀感在〈除臺灣郡丞客以海圖見遺漫賦一篇寄諸同
學〉〔註19〕云：

　　中原十五州，無地託我足。銜命荷蘭國，峭帆載海腹。披茲瀛壖圖，

〔註17〕郁永河：《裨海紀遊》，卷上，（台灣文獻叢刊第44種），民48，頁42～46。
〔註18〕然又有暗阻潛撓於中者，則社棍是也。此輩皆內地犯法奸民，逃死匿身於辟
　　　　遠無人之地，謀充夥長通事，為日既久，熟識番情，復解番語，父死子繼，
　　　　流毒無已。彼社商者，不過高臥郡邑，催餉納課而已；社事任其播弄，故社
　　　　商有虧折耗費，此輩坐享其利。社商率一二歲更易，而此輩雖死不移也。此
　　　　輩正利番人之愚，又甚欲番人之貧：愚則不識不知，攫奪惟意；貧則易於迫
　　　　挾，力不敢抗。匪特不教之，且時時誘陷之。即有以冤訴者，而番語侏離，
　　　　不能達情，聽訟者仍問之通事，通事顛倒是非以對，番人反受呵譴；通事又
　　　　告之曰：『縣官以爾違通事夥長言，故怒責爾』。於是番人益畏社棍，事之不
　　　　啻帝天。其情至於無告，而上之人無由知。是舉世所當哀矜者，莫番人若矣。
　　　　乃以其異類且歧視之：見其無衣，曰：『是不知寒』；見其雨行露宿，曰：『彼
　　　　不致疾』；見其負重馳遠，曰：『若本耐勞』。噫！若亦人也！其肢體皮骨，何
　　　　莫非人？而云若是乎？馬不宿馳，牛無偏駕，否且致疾：牛馬且然，而況人
　　　　乎？抑知彼苟多帛，亦重綈矣，寒胡為哉？彼苟無事，亦安居矣，暴露胡為
　　　　哉？彼苟免力役，亦暇且逸矣，奔走負戴於社棍之室胡為哉？夫樂飽暖而苦
　　　　飢寒，厭勞役而安逸豫，人之性也；異其人，何必異其性？仁人君子，知不
　　　　吐余言。《裨海紀遊》卷下，（台灣文獻叢刊第44種），頁37～38。
〔註19〕孫元衡：《赤嵌集》，卷一乙酉，（台灣文獻叢刊第10種）台北市：臺灣銀行
　　　　經濟研究室，頁1。

島嶼紛可矚。回身指南斗，東西日月浴。颶風怒有聲，駭浪堆篷幅。

滌汔中古心，爌漾萬里目。毫釐晰舟輿，稊米辨巖谷。道犇裸體人，

市莽連雲竹。覽者睫生芒，聞之肌起粟。寄語平生親，將毋盡一哭。

對臺灣的原住民可沒有一絲好感，更覺害怕的心態表明無遺。註解說明：「臺
灣本荷蘭地。」更是一種錯誤。他聽聞而來的原住民情況「道犇裸體人，市
莽連雲竹。覽者睫生芒，聞之肌起粟。」令他不寒而粟，對臺灣根本沒有一
絲的好感。然而對其真歷其境時，孫元衡的對臺原住民觀感可謂有所改變。
如〈茄留社〉：

自有蠻兒能漢語，誰言冠冕不相宜？叱牛帶雨晚來急，解得沙田種
芋時。〔註20〕

對於近府之原住民能以漢語溝通，而且能知粗淺農活的欣喜。在〈諸羅即事〉：

龜佛山前八掌（溪名）舒，雕題絕國展皇輿。木城新建煩酋長，官
廨初營似客居。北向彝巢環瘴海，西偏估舶就牛車。嗟余慣睹殊方
俗，鉛槧隨身可自如。〔註21〕

對於原住民協助建造官舍提出說明，以及對於原住民特殊風習的習慣，已不
見恐懼之心。而〈山行書所見有感〉：

白海照層峰，舒光二千里；蜃氣化秋雲，青宵澹如綺。道逢裸體人，
惟識窮桑氏；穴山安爾宮，弋肉哺其子。聖人竄南鄉，代有章句士。
巨螯族龜龍，崇岡壽桐梓。均之造物心，詎曰難為理。〔註22〕

真逢「裸體人」的感受，早已除「睫生芒，肌起粟」的未知心態，在〈秋日
雜詩〉：

殊方今樂國，禘負自成鄰。餳釀酬田祖，蠻謳賽水神。蒱苗田鹿喜，
蔗葉野牛馴（山有野牛，網而縶之，馴以蔗葉）。經術能師古，「豳
風」屬此人」、「物情殊爛熳，問俗竟何如？樂事喧鼉鼓，哀音轉犢
車。番荒逃火鹿（番藉鹿為糧，驚火犇散，謂之番荒），海熟上潮魚
（歲有魚逆潮而上，謂之海熟）。生理無妨陋，安恬可瑟居。〔註23〕
卷三、丁亥

〔註20〕 孫元衡：《赤嵌集》，卷一乙酉，（台灣文獻叢刊第10種），頁15。
〔註21〕 孫元衡：《赤嵌集》，卷一乙酉，（台灣文獻叢刊第10種），頁16。
〔註22〕 孫元衡：《赤嵌集》，卷一乙酉，（台灣文獻叢刊第10種），頁14。
〔註23〕 孫元衡：《赤嵌集》，卷三丁亥，（台灣文獻叢刊第10種），頁51。

親歷與原住民接觸，這些作品從最初認爲的「雕題絕國」也轉變成了「殊方樂國」，出現對原住民的環境雖不能比之華夏，但也「安恬可瑟居」平和之語。如〈過他里霧〉〔註24〕：

> 舊有唐人兩三家，家家竹徑自迴斜。小堂蓋瓦窗明紙，門外檳榔新
> 作花。

書寫所見原住民社群中漢人居屋相合一起情景，早已擺脫那種「寄語平生親，將毋盡一哭。」心情，而逐漸能去理解臺灣原住民「眞樸」的一面與環境。而且這些反映出原住民社會的風俗作品，跨出單純的描摹，往往有著評論風俗的趨向。孫元衡的原住民描繪之作品，系列反映原住民生活社會者〈裸人叢笑篇〉爲其重要的原住民主題的代表作品，也表現出個人的主觀態度，如：

> 皇威懾海若，崩角革頑凶。昔從倭鬼役，今爲王者農。酋長加以冠，
> 族類裸其恭。震驚鞭撻力，嬉戲刀劍鋒。臺郎出守羅星宿，云是大
> 唐王與公。（南夷類稱中國曰唐，官曰國公。）五十二區山百重（番
> 社凡五十有二。），南極蜈蚣（蜈蚣，嶺名。）北雞籠（雞籠，山名。）。
> 渾沌不鑿天年終。〔註25〕

不僅是對臺灣原住民的描繪之外，更夾雜對原住民生活情狀的評論或解釋，開啓另一種對「原住民」風俗、社會不純然以描繪形像爲主的詩作風格。但這樣的風格特色，並不能對於理解「原住民」社會，如其解釋「番社凡五十有二」其正確性就不足，而「渾沌不鑿天年終」反而令人感受臺灣原住民村社全未開發，這也與事實相悖。這些反映之內容，有時必須抽離掉那些不必要的評論或見解。例如：

> 倒懸覆臟，如縶賁羊。纖竹爲笰，約肚束腸。行犇登耀，食少力強。
> 蜂壺猿臂，逐鹿踰岡。將刀斷之，挽手上堂。無語楚宮休餓死，盡
> 習此術媚其王。（稚番利走，身乃倒懸，以竹爲笰束腰使細，至婚時
> 斷去。又男女結婚不以禮，惟挽手告父母云爾。）〔註26〕

對於原住民籠腹與迅捷靈活的身手，與其籠腹與婚姻之連結，都說明的非常清楚，但詩作之末「盡習此術媚其王。」的疑問徒增困擾。又云：

〔註24〕孫元衡：《赤嵌集》，卷一乙酉，（台灣文獻叢刊第10種），頁16。

〔註25〕孫元衡：《赤嵌集》，卷二丙戌，（台灣文獻叢刊第10種），頁24。

〔註26〕孫元衡：《赤嵌集》，卷二丙戌，（台灣文獻叢刊第10種），頁25。

短布無長縫，尚玄戒施縞。桶裙本陋制，不異蠻犵狫。狫蠻鑿齒喪
其親，爾蠻鑿媾其姻。雜俗殊風仁不仁。（南海犵蠻，幅部圍下體，
不施襞積，號曰桶裙，臺番似之。又犵狫親死鑿齒二顆以贈永訣，
臺番結婚鑿二齒以定終身。）〔註27〕

孫元衡這種「桶裙本陋制。」的原漢相較，並不能突顯出陋在何處之外，「雜
俗殊風仁不仁。」，喪親鑿齒與婚姻鑿齒，又有何「仁與不仁」的爭議？突顯
出「作者主觀意識」融入風俗作品中，品評原住民風俗。但對於番民婚俗的
內容：

管承鼻息颺簫音，筠亞齒隙調琴心。女兒別居椰子林，雄鳴雌和終
凡禽。（女長構屋獨居，以鼻簫口琴男女互相調和，久而意偕，乃告
諸父母。）不顧爺娘回面哭，生男贅婦老而獨（俗以婿為嗣，置所
生不問）。但知生女為門楣，高者為山下者谷。貓女膩新相鬥妍（女
多以貓名，幼曰膩新），醉歌跳舞驚鴻翩。酋長朝來易版籍，東家麻
達西家仙（未婚名麻達，供力役，既婚名仙，納餉稅）。〔註28〕

此詩反映出婚俗之中鼻簫、口琴、牽手、贅婿等多樣民俗的融合。在餉稅
制度下的原住民，孫元衡明確的說明原住民「未婚名麻達，供力役，既婚
名仙，納餉稅」的分別，可資以理解原住民社會對於勞役與稅賦是如何的
分配的。對於原住民遭受社商剝削的問題，孫元衡透過原住民射獵的情形
加以反應：

海山宜鹿，依於樸樕；麏麏呦呦，群行野伏。諸番即之，長銚勁簶；
毒狦橫噬，倍於殺戮。憑藉商手賦公局，獲車既傾罄有慾。玃犴猰
食何苦辛，直朵頤於肕蹄而剖腹。（番虞鹿輸將，所獲悉委社商，惟
利蹄腸一飽而已，）〔註29〕

社商的貪婪，在於原住民傾其所有也不足以滿足他們無窮的欲望，這樣的社
會現實的突顯，使在描述風俗與社會現實之間形成強烈對比，風俗的淳樸、
少欲，卻滿足不了社商、通事的貪婪。更何況侵剝乃不止於社商通事而已。
在〈村居二十日身在田疇宜有所慕乃簑笠耰耡間不類農家氣味殊足慨也因作
雜詩〉：

〔註27〕孫元衡：《赤嵌集》，卷二丙戌，（台灣文獻叢刊第 10 種），頁 25～26。
〔註28〕孫元衡：《赤嵌集》，卷二丙戌，（台灣文獻叢刊第 10 種），頁 26。
〔註29〕孫元衡：《赤嵌集》，卷二丙戌，（台灣文獻叢刊第 10 種），頁 26。

> 鹿場乃蕃窟，化爲良田疇。稻苗似書帶，潤澤如膏油。無煩理荒穢，
> 苗盛眾草因。人力解胼胝，百金買馴牛。鵝鴨有新喜，豝豵非遠憂
> （山豬每害禾稼，不及平野）。早禾當夏刈，晚田及冬收。況有甘蔗
> 林，青青滿中丘。可以安作息，失德於乾餱。摽心對充耳，覯閔夫
> 何尤。〔註30〕

將鹿場轉變成良田，一片良田美景，漢人移民將土地加以開發利用，「人力解
胼胝」，馴牛畜禽，種田植蔗。但是將原住民之鹿埔轉化，原住民據何以生？
其又云：「潮人徙瘴海，胸懷若波瀾。結茆蔽風雨，竄伏良非難。貪饕佃甫田，
食粒不輸官。散若蜂薑毒，聚如蚯蚓蟠。聽言頷其頤，胡越於肺肝」〔註31〕
這反映出偷渡之漢人侵墾番地，又逃避國家賦稅的問題。「漁洋先生評：官彼
土者不可不知，采風者不可不錄。」可見得原住民所面臨漢民、漢商的社會
問題這個問題已被注意。

　　孫元衡的作品除了原住民風俗之外，擴及到原住民社會的問題，使以「原
住民」爲主題的詩歌作品觸角更向外擴大。在其〈山水瘴氣歌〉中對於臺灣
乃瘴癘之地，「島民生與瘴相習，諸蕃雜作古丘墟。」早已相習這樣的生活環
境。孫元衡來此地出仕爲宦卻感嘆「嗟我禦暴分邊城，掃除無力空含情。樵
山飲水滋慚悤，仕宦五瘴良非輕（宋梅摯瘴說）」〔註32〕卻影射臺灣的官場腐
敗，此藉由宋人梅摯《五瘴說》〔註33〕明：

> 急征暴斂，剝下奉上，租賦之瘴也。深文以逞，良惡不白，此刑獄
> 之瘴也。昏晨醉宴，弛廢王事，此飲食之瘴也。侵牟民利，以實私
> 儲，此貨財之瘴也。盛陳姬妾，以娛聲色，此帷薄之瘴也。

實際所指島民能安於自然之瘴癘，苦情可來自於官弁爲患之「人瘴」上。宦

〔註30〕孫元衡：《赤嵌集》，卷四戊子，（台灣文獻叢刊第 10 種），頁 70。
〔註31〕孫元衡：《赤嵌集》，卷四戊子，（台灣文獻叢刊第 10 種），頁 70。
〔註32〕孫元衡：《赤嵌集》，卷四戊子，（台灣文獻叢刊第 10 種），頁 70。
〔註33〕梅摯（生平見宋史卷 298 列傳第 57 梅摯）其《五瘴說》：桂林的龍隱洞，的
　　　　《龍圖梅公瘴說》碑。"梅公"即梅摯，北宋著名的政治家，官至右諫議大夫，
　　　　在任廣西昭川（今平樂縣）知府期間，有感于當時的官場腐敗寫了《五瘴說》
　　　　一文："仕有五瘴。急征暴斂，剝下奉上，此租賦之瘴也。深文以逞，良惡不
　　　　白，此刑獄之瘴也。昏晨醉宴，弛廢王事，此飲食之瘴也。侵牟民利，以實
　　　　私儲，此貨財之瘴也。盛陳姬妾，以娛聲色，此帷薄之瘴也。有一于此，民
　　　　怨神怒，安者必病，病者必殞。雖在轂下，亦不可免，何但遠方而已。仕者
　　　　或不自知，乃歸咎于土瘴，不亦謬乎？

臺文人在描繪原住生活風習在怪奇中，不免對於原住民所遭受到的餉稅制度、社商、通事剝削原住民的形狀列入在風俗詩作當中，陳述原住民社會之奇，可說明其制度對於原住民生活之影響層面的深廣。

第二節 古典詩之原住民民生風俗

對於原住民生活風俗的描繪早於方志未成編之前，文人已對於原住民的風俗習慣進行描繪，沈光文、季麒光，在其文集作品收錄中已有原住民主題作品的詩歌出現，而原住民六俗，爲黃叔璥編纂《臺海使槎錄》將原住民之生活風習概分爲六，據而論述並加以考證，名曰〈番俗六考〉。其內容概指各地區原住民六類之民生風俗習慣，爲「居處」、「飲食」、「衣飾」、「婚嫁」、「喪葬」、「器用」，此六種風俗分門別類，卻互有作用，實並非獨存於一。而在詩歌創作上，對於原風六俗的描寫作品更加的深切廣泛，詩中或單獨摹寫或雜多俗而述，內容更超過六俗所描述的內容，在原風主題詩歌之中，原住民生活風習的描繪詩作數量最大，可見詩人們對於原住民風俗習慣特殊性的關注。本節及歸納此類風俗詩歌類分成五類，一曰服飾狀貌、二曰飲酒習慣、三曰居室器物、四曰婚姻風俗、五曰其它風俗，分別加以分析說明。

一、服飾狀貌

宦臺官員，接觸臺灣原住民的奇特生活樣貌，並不追根朔源，往往就形像加以書寫所觀察的現況，同時由於對於臺灣原住民的理解不深，故詩歌的反映以原住民形之於外的特殊風俗形像爲主的描刻摹寫，如黃學明詩云：

棲身裸體類山麢，有古遺風不是愚。蔓草束頭分角髻，清筐歸市買陬隅。編莎似橐箍腰骨，節竹爲圈塞耳珠。蠻曲聽來無一字，行歌巖下採春蕪。〔註34〕

在服飾狀貌反映所見到原住民的形象，裸體、束髮角髻、箍腰、大耳的特殊形像，詩人們對於原住民的外在形象往往都直接反映將所見入詩，如郁永河在〈土番竹枝詞〉〔註35〕也云：「生來曾不識衣衫，裸體年年耐歲寒。」所見原住民以裸體爲常態，「丫髻三叉似幼童，髮根偏愛繫紅絨。出門又插文禽尾，

〔註34〕黃學明：〈臺灣吟〉收錄於《臺灣府志》〈藝文志〉（臺灣文獻叢刊第65種）頁283。
〔註35〕郁永河：《裨海紀遊》卷下（臺灣文獻叢刊第44種）頁42～46。

陌上飄飄各鬥風。」則是束髮角髻，及孫元衡「衛鬣縵靡草，髻鬘如植竿。
獨竦兕鷹立，兩岐潦繳端。不簪亦不并。雜卉翼以翰。」〔註36〕反映頭髮上
的扮相及服飾上的問題，多純粹就形摹象，這也是詩人們最直接的反應。但
大體上原住民的服飾是相當簡單，裸體、幅布的反映應是廣大原住民的一貫
型態，因爲詩人們的詩作中往往如此反映如：

　　夫攜弓矢婦鋤耰，無裼無衣不解愁；番嫠一圍聊蔽體，雨來還有鹿
　　皮兜。作者註：鹿皮藉地爲臥具，遇雨即以覆體。〔註37〕

又：

　　抄陰尺布不堪縫，無裼無衣可耐風；北地乍寒偷射獵，人人盡是鹿
　　皮翁。〔註38〕

又：

　　幅布聊遮尺寸膚，凌寒原未見號呼。如何榾柮煨偏慣，相對南薰尚
　　擁爐。〔註39〕

在服飾穿著上都反映出原住民男子幾乎是裸體的型態外，同時有運用鹿皮作
爲衣服的習慣。由於漢俗的影響，原住民服飾上的風格，也有逐漸改變裸體
風氣，但原住民並不懂漢人服儀，梨園敝服、男女不分、尚紅等等，因此，
在孫元衡所見爲詩〈臺人服多不衷戲爲一絕〉〔註40〕：

　　天涯風俗漫相親，吳帶曹衣迥不倫。無復屠蘇障兩耳，服妖今已被
　　文身。

對這種對於不倫不類的妝扮穿著反映在詩歌上，評爲服妖將原住民社會服儀
漢化的問題凸顯出來。

　　原住民的特殊當然不只是服裝而已，外貌形象往往令詩人印象深刻，故
在詩歌中經常對於這些與漢人的相異的形象進行描繪，如對於原住民身上的
刺青：

　　文身舊俗是雕青，背上盤旋鳥翼形；一變又爲文豹鞹，蛇神牛鬼共
　　猙獰。〔註41〕

〔註36〕孫元衡：《赤崁集》卷下，卷二、丙戌（臺灣文獻叢刊第10種）頁25。
〔註37〕郁永河：《裨海紀遊》，卷上，（台灣文獻叢刊第44種），民48，頁44。
〔註38〕劉良璧：《重修福建臺灣府志》〈藝文志〉（臺灣文獻叢刊第74種），頁591。
〔註39〕吳廷華：〈社寮雜詩〉《淡水廳志。文徵（下）》（臺灣文獻叢刊第172），頁429。
〔註40〕孫元衡：《赤崁集》卷下，卷二、丙戌（臺灣文獻叢刊第10種）頁28。
〔註41〕郁永河：《裨海紀遊》卷下（臺灣文獻叢刊第44種）頁42～46。

又：

> 胸背斕斑直到腰，爭誇錯錦勝鮫綃；冰肌玉腕都文遍，只有雙蛾不
>
> 解描。〔註42〕

孫元衡描述：「繡肌雕胲，勇者是儀。龜文蟬翼，蒙表貫肢；背展鵬鶍，胸獰
豹螭。」〔註43〕展現原住民對於刺青，在其社會中具有勇者象徵的意義存在，
原住民的刺青，胸背手腳幾乎全身皆文，而且內容上花草、鳥獸、人形、建
築等無所不刺，故黃叔璥在竹枝詞（文身）中云：

> 絕島中華古未通，生來惟鬥此身雄；獨餘一面猙獰外，人鳥樓臺刺
>
> 自工。〔註44〕

稱道原住民身上的刺青是極為工整精美的。還有其他服飾狀貌描繪的詩歌，
如特殊的大耳習俗、不留鬍鬚等等。詩歌補充番俗紀錄之不足之處，更加貼
近於原住民的生活面貌的反映。例如《府志》番俗所云：「各穿耳孔，其大可
容象子，以木環貫其中。」〔註45〕這是對於原住民大耳習俗的描述。但古典
詩歌中「原住民主題」對於大耳風俗的反映詩篇中，如郁永和之詩云：

> 番兒大耳是奇觀，少小都將兩耳鑽。截竹塞輪輪漸大，如錢如椀復
>
> 如盤。（番兒耳大如盤，立則垂肩，行則撞胸，同類競以大耳為豪，
>
> 故不辭痛楚為之。）〔註46〕

　　描述了大耳乃是由小而大的形成過程，並註明大耳在社群中之作用，詩
歌反應的是原住民競以大耳為豪。而孫元衡詩云：「鑿圈貫竹皮，括輪象日月
兮衛其身，圓景雙擔色若雲。」〔註47〕並註云：「番有造為大耳者，右鑽圈，
實以竹筒，自少而壯，漸大如盤，污以土粉，以取餙觀。」，吳廷華〈社寮雜
詩〉中「珥璫漸貫耳輪寬，肩際垂垂兩肉環。待得周環容徑尺，便誇氣慨向
人寰。」〔註48〕將此大耳之俗反映到原住民生活之中，非單純描繪貫耳「其
大可容象子」的形象描述，詩歌作者則不只述其俗形，更反映到大耳風俗在
生活面上的存在意義，在各類原住民主題之風俗詩中均有這樣的趨勢。

〔註42〕郁永河：《裨海紀遊》卷下（臺灣文獻叢刊第44種）頁42～46。

〔註43〕孫元衡：《赤崁集》卷下，卷二、丙戌（臺灣文獻叢刊第10種）頁26。

〔註44〕黃叔璥：《臺海使槎錄》卷八〈俗雜記／附題〉（臺灣文獻叢刊第4種）頁175。

〔註45〕高拱乾：《臺灣府志》卷七〈風土志／土番風俗〉（臺灣文獻叢刊第65種）頁
187。

〔註46〕郁永河，〈土番竹枝詞〉《全臺詩》冊一（臺南市：國家臺灣文學館），頁229。

〔註47〕孫元衡，〈裸人叢笑篇〉《全臺詩》冊一（臺南市：國家臺灣文學館），頁281。

〔註48〕吳廷華：〈社寮雜詩〉《淡水廳志。文徵（下）》（臺灣文獻叢刊第172），頁429。

二、飲酒習慣

　　在飲食上：「性好飲，嚼米釀酒，所食無論腥臭，凡可入腹者，舉手輒盡」；又「若其俗之善者，人至其家，出酒相敬，先嘗而後進。」〔註49〕此描述原住民飲食的風俗。在詩歌中如齊體物詩云：

　　　　紀叟中山浪得名，何如蠻酒撥醅清。寧知一醉牢愁解，幾費香腮釀
　　　　得成。〔註50〕

又云：

　　　　釀蜜波羅摘露香，傾來椰酒白於漿。相逢歧路無他贈，手捧檳榔勸
　　　　客嘗。〔註51〕

而郁永河在其詩亦云：

　　　　誰道番姬巧解釀，自將生米嚼成漿。竹筒為甕床頭掛，客至開筒勸
　　　　客嘗。〔註52〕

吳廷華社寮雜詩中：

　　　　底六朝來待客忙，抱瓜獻韭總尋常。殷勤含米供新釀，一盞盈盈白
　　　　玉漿（番女嚼米釀酒，頃刻而成，色白味酸，謂之姑待酒）〔註53〕

飲食與生活習俗的反映，加深理解何以「嚼米釀酒」原住民，飲食生活上的過程，並且描述原住民族「手捧檳榔勸客嘗」的待客禮儀，也都融入於詩作之中。原住民好客、好酒的習性，也顯示在這樣的風俗詩歌描繪之中。：

　　　　種秫秋來甫入場，舉家為計一年糧。餘皆釀酒呼群輩，共罄平原十
　　　　日觴。（秫米登場，即以為酒，男女藉草劇飲歌舞，晝夜不綴，不盡
　　　　不止。）〔註54〕

而孫元衡：「準身準口量餘粟，一榼一瓢萬事足。」（番嗜酒，通計所食之餘，悉已釀酒，其釀法則聚男婦嚼米，納器為之，亦一奇也。）〔註55〕也說明原住民生活並不貪積食物，且嗜飲酒的習性。黃叔璥：「曆書不識歲時增，月歲回圓稻一登；鄰社招邀同報賽，竹杯席地俗相仍」〔註56〕會飲這種風俗習慣

〔註49〕蔣毓英：《臺灣府志》〈土番風俗〉（臺灣文獻叢刊），頁98。
〔註50〕齊體物，〈台灣雜詠〉，收錄於《臺灣府志。藝文志》，頁288。
〔註51〕齊體物，〈台灣雜詠〉，收錄於《臺灣府志。藝文志》，頁288。
〔註52〕郁永河：《裨海紀遊》卷下（臺灣文獻叢刊第44種），頁44。
〔註53〕吳廷華：〈社寮雜詩〉《淡水廳志。文徵（下）》（臺灣文獻叢刊第172），頁431。
〔註54〕郁永河：《裨海紀遊》卷下（臺灣文獻叢刊第44種）頁45。
〔註55〕孫元衡：《赤崁集》卷下，卷二、丙戌（臺灣文獻叢刊第10種）頁27。
〔註56〕黃叔璥：〈番社雜詠〉《臺海使槎錄》卷八〈俗雜記／附題〉（臺灣文獻叢刊第

大體各社都是相同的。

三、居室器物

在居室描述蔣志云:「番屋高地五六尺,以木梯之而上,其形似船狹而深。自前至後,無所遮蔽,無被褥,即以衣為覆。」〔註57〕而在郁永河遊臺〈途經牛罵社〉〔註58〕詩寫到:

番社如蟻垤,茅簷壓路低。嵐風侵短牖,海霧襲重綈。

避雨從留屐,支床更著梯。前溪新漲阻,徙以欲雞棲。

將番社的形象透過比喻「蟻垤」、「壓路低」、「短牖」、「重梯」、「支床更著梯」將時臺灣中部原住民的屋形由外而內,狀描摹繪,突顯臺地原住民居住樣式,各地不同的風情。黃叔璥則更描述原住民構建房屋的情形,如〈禾間〉與〈作室〉都反映原住民建築使用材料「剡竹編茅」來蓋屋:

剡竹為椽扇縛笈,空攀桀上始編茅;落成合社欣相賀,席地壺漿笑語高。〔註59〕

原住民蓋屋乃通社合作,落成之後會飲慶祝,顯示了原住民社會的團體合力的形象。在器物上原住民器用各有奇特,如志云:「粟麥衣服皆貯葫蘆中,無捆菑箱籠之器。」;「人必攜一刀橫于腰下,如屠刀而刃圓。」〔註60〕而詩人們表現對原住民的用器反映原住民生活的內涵,也非單純描刻器物之形狀而已如郁永河詩云:

腰下人人插短刀,朝朝磨利可吹毛。殺人屠狗般般用,纔罷樵薪又索綯。(人各一刀,頃刻不離,斫伐割剝,事事用之。)〔註61〕

又:

畊田鑿井自艱辛,緩急何曾扣比鄰。構屋斲輪還結網,百工具備一人身。(番人不知交易,借貸有無相通之理,鄰人有粟,饑者不知貸也,畢世所需,皆自危而後用。)〔註62〕

4種)頁177。

〔註57〕蔣毓英:《臺灣府志》〈土番風俗〉(臺灣文獻叢刊),頁100。

〔註58〕郁永河:〈途經牛罵社〉,《裨海紀遊》卷中(臺灣文獻叢刊第44種,)頁20。

〔註59〕黃叔璥:〈番社雜詠〉《臺海使槎錄》卷八〈俗雜記／附題〉(臺灣文獻叢刊第4種)頁176。

〔註60〕蔣毓英:《臺灣府志》〈土番風俗〉(臺灣文獻叢刊),頁100。

〔註61〕郁永河:《裨海紀遊》卷下(臺灣文獻叢刊第44種),頁44。

〔註62〕郁永河:《裨海紀遊》卷下(臺灣文獻叢刊第44種),頁43。

雖述原住民用器，但卻反映出原住民百工齊備一身的生活藝術。在原住民六俗作品之中器物之名往往入於詩作之中，闡述原住民生活風習中器物的各項作用與生活風俗中的關係，其往往都具有特殊的表現及功能，如：

> 莽葛原來是小舠，刳將獨木是浮瓢。月明海澨歌如沸，知是番兒夜弄潮。（番人夫婦乘莽葛射魚，歌聲盡夜不輟。）〔註63〕

莽葛是乘渡溪流的小舟，夏之芳形容「莽葛又稱艋舺：獨木鏤成，可容兩人對坐，各操一楫以渡；名曰莽葛，蓋番舟也」、浮海的工具，原住民亦作爲射魚之載具。還有一種大葫蘆，原住民除作爲裝飾及乘物之器具外，並利用作爲渡溪之器用，黃叔璥之〈渡溪〉云「浮水葫蘆每自攜」〔註64〕而夏之芳〈臺灣雜詠〉亦有敘述，詩云：

> 臨溪問渡少艤艭，石澗分流遠擊撞；腰上葫蘆頭上羽，隻身飛過水淙淙。（葫蘆：儲物則編藤爲籠，有底有蓋，方圓不一。又制葫蘆爲行具，大者容數斗；遇雨不濡，涉水則浮。）〔註65〕

詩作之中對於原住民器物之用往往反映在民生風俗的說明上。又如婚俗之中「鼻簫」、「口琴」在婚姻過程之中，也扮演舉足輕重的位置，詩人人們都據其功用反映在風俗詩作之中，呈現原住民的風俗樣貌。

四、婚姻風俗

方志中對婚俗的陳述：「男則出贅於人，女則娶婿於家也；男女應婚娶之時，女集廨中，諸男吹口琴于外，意之所欲，女出與野合。」「擇其當意者，始告於父母，置酒張綵，邀同社之人聚飲於家，即成配偶，無納幣送粧之禮。女有夫，去其一齒。」〔註66〕詩人們的詩中不論是在原住民婚姻與求偶的過程中，往往表現出口琴、鼻簫在婚姻過程中的促進作用及媒介的位置，如齊體物之詩：

> 燕婉相期奏口琴，宮商諧處結同心。雖然不辨求凰曲，也有泠泠太古音。〔註67〕

〔註63〕郁永河：《裨海紀遊》卷下（臺灣文獻叢刊第44種），頁44。
〔註64〕黃叔璥：〈番社雜詠〉《臺海使槎錄》卷八〈俗雜記／附題〉（臺灣文獻叢刊第4種）頁176。
〔註65〕劉良璧：《重修福建臺灣府志》〈藝文志〉（臺灣文獻叢刊第74種），頁591。
〔註66〕蔣毓英：《臺灣府志》〈土番風俗〉（臺灣文獻叢刊），頁97。
〔註67〕齊體物：〈台灣雜詠〉，收錄於《臺灣府志。藝文志》，頁288。

又郁永河之作：

> 女兒纔到破瓜時，阿母忙爲構室居。吹得鼻簫能合調，任教自擇可
> 人兒。（番女與鄰兒私通，得已自擇所愛。）〔註68〕

又：

> 輕身矯捷似猿猱，編竹爲箍束細腰。等得吹簫尋鳳侶，從今割斷伴
> 妖嬈。（番兒以射鹿逐獸爲生，腹大則走不疾，自孩孺即箍其腰，至
> 長不弛，常有足追奔馬者，結縭之夕始斷之。）〔註69〕

黃叔璥與夏之方分別寫到：

> 配他絃索亦相宜，小孔橫將按鼻吹：引得鳳來交唱後，何殊秦女欲
> 仙時。。〔註70〕

> 不須挑逗費閒心，竹片沿絲巧作琴；遠韻低微傳齒頰，依稀私語夜
> 來深。〔註71〕

而且，原住民的婚俗與漢俗是有很大的差異特殊的婚俗習慣，詩人也將之融
入詩作之中加以表現，如番俗婚姻中的鑿齒習俗、以女承家等，如郁永河：

> 只須嬌女得歡心，那見堂開孔雀屏。既得歡心纔挽手，更加鑿齒締
> 姻盟。〔註72〕

孫元衡：

> 管承鼻息颸簫音，筊亞齒隙調琴心。女兒別居椰子林，雄鳴雌和終
> 凡禽（女長構屋獨居，以鼻簫、口琴男女互相調和，久而意偕，乃
> 告諸父母）。不顧邪娘回面哭，生男贅夫老而獨（俗以婿爲嗣，置所
> 生不問）。但知生女耀門楣，高者爲山下者谷。貓女膩新相鬥妍（女
> 多以貓名，幼曰膩新），醉歌跳舞驚鴻翩。酋長朝來易版籍，東家麻
> 達西家仙（未婚名麻達，供力役；既婚名仙，納餉稅）。〔註73〕

詩人們也關注到這些異於漢俗的部份，原住民婚姻以女性爲中心的風俗習慣

〔註68〕郁永河：《裨海紀遊》卷下（臺灣文獻叢刊第44種），頁44。
〔註69〕郁永河：《裨海紀遊》卷下（臺灣文獻叢刊第44種），頁44。
〔註70〕黃叔璥：〈番社雜詠〉《臺海使槎錄》卷八〈俗雜記／附題〉（臺灣文獻叢刊第
　　　　4種）頁176。
〔註71〕夏芝芳：《臺灣雜詠百韻》；劉良璧：《重修福建臺灣府志》〈藝文志〉（臺灣文
　　　　獻叢刊第74種），頁590。
〔註72〕郁永河：《裨海紀遊》卷下（臺灣文獻叢刊第44種），頁44。
〔註73〕孫元衡：《赤崁集》卷下，卷二、丙戌（臺灣文獻叢刊第10種）頁26。

也表現在詩歌當中，還有：

> 贅婿爲兒婦是家，還憐鑿齒擦蕉花；何如高架迎歸去，偕老相期禮
> 自嘉。〔註74〕

> 嘉禮初成笑語闐，車蠔鹿脯滿長筵。原知有贖期生女，果是新增打
> 喇連。〔註75〕

> 秦贅何從問肯堂，閨中瓜瓞蔓偏長。諸姑伯姐家人聚，不見男行見
> 女行。〔註76〕

在婚俗的詩歌上突出表現出原住民以女性爲中心的特殊社會形態，明顯反映出以女性中心的社會制度的表現。婚姻風俗的描繪，反映出原住民社會中於男女地位、親族、擇配方式、鼻簫、口琴、鑿齒等的代表意義及反映出原住民婚姻的風俗習慣的獨特性。

五、其它風俗

臺灣古典詩中對於原住民生活風俗的描述，是全面的，詩人所見，即事、即景爲詩，反映原住民生活風俗的眞貌之一角，除非其刻意就某題某物設寫，故詩作內容雜然多面：如黃學明詩云：

> 山花滿插鬢頭光，蠻婦蠻童一樣粧。久嚼檳榔牙齒黑，新成麴蘗口
> 脂香。草間察節知風色（颱風草），日下承暄度歲霜。獨有生男無喜
> 處，女郎求室迓兒郎。〔註77〕

一詩之中雜述樣貌、嚼檳榔、作酒、風候辨識與重女輕男的風習。反映原住民生活的現實面貌。古典詩原住民主題的發展，他不是以文字雕琢，表現才氣爲能事。而是以集中原住民形象與風俗事理的內容表現，也由於風俗特殊，故詩作中多雜以註解，如孫元衡的詩：

> 眼底天民在，熙熙共往來。忘年驚髮變（蕃人不記年歲，髮白知老），
> 改歲待花開（不知四時，見野花盛開，經始樹藝）。即鹿群看箭（諸

〔註74〕黃叔璥：〈番社雜詠〉《臺海使槎錄》卷八〈俗雜記／附題〉（臺灣文獻叢刊第4種）頁176。

〔註75〕吳廷華：〈社寮雜詩〉《淡水廳志．文徵（下）》（臺灣文獻叢刊第172），頁430。

〔註76〕吳廷華：〈社寮雜詩〉《臺灣輿地彙。閨中摭聞》（臺灣文獻叢刊第216），頁31。

〔註77〕黃學明：〈臺灣吟〉收錄於《臺灣府志》〈藝文志〉（臺灣文獻叢刊第65種）頁283。

蕃逐鹿，視其箭先及者，得鹿不爭），安家密咒灰（提防漢人掠取其
物，以巫術咒灰土，名曰下卦，過者畏之）。唱歌爭款客，喚取女郎
回（力田藉婦，遇過客則喚婦侑酒，共唱彝歌，客醉乃喜）。〔註78〕

夏之芳的詩：

騶前赤緋揭雙竿，遠迓輶車夾道看；跳舞番童怪妝飾，銅鈴響處羽
為冠（小番於髻上插雉毛、銅鈴以飾觀，每過一村，必用竹竿結彩，
鳴金以迎）。〔註79〕

此特別加以註解，就詩歌的表現，則為更貼近風俗的眞實面並且利於理解風
俗之內涵。詩歌中表現的「奇」，正反映出原住民的「眞」。原住民詩歌當然
不只上述的四種類型，在宦臺官員努力創作之下，從各方面描寫原住民風俗
習慣，如：

土番舌上掉都盧，對酒歡呼打剌酥；聞說金亡避元難，颶風吹到始
謀居。作者註：番語皆滾舌作都盧轂轆聲。〔註80〕

金人竄伏來海濱（相傳臺番係金人遺種，避元居此），五世十世為天
民。花開省識唐虞春，阡陌雜作如無人。披草戴笠，鉗口合唇；道
路以目，爰契天眞。華人侮之默不嗔，秋粒如豆其如薪。（花開始樹
藝，不言不殺，及獲乃發口。）〔註81〕

五十年來渤海濱，生番漸作熟番人。裸形跣足髯鬙髮，傳是童男童
女身。〔註82〕

以上詩作乃言及理解原住民由來「傳說」的作品：這類作品宦臺詩人對於原
住民的由來並不知其情形，多為聽聞而來，將此種傳聞入詩，將臺灣原住民
的過去與中國來加以連結。又：

倒懸覆臟，如繫羵羊；纖竹為笐，約肚束腸。行犇登躍，食少力強；
蜂壺猿臂，逐鹿踰岡。將刀斷之，挽手上堂。（稚蕃利走，身乃倒懸，
以竹為笐，束腰使細，至婚時斷去。又男女結婚不以禮，惟挽手告
諸父母云爾。）為語楚宮休餓死，盡習此術媚其王！〔註83〕

〔註78〕孫元衡：《赤崁集》卷下，卷三、丁亥（臺灣文獻叢刊第10種）頁51。

〔註79〕夏之芳：〈臺灣雜詠百韻〉《臺灣詩鈔》（臺灣文獻叢刊第280），頁29。

〔註80〕郁永河：《禆海紀遊》卷下（臺灣文獻叢刊第44種），頁45。

〔註81〕孫元衡：《赤崁集》卷下，卷二、丙戌（臺灣文獻叢刊第10種）頁27。

〔註82〕吳廷華：〈社寮雜詩〉《淡水廳志。文徵（下）》（臺灣文獻叢刊第172），頁429。

〔註83〕孫元衡：《赤崁集》卷下，卷二、丙戌（臺灣文獻叢刊第10種）頁25。

未經牽手尚腰圍，習慣身輕走若飛；涼夜月明齊展足，羨他貓女願
同歸。〔註84〕

以上詩作乃為描寫到「箍腰」與原住民生活的關係：原住民少年箍腰使細，
以保持其迅捷的動作，為原住民風俗習慣，此俗亦與婚姻有密切的關係。原
住民至婚姻後才停止「箍腰」，有區別已婚未婚之作用外，由於箍腰使原住民
動作迅速，未婚原住民女性，亦以迅捷的動作為其擇偶的條件。這是詩人對
原住民風俗的觀察。又：

崩泉下澗三尺波，女兒沒水如群鵝。中官投藥山之阿，至今仙氣留
雲窩。生男洗滌意非它，無攣無痺無沉痾；他日縱浪有勳業，為鯨
為鯉為蛟鼉。（明太監王三保出使西洋，到赤崁汲水，投御藥於澗水
中，至今番俗生兒即入水洗，謂有仙氣。）〔註85〕

出浴前溪笑解襟，落潮水淺上潮深。臨流洗得沉痾去，大藥曾投觀
世音。〔註86〕

繡襦文衣製未便，生兒隨母浴清泉。十年新學唐人俗，五色絲穿長
命錢。〔註87〕

以上諸詩乃為原住民「浴溪」之習俗及變化：原住民有溪浴的風俗，而對於
初生兒亦是相同，但是由於漢人習俗滲入番社，對於出生的幼兒改以掛「長
命錢」來加以代替「溪浴」這樣的風俗習慣。詩人透過詩歌記錄原住民風俗
的變化。又：

信此飄零眼，浮觀別異同：四時無正候，百物有奇功。版籍翻稽婦
（新集之民，遷徙不常，以有婦者為定戶），蠻村渾賤翁（番人貴力
食，老則安坐待哺，然每遭凌賤；化之不悛）。糟醨聊可啜，應笑學
郫筒（番酒剖大竹釀之，味實不佳）。〔註88〕

殊風雖陋尚堪論，恤老收窮古意存；長者途逢皆卻步，朋儕相見亦
寒溫。〔註89〕

〔註84〕黃叔璥：〈番社雜詠〉《臺海使槎錄》卷八〈俗雜記／附題〉（臺灣文獻叢刊第
　　　　4種）頁176。
〔註85〕孫元衡：《赤崁集》卷下，卷二、丙戌（臺灣文獻叢刊第10種）頁27。
〔註86〕吳廷華：〈社寮雜詩〉《淡水廳志。文徵（下）》（臺灣文獻叢刊第172），頁431。
〔註87〕吳廷華：〈社寮雜詩〉《淡水廳志。文徵（下）》（臺灣文獻叢刊第172），頁430。
〔註88〕孫元衡：《赤崁集》卷下，卷三、丁亥（臺灣文獻叢刊第10種）頁51。
〔註89〕黃叔璥：〈番社雜詠〉《臺海使槎錄》卷八〈俗雜記／附題〉（臺灣文獻叢刊第

以上詩乃為「恤老」問題的正反不同見解：原住民生活風俗的複雜性，除了有南北的不同、區域的不一致外，各社之間也不見一致，如對於原住民的禮讓長者的美俗：我們看見孫元衡的描述，就不是有敬老之心的風俗表現。此乃詩人觀察到原住民風俗是不一的。又：

> 男冠毛羽女鬖鬌，衣極鮮華酒極酣；一度齊咻金一扣，不知歌曲但喃喃。〔註90〕

> 花冠銀釧錦為衣，妙舞清歌笑合圍；低唱一聲金一扣，獨留太上古音希。〔註91〕

以上詩篇乃作家對「番戲」風俗的狀摹：「遇吉慶，輒豔服簪野花，連臂踏歌，名曰『番戲』。周鍾瑄的〈番戲〉五首〔註92〕針對番俗中「番戲」為主題表現的組詩，從裝扮上的爭豔「蠻姬兩兩鬥新妝」，樂音上的節奏「不掄檀版不吹笙，一點鉦聲一隊行。」，舞姿上的動作表現「聯翩把袖自歌呼，別樣風流絕世無。」「亂把天花散舞筵」、會場上的會飲暢快「一曲蠻歌酒一卮，使君那惜醉淋漓。」，整組詩將原住民的歌舞世界描繪的淋漓盡致，表現了原住民特殊風俗的內容。

　　原住民的社會生活習慣也就在這些原住民風俗主題詩作當中被記錄。原住民無法透過自我立場來書寫對自我文化的表現，詩人的作品，每創作一首他都是原住民社會生活的紀錄，只不過他所呈現的是不同作家及不同時間、點的風俗表現，無法顯示出風俗的流變狀況。原住民民生風俗的刻摹描繪，只是臺灣傳統詩歌「原住民主題」中的一個類型，作家們大多是純粹描繪，並未對原住民生活習俗進行太多批判，這樣的詩歌風格，將原住民社會的生活面細部呈現，雖然他還是無法全面反映出生活面貌的歷史變化，但詩篇卻反映了原住民特定的風俗中顯示的社會狀況，使原住民生活文化情形更加清晰。臺灣古典詩篇中對於原住民民生風俗的描寫，他不但是風俗習慣的說釋，同時呈現康、雍時期以來漢人對原住民的生活內涵的理解與反映。正如首任巡臺御史黃叔璥所云：「番社不一，俗尚各殊，比而同之不可也。」詩人們創作的民生風俗詩篇正是那風俗習尚各不相同的記錄。

4 種）頁 177。

〔註90〕黃叔璥：〈番社雜詠〉《臺海使槎錄》卷八〈俗雜記／附題〉（臺灣文獻叢刊第4 種）頁 177。

〔註91〕劉良璧：《重修福建臺灣府志》〈藝文志〉（臺灣文獻叢刊第 74 種），頁 590。

〔註92〕周鍾瑄：〈番戲〉收錄於《羅縣志。藝文志》（臺灣文獻叢刊第 141 種），頁 272。

第三節　原住民主題詩歌的社會反映

　　民生風俗的作品只能反映生活風貌，原住民社會在清治康熙時期，就前述「社餉」諸章分析中，我們可見到的是，臺灣原住民社會自統一至雍正末期面對社商、通事、社棍、官員、墾民開發土地多重因素的影響，到底都脫不了，在政令上官方的嚴禁與弛施、移民的侵墾的壓迫、官兵、通事及社商的侵漁、不平等的勞役壓榨這些問題。也顯示了康熙朝臺灣「原住民」所處的社會境遇的情形顯現。臺灣古典詩歌中，詩人們同樣對原住民社會狀況與現實反映在詩歌作品之中。

一、經濟、勞役的反映

　　當初開闢，據《東寧政事集》所紀：「諸羅爲僞萬年州。北界所隸生番九十七社，熟番三十四社，贌社額餉又居三縣田丁賦稅十之三。」〔註93〕諸羅縣設，縣之初民丁才二千七百餘口，又集於府治之近。賦稅幾出於「贌社」而來。在稅賦經濟上而府志云：

> 番素朴愚，不知權量。今諸羅之新港、蕭壠、目加溜灣、麻荳、哆咯嘓、大武壠等社，去府治頗近，多事耕田，猶能以錢貿易。餘社則以其所有，易布、絮、鹽、鐵之類于社商而已。鳳山之下淡水等八社，不捕禽獸，專以耕種爲務，計丁輸米于官；大抵番民剽悍，不善治生，而南番尤窮於北番，亦因其地產之多寡不同耳。衣食之外，別無他計，予以酒食，則懽欣趨事；平日以射飛逐走，殪獐殺鹿爲事。透草穿林，攀藤援木是彼之長技。〔註94〕

「贌社」之制乃依靠社商、通事執行。官府收取應取之稅賦，其餘交稅的事務，全由社商通事處理。造成了社商壟斷番社經濟，魚肉「原住民」的狀況出現。季麒光在議此制度時就曾說明：

> 紅彝、僞鄭設爲贌社之名，以其番民之所耕、所畜與所取于海山之利，皆歸於贌商之手。然查紅彝之額，爲數甚輕，僞鄭漸加無已，而又斗斛秤尺與貨物之價值，奸商爲低昂，大約商物一倍取其五倍，番物五倍給其一倍。幾十年來東番民之力已重困矣。〔註95〕

〔註93〕鄭廷桂：〈東寧政事跋〉收錄於《蓉洲文稿。東寧政事集》香港人民出版社，2006，頁147。

〔註94〕高拱乾：《臺灣府志。風俗，（附土番）》，（臺灣文獻叢刊第65種）頁99～100。

〔註95〕季麒光：《東寧政事集》，（台灣文獻匯刊第四輯），頁247。

又云：

> 況贌社之設原為仰佐賦額，必使不累于商，不病於番。而後為商者
> 踴躍以擔事，為番者亦悅服而急公，為吏者亦可遵循，而周失台灣
> 既入版圖，土番即為赤子，其所倒懸待就者，正此贌社一節。既已
> 編入正課，不能懲弊革除，踵而行之已矣！〔註96〕

季麒光對「贌社」一制，社商對番民的侵剝、以及初領臺灣執行「贌社」的
困境，主張先免再議，但終究還是議定踵行前制。制度行之，「原住民」生活
則困窘已。高拱乾則對這樣的番情有深深的感觸其〈東寧十詠〉〔註97〕其八
詩云：

> 竹弧射鹿萬岡巔，罛網張魚百丈淵。幅布無裙供社餉，隻雞讓食抵
> 商錢。文身纔起瘴痕色，赤手誰將垢齘涮。為語縉符銜使命，遠人
> 新附被堪憐。

原住民納餉的堪憐景象。而來臺採硫的郁永河在其〈土番竹枝詞〉對於「原
住民」射獵所得全由社商取去的景況深刻的寫真，詩云：

> 竹弓楛矢赴鹿場，射得鹿來交社商。家家婦子門前盼，飽惟餘瀝是
> 頭腸。(番人得麋鹿以付社商收掌充賦，唯頭腸無用，得與妻孥共飽。)
>
> 〔註98〕

康熙年間一開始執行「贌社」後對原住民的盤剝歷歷可見。以農業為主
的中國人，郁永河來臺之時，臺地開發及其所見，猶不過斗六門北，「地利未
盡」，不施農墾，原住民生活空間尤闊。到了孫元衡已有所改變〈村居二十餘
日身在田疇宜有所慕乃蓑笠耰耡堅不類農家氣味殊足慨也因作雜詩〉：

> 鹿場乃番窟，化為良田疇。稻苗似書帶，潤澤如膏油。無煩理荒穢，
> 苗盛眾草囚。人力解胼胝，百金買馴牛。鵝鴨有欣喜，犯豵非遠憂。
> 早禾當夏刈，晚田及冬收。況有甘蔗林，青青滿中丘。可以安作息，
> 失德於乾餱。摽心對充耳，覯閔夫何尤。〔註99〕

漢人土地的開發，原為鹿場之地化為田園，一片良田美景，孫元衡見到田園
日闢之景，但原住民的生活空間已被壓縮。但原住民生活依舊漁獵維生。從

〔註96〕季麒光：《東寧政事集》，(台灣文獻匯刊第四輯)，頁248。
〔註97〕高拱乾：〈東寧十詠〉，收錄於《台灣府志》(臺灣文獻叢刊第65種)，頁276。
〔註98〕郁永河：《裨海紀遊》卷下 (臺灣文獻叢刊第44種)，頁44。
〔註99〕孫元衡：《赤崁集》卷下，卷四、戊子 (臺灣文獻叢刊第10種) 頁70。

孫元衡的詩歌描述云：

> 物情殊熳爛，問俗竟何如。樂事喧鼉鼓，哀音轉犢車。番荒逃火鹿
> （番藉鹿為糧，驚火犇散，謂之番荒），海熟上潮魚（歲有海魚逆潮
> 而上，謂之海熟）。生理無妨陋，安恬可瑟居。〔註100〕

詩中表現出原住民經濟型態，並未因鹿場減縮而轉型。表面看來，原住民生
活還可維持。但原住民射獵維生，本就辛苦，但社商憑藉著「贌社」盡其搜
括之能，孫元衡也反映到這一方面上，詩云：

> 海山宜鹿，依於樸樕。麌麌呦呦，群行野服。諸番即之，長鉇勁簇，
> 毒痂橫噬。倍於殺戮。憑藉商手賦公局，獲車既傾罄有欲，彊犇猾
> 食何辛苦，值朵頤於刖蹄而剖腹。（番麌鹿為輸，將獲悉委社商，惟
> 利蹄腸一飽而已。）〔註101〕

原住民也只能「惟利蹄腸一飽而已」。都反映這種以射獵為主的生活，但也反
映了社商侵剝的現實。又阮蔡文詩云：

> 雙溪奔流西入海，海勢吞溪溪氣餒；銀濤翻逐綠波迴，遂使溪流忽
> 然改。番丁日暮候潮歸，竹箭穿魚二尺肥（不事網罟，多築石扈；
> 潮退，以竹箭射取）。少婦家中藏美酒，共夫倒酌夜爐圍。得魚勝得
> 獐與鹿，遭遭送去頭家屋。

連在北路的後壠原住民，由於魚的價值在當地可比獐與鹿來的高，雖然捕獲
也都送去頭家（即社商、通事）去，可見原住民所受壓榨並不分南北村社的。
原住民社會中對於這樣的制度無法反應，詩人們將其所見，於詩作中吟詠出
來，赤裸呈現了原住民社會經濟上如何的受到不平等待遇。這些不同時期的
詩歌作品反映出同樣的社會現象，顯示出「贌社」制度對於原住民社會所造
成的影響。而到康熙末期王禮〈臺灣吟〉〔註102〕六首其五：

> 唐人鼓檝涉風潮，坊里雜居欣共招；雖是姓名編戶籍，算來土著正
> 寥寥。（臺呼內地為唐人）

臺地原漢係四方雜處，詩作反映了居地土著逐漸稀少的現實狀況。

〔註100〕孫元衡：〈秋日雜詩〉二十首《赤崁集》卷下，卷三、丁亥（臺灣文獻叢刊第
　　　　10種）頁52。
〔註101〕孫元衡：〈裸人叢笑篇〉《赤崁集》卷下，卷二、丙戌（臺灣文獻叢刊第 10
　　　　種）頁26。
〔註102〕王禮：〈臺灣吟〉，收錄於《臺灣縣志·藝文志》（臺灣文獻叢刊第103種）頁
　　　　268。

　　稅賦重，人口逐漸稀少的現實反映之外，康熙統臺之初季麒光曾對臺灣官員差番的問題發出了原住民既已納餉，就不應隨意差撥番人就服役，制應同於一般民人。但是，也自統一開始原住民除受經濟上的盤剝之外，勞役不時，也成為原住民社會的重要問題之一，不斷在政令當中嚴禁官弁勞役原住民。但似乎成效不彰。原住民純樸，官員差撥，有良知者還會慰勞酒食，發出同情的悲鳴，也顯現在詩歌之中，若陳夢林《丁酉（1717）正月初五羅山署中大風次早風歇，飲紀之以詩》〔註103〕其中說到：

　　　　雙犢亂流車苦遲，番兒強輓膚破裂。下馬停車暫息肩，店舍無煙酒
　　　　不熱。番兒力盡凍且僵，呼起聊為哺與啜。可憐幅布半圍身，青錢
　　　　那惜恣饕餮！此時如我敢言寒，猶有敝裘重補綴。況復今朝風已春，
　　　　窗明几淨椒盤新；水仙香發綠尊滿，春冷無眠奚足囂？風波自古仗
　　　　忠信，念爾孤篷海上人。

反映到原住民服勞役的辛苦，總有悲天憫人之心。而如孫元衡，對於原住民服勞役也是只有「千聲動螯差番急」說明「番人輪充郵遞，繫鈴鐸而走，曰番差。」〔註104〕或者「木城新建繁酋長，官廨初營似客居。」〔註105〕或「今乘箏輿仗人力，諸番夥伴來轟波。蚯蟒罔象競擎捧，爬沙有腳工騰那。」〔註106〕只知原住民供役，而不知其內容情況。或如婁廣〈臺灣偶作〉描述「驛傳倩渠傳片檄，行追奔馬似飛仙」對原住民遞郵迅捷的動作描述。詩作中對於官方差役原住民的問題，反應其實有限，這或許由於統治者的既得利益，所使之然。正如黃叔璥所云：「凡長吏將弁遠出，番為肩輿；行笥襆被，皆其所任；疲於奔命久矣，曾為嚴止。」〔註107〕勞役原住民雖被嚴禁，但官員卻都勞役原住民，這樣的情形已經是習以為常。

　　雍正年間，官弁勞役原住民的情形依舊沒有改變（參閱第五章，勞役壓榨激變的苦果），夏之芳台在〈台灣雜詠百韻〉中就有揭露：

〔註103〕陳夢林：〈丁酉（1717）正月初五羅山署中大風次早風歇，飲紀之以詩〉，收錄於《羅縣志・藝文志》（臺灣文獻叢刊第141種）頁270。

〔註104〕孫元衡：〈旅宿對月有懷〉，《赤崁集》卷下，卷四、戊子（臺灣文獻叢刊第10種）頁68。

〔註105〕孫元衡：〈諸羅縣即事〉，《赤崁集》卷下，卷一、乙酉（臺灣文獻叢刊第10種）頁15。

〔註106〕孫元衡：〈吼尾溪〉，《赤崁集》卷下，卷一、乙酉（臺灣文獻叢刊第10種）頁16。

〔註107〕黃叔璥：〈番俗雜記／番役〉，《臺海使槎錄》（臺灣文獻叢刊第4種）頁166。

餐風宿露爲當官，宿食經旬一飯丸；多少豪民安飽甚，動云「番性
耐饑寒」（番出應差，止以雙手團熟飯一塊繫於腰間，鎮日療饑止此。
其實番亦歎饑苦，有可憫者；非盡其性然也）！〔註108〕

原住民服勞役，所食甚少，苛剝原住民，實在曲解人性，根本與「番性耐饑
寒」毫無關係。對於底層的原住民服役被苛剝，更被無情鞭撻。夏芝芳亦有
所記：

牛車無日不當官，沒字郵符顛倒看；踏水衝泥何限苦，忍教橫撻更
無端。〔註109〕

註曰「官弁路經番社每每索派車輛駄送。麻達遞送公文，名曰番差，稍有遲誤，
通事會責罰。」禁止勞役原住民的命令，上下官弁根本都毫不遵守，稍有不意，
更是無情鞭撻，惡形惡狀全被揭露。而原住民在詩人筆下仍然「刻期插羽走貓
鄰，雨夜風晨往返頻。一道官文書到處，沿途響徹卓機輪。」〔註110〕奉公服
勞。

在原住民納餉方面，雖然康熙末將「社商」革除，但是通事之害卻未能
一并除之。夏芝芳台在《臺灣雜詠百韻》中同樣揭露了原住民依舊遭受盤剝
的現實，其云：

秋盡官催認餉忙，一絲一粟儘輸將；最憐番俗須重譯，谿壑終疑飽
社商（社皆有餉，每秋末則縣尹召令認餉，示以時應完納也。番音
苦不可曉，必賴通事代辦；故社商雖革，而通事情僞實難盡除）。

〔註111〕

原住民社會，還是受到通事的壓榨與勞役之苦。黃叔璥也將通事執行社
餉的情形描述出來「出草秋深盡夏初，刵蹄剖腹外無餘；當官已報社商革，
五穀雞豚一一書。」〔註112〕說明了革除社商，通事依舊對原住民村社「五穀
雞豚一一書」的行徑。

然而康、雍原住民社會被勞役苦擾的問題，在原住民社會中不斷上演，
終至造成原住民的抗爭事件（參考本論第五章說明），劉良璧之〈沙轆行〉

〔註108〕夏之芳：〈臺灣雜詠百韻〉《臺灣詩鈔》（臺灣文獻叢刊第280），頁30。
〔註109〕劉良璧：《重修福建臺灣府志》〈藝文志〉（臺灣文獻叢刊第74種），頁590。
〔註110〕吳廷華：〈社寮雜詩〉《淡水廳志。文徵（下）》（臺灣文獻叢刊第172），頁430。
〔註111〕劉良璧：《重修福建臺灣府志》〈藝文志〉（臺灣文獻叢刊第74種），頁590。
〔註112〕黃叔璥：〈番社雜詠〉《臺海使槎錄》卷八〈俗雜記／附題〉（臺灣文獻叢刊第
4種）頁176。

〔註113〕的描述，在官員撫綏得方下「爲言北路番，無如沙轆強：馬牛遍原野，黍稷盈倉箱；麻踏如飛健，牽手逞艷粧。倘爲千夫長，馭之衛疆場；張弓還挾矢，亦可壯金湯。」〔註114〕原住民反抗勞役不平「職守失其綱？勞役無休息，銖求不可當；窮番計無出，挖肉以醫瘡。支應力不給，勢促乃跳梁。一朝分箭起，焚殺自猖狂。」〔註115〕原住民之所以有動亂，實在是過份勞役原住民所造成的結果。而反抗的結果，落得：

> 皇恩許遷善（沙轆奉改爲遷善社、牛罵改爲感恩社、大甲西改爲德化社），生者還其鄉；番婦半寡居，番童少鴈行。嗟乎沙轆番，盛衰物之常。祇今防廳廨，荒煙蔓道旁。造物寧惡滿，人事實不臧！履霜堅冰至，「易」戒惡可忘？夜深風颯颯，獨坐思茫茫。司牧人難得，惘然太息長！〔註116〕

深切的反映出詩人的感想，「人事實不臧」，原住民深受剝削，反抗因果，被反映在詩歌作品之中。

二、番社環境的反映

在前述反映民生風俗、經濟、勞役問題的原住民主題詩作中被反映出來，在原住民主題的開發中，番社環境，同樣被詩人所重視。原住民社會活動乃以「社」爲主要的活動範圍，擴大了古典詩中對原住民社會的描述。原住民主題詩歌中，其牽涉到番社，或以番社爲主題的作品，內容多反映作者所親歷的見聞及感想。詩作中這些作品較易從題面中追尋出來，若如孫元衡的〈茄留社〉是直接以番社爲題名，而〈野宿馬芝麟社見新月有感〉表現的事件背景在「馬芝麟社」，又〈西螺北行〉、〈還過他里霧〉是路經番社「他里霧社」、「西螺社」的見聞書寫，反映的是原住民「番社」之事物及情態。如孫元衡〈過他里霧〉：

> 翠竹陰陰散犬羊，蠻兒結屋小如箱。年來不用愁兵馬，海外青山盡大唐。（番人稱內地爲大唐。）
>
> 舊有唐人兩三家，家家竹徑自迴斜。小堂蓋瓦窗明紙，門外檳榔新

〔註113〕劉良璧：〈沙轆行〉，《重修福建臺灣府志》（臺灣文獻叢刊第74種）頁597。
〔註114〕劉良璧：〈沙轆行〉，《重修福建臺灣府志》（臺灣文獻叢刊第74種）頁597。
〔註115〕劉良璧：〈沙轆行〉，《重修福建臺灣府志》（臺灣文獻叢刊第74種）頁597。
〔註116〕劉良璧：〈沙轆行〉，《重修福建臺灣府志》（臺灣文獻叢刊第74種）頁597。

－181－

作花。〔註117〕

都反映了番社的房屋形象及環境特色以及漢人已居住番社的事實。對於原住民描繪的詩篇空間逐漸加大，擺脫繪形說俗的詩篇型態，增加地理、環境、社會的描摹。孫元衡的〈吼尾溪〉〔註118〕：

> 雕陰山下綏州道，擂紫驪衝無定河。水迴沙走不敢立，停留頃刻身蹉跎。行到天南渡吼尾，潏湁不當重經過。自斗六門繞柴社，派分貫串東西螺。是時秋旱井泉涸，蕩滴盤盂旋爲渦。方春一雨黿鼉舞，縱有班匠無輕艖。當年上馬身手捷，銀鞍不動根連柯；今乘笋輿仗人力，諸番火伴來犇波。蚔蝝罔象競擎捧，爬沙百腳工騰那。昔不動顏今股栗，織愁編臆紛干梭。平生作事耿奇氣，履險弗懼心靡他。
> 毋迺勇怯隨年改，念此迸淚雙滂沱！

對於吼尾溪的險惡比之無定河般兇險，河流還經過柴裡斗六社與東西螺社，而孫元衡還描述了抬轎的原住民服勞役的情形的寫真。

宋永清針對南路鳳山縣原住民社群逐一系列狀描。這反映出南路鳳山縣原住民番社的社會情態與狀況。其詩將其所轄鳳山縣熟番各番社逐一描寫：如〈力力社〉：

> 力力爲誰力，何年野社開？新籬多曲折，古徑自迂迴。鳥屬他鄉異（如綠鳩之類，地多異鳥。），笳聲此地哀（番以竹爲笳，其音甚悲。）。閩南煙瘴路，疏鑿憶從來。〔註119〕

雖不知道力力村社是何年開展出來的，但反映當地有許多奇異的鳥類與原住民用竹子做樂器，吹奏出來的樂音很悲涼。又〈茄藤社〉：

> 策馬茄藤社，霜蹄迫綠苔。亭亭橫野樹，漠漠擁沙堆。蠻女騎牛去，番童逐鹿來。聖朝恩澤闊，墨齒不爲災。〔註120〕

此詩說明茄藤社與外界實不太過接觸，原住民女子乘牛車，原住民童子逐鹿的平和景象，尚有〈搭樓社〉、〈下淡水社〉、〈茄藤社〉、〈阿猴社〉、〈放索社〉、

〔註117〕孫元衡：〈過他里霧〉，《赤崁集》卷下，卷一、乙酉（臺灣文獻叢刊第10種）頁16。

〔註118〕孫元衡：〈過他里霧〉，《赤崁集》卷下，卷一、乙酉（臺灣文獻叢刊第10種）頁16。

〔註119〕宋永清：〈力力社〉，收錄於《重修臺灣府志・藝文志》（臺灣文獻叢刊第66種），頁415。

〔註120〕宋永清：〈茄藤社〉，收錄於《重修臺灣府志・藝文志》（臺灣文獻叢刊第66種），頁416。

〈大澤機〉、〈上淡水社〉鳳山熟蕃八社無一遺漏，宋永清可謂將鳳山境內的熟番社群描繪無遺。其又有〈番社〉〔註121〕詩云：

> 百里長征山徑紆，溪邊竹裏走番奴。蠻音雜沓聞鵙鴃，茅屋參差
> 入畫圖，裸體威儀存幅布，纏頭休市喜生芻。（番民裸體文身，刈
> 草懸之，以誇華美。） 有時客至呼兄弟 （番無老幼，癸以兄弟呼
> 之。），一笑頻斟打喇酥。（番呼酒爲打喇酥，客至男婦奉以爲敬。）
>
> 〔註122〕

像〈社番夜賦〉、〈倒咯嘓夜雨〉、〈埤頭店〉也都反映其所見番社生活，宋永清將南路鳳山縣原住民社會，透過個別原住民村社的詩歌描述，反映社群社會樣貌。

周鍾瑄與阮蔡文的番境描寫的詩歌則集中北路番社的描刻書寫，反映出臺灣北路原住民社群的地理與風情，如〈曉發他里霧〉〔註123〕：

> 一枕清暉覺夢頻，披雲驅犢散輕塵。投分南北依誰定，羅列東西辨
> 未眞。向道但饒椎髻客，前呵不用放衙人。平明好逐東昇上，我亦
> 從今莫問津。（路經南、北投，東、西螺四社。）

其〈北行紀〉〔註124〕對於諸羅縣全境描繪描寫的地理詩篇反映出所轄諸羅縣重要番社的分布狀況與地理環境，對於北路諸羅縣康熙末的開發狀態，此詩可做爲有利之佐證。又〈水沙浮嶼〉〔註125〕

> 雲根不墜地，牢落東山頭。天風與海水，爭激怒生疣。斷鼇足簸揚，
> 支祈任沉浮。狀若銀河翻，迴星飄斗牛。又若乘杯渡，一粒亂中流。
> 山水有常性，動靜安足求。呼龍與之語，掀髯嗔我尤。靜極而動生，
> 天地一浮漚。大笑揮龍去，浮沙雲未收。

對水紗連的地理狀描，詩人的筆調，讓所處生番界的水沙連，彷如「桃花源」般的境界。周鍾瑄多述地理而阮蔡文對於北路原住民社會地理風貌及其社會

〔註121〕宋永清：〈番社〉，收錄於《重修臺灣府志・藝文志》（臺灣文獻叢刊第66種），頁414。
〔註122〕宋永清：〈番社〉，收錄於《重修臺灣府志・藝文志》（臺灣文獻叢刊第66種），頁414。
〔註123〕周鍾瑄：〈曉發他里霧〉，收錄於《諸羅縣志》（臺灣文獻叢刊第141種），頁271。
〔註124〕周鍾瑄：〈北行紀〉，收錄於《諸羅縣志》（臺灣文獻叢刊第141種），頁273。
〔註125〕周鍾瑄：〈水沙浮嶼〉，收錄於《諸羅縣志》（臺灣文獻叢刊第141種），頁273。

風貌也是精雕細刻：如反映大甲原住民婦女生活形象的〈大甲婦〉〔註126〕

> 大甲婦，一何苦！為夫餤飼為夫鋤，為夫日日績麻縷。績縷須淨亦
> 須長，撚勻合線緊雙股。斲木盧中三尺圍，鑿開一道兩頭堵；輕圓
> 漫捲不支機，一任元黃雜成組。間彩頗似虹蜺生，綻花疑落仙姬舞。
> 吾聞利用前民有聖人，一器一名皆上古；況茲杼軸事機絲，制度周
> 詳供黼黻！土番蠢爾本無知，制器伊誰遠近取！日計苦無多，日計
> 有餘褸，但得稍閒餘，軋軋事傴僂。番丁橫肩勝綺羅，番婦周身短
> 布裋；大甲婦，一何苦！

此描寫大甲地區原住民婦女生動的勞動形象。至於作者情感反應的「苦」，則
做為理解原住民社會型態的作者主觀語詞觀之。阮蔡文的原住民社群地理描
繪如〈後壠〉、〈竹塹〉到〈淡水〉反映出北路原住民社會環境與地理風物，
對於北路原住民社會，具有一定程度的反映：若如反應後壠「顧此後壠番，
北至中港限；音語止一方，他處不能辨。」語言的特異與他處不同。而詩作
內容多有反應地域之內的原住民社會的狀況，如〈竹塹〉〔註127〕反映竹塹地
理位置、原住民社會生活及其困境，詩云：

> 南嵌之番附淡水，中港之番歸後壠；竹塹周環三十里，封疆不大介
> 其中。聲音略與後壠異，土風習俗將無同！年年捕鹿丘陵比，今年
> 得鹿實無幾。鹿場半被流民開，藝麻之餘兼藝黍。番丁自昔亦躬耕，
> 鐵鋤掘土僅寸許；百鋤不及一犁深，那得盈寧畜妻子！鹿革為衣不
> 貼身，尺布為裳露雙髀。是處差徭各有幫，竹塹煢煢一社耳；鵲巢
> 忽爾為鳩居，鵲盡無巢鳩焉徙？

流移開墾、鹿產減少、農技粗淺，又有差役，詩中呈現的原住民社會狀況，
其實遭受嚴重的威脅。而〈淡水〉〔註128〕一詩其描寫北臺灣地理與原住民社
群分布與社會情況：

> 淡水北盡頭，番居之所紀；遠者旬日期，近者一望止。內地閩安洋，
> 揚帆日暮抵。全臺重北門，鎖鑰非他比。聞昔王師來，負固猶未已；
> 懼發陰平師，先截長江水。降旗出石頭，鐵鎖亦奚裨！空亡五鎮兵，
> 鬼隊陰風裏。大遯八里坌，兩山自對峙；中有干豆門，雙港南北匯。

〔註126〕阮蔡文：〈大甲婦〉，收錄於《諸羅縣志》（臺灣文獻叢刊第141種）頁226。
〔註127〕阮蔡文：〈竹塹〉，收錄於《諸羅縣志》（臺灣文獻叢刊第141種）頁267。
〔註128〕阮蔡文：〈淡水〉，收錄於《諸羅縣志》（臺灣文獻叢刊第141種）頁268。

北港內北投（社名），磺氣噴天起；泉流勢勝湯，魚蝦觸之死。浪泵
（社名）麻小翁（社名），平豁略可喜。沿溪一水清，風被成文綺；
溪石亦恣奇，高下參差倚。踰嶺渡雞籠，蚊甲（舡名）風潮駛；周
圍十餘里，其番稱姣美。風俗喜淳良，魚鹽資互市。南顧蛤仔難（社
名），北顧金包裹（社名）；突入紅毛城；顧似東流砥。南港武□灣
（社名），科籐、通草侈。擺接（社名）發源初，浞浞水之沚；隔嶺
南龜崙（社名），南嵌（社名）收臂指。雞柔（社名）大遯陰，金包
傍山磯；跳石以為梁，潮退急如矢。山鹿雖無多，海菜色何紫！又
有小雞籠，依附在密邇；凡此淡水番，植惟狗尾黍；山芋時佐之，
原不需大米。近日流亡多，云欲事耘耔；苟其願躬耕，何處無桑梓！
竄身幽谷中，毋乃非常理！大社雖八名，小社更纍纍；各以近相依，
淮泗小侯擬。通事作頭家，土官聽役使。通事老而懦，諸番雄跅弛，
何以盡傾心，聖朝聲教底。我行至此疆，俯伏而長跪；羊酒還其家，
官自糇糧峙。殷勤問土風，豈敢厭俚鄙！

詩中敘寫內容也充分反映番社地理風貌及呈現出諸羅縣原住民分布狀況。對
於北路原住民社會情狀與現實作反映，對於原住民北路社會研究是不可或缺
的資料。康熙朝初期對於原住民粗略的梗概認識，重視其生活風俗的呈現。
到了康熙末，已進入更為精細分區、分社、更對於番社群分部及社會狀貌、
特殊風俗做更精細的描寫與認識。反映臺灣原住民的社會狀況及其地理分
布，呈現出官員來臺，對於原住民的社會是非常重視，並努力理解，不特只
在奇風異俗之上而已，這些地理及番社的呈現，亦為原住民社會型態的有利
佐證。

三、內山原住民問題的反映

方志紀云：「再入深山中，人狀如猿猱，長不滿三尺，見人則升樹杪。人
欲擒之，則張弩相向，緣樹遠遁。亦有鑿穴而居，類太古之民者。性好殺人，
取其頭，剔骨飾金懸於家，以示英雄。又有一種，見生父年老，將父懸於樹，
聽其殺去：獲之者，繫一豕以易之。」〔註129〕對於臺灣原住民創作的主題多
數以描繪「熟番」社群為主，而對於內山原住民由於非所轄管，實屬王化之
外，詩人們對其風俗、社會、環境描寫上，不能得其深刻，初期反應多以殺

〔註129〕高拱乾：《臺灣府志》〈風土志／土番風俗〉（臺灣文獻叢刊第65種）頁189。

人取首，並以傀儡翻為代稱。若如齊體物、黃學明、郁永河等人都有作品涉略生番問題。詩云：

> 山深深處又深山，一種名為傀儡番。負險殺人誇任俠，終年煨芋飽兒孫。
>
> 煙能鑄骨身能壽，薜荔為一冬亦溫。鳥道倚天高不極，慣常奔走捷如猿。〔註130〕
>
> 深山負險聚遊魂，一種名為傀儡番。博得頭顱當戶列，髑髏多處是豪門。（深山野番，種類實繁，舉傀儡番以蓋其餘。）〔註131〕

最突顯獵人頭的風俗。但內山原住民於康熙之世，間有歸化，文人們也擴大了對原住民（生番）的理解，但對於被歸列為界外的範圍，詩人們還是甚少描繪，蓋接觸有限之故，故孫元衡對生番描寫：

> 虎山深可入，傀儡難暫逢。不競人肉競人首，殲首委肉於犺猣。驚禽飛，駭走獸，腰下血模糊，諸番起相壽。（有生番曰傀儡，踞大山中，見人則殲。）〔註132〕

不脫前面詩人們理解的範圍。即便對鳳山縣極為熟析的宋永清在〈渡淡水溪〉：

> 淡水悠悠天盡頭，東連傀儡徧荒丘。雲迷樹隱猿猴嘯，鬼舞山深虎豹愁。野寺疏鍾煙瘴路，黃沙白露沴寥秋。不知談笑封侯者，冒險衝寒似我不。（淡水，溪名。其水寒冽如冰，而黃沙兩岸，衰草寒煙，寓目輒成慘淡，於塞外風景殆猶過之。渡溪以南，即八社地，為人跡罕到處。蓋陰雲瘴癘，觸之必死。為土番得而居之。番自鄭氏以及效順，聚族巖居，從無以水土為病者。極東則為傀儡山。山野異類，名傀儡生番。茹毛飲血，尚存古處。特其生性強悍，嗜殺如飴。與民人素不相接，偶一逢，必以標槍中之，漆其頭以為玩器，故人多視為畏途。然和番貿易者，每趨焉。嗟乎，名利迫人，不憚驍險，余輩其亦然耶？真勘發一浩歌。）〔註133〕

〔註130〕黃學明：〈臺灣吟〉收錄於《臺灣府志》〈藝文志〉（臺灣文獻叢刊第65種）頁284。

〔註131〕郁永河：《裨海紀遊》卷下（臺灣文獻叢刊第44種），頁45。

〔註132〕孫元衡：〈裸人叢笑篇〉，《赤崁集》卷上，卷二、丙戌（臺灣文獻叢刊第10種）頁26～27。

〔註133〕宋永清：〈渡淡水溪〉，收錄於《重修臺灣府志‧藝文志》（臺灣文獻叢刊第66種），頁417～418。

其實對於傀儡番的描述還是停留「與民人素不相接，偶一逢，必以標槍中之，漆其頭以爲玩器，故人多視爲畏途。」還是不敢輕觸其類，接觸不多。對於原住民（生番）那種一貫的描述，至李丕煜（康熙五十六年鳳山知縣）康熙末其作《傀儡番》一詩云：

> 汝豈生人類，猱然亂似麻！身文腰佩箭，齒黑鬢堆花。杯飲椰爲酒，
>
> 崖居穴是家。憑凌山絕頂，夜月數吹笳。〔註134〕

才對傀儡番原住民的外型、居處方式、飲食、紋身等有粗略的生活形象描繪。

　　在北路也有歸化之原住民，如水沙連一地，原爲界外之地，而周鐘瑄之時，有〈水沙浮嶼〉之詩，因地闢而詩作，此爲最好之證明。然對於北路原住民（生番）的抒寫，康熙朝詩人們的反映還是極其有限。雍正初，生番歸化進入一個新的峰期，對於歸化、劃界、詩人也多所描寫，對於原住民治策藍鼎元諸篇、夏之芳、吳廷華對於原住民的描寫，都加深對於內山原住民社會的理解，然民人越界侵墾等，終造成曾出不窮的殺人事件的問題，更突顯出原住民社會生活空間變化所造成的臺灣社會問題的嚴重。夏之芳《臺灣雜詠百韻》中，對於內山之原住民略有敘述，特別在馘首的習俗，其云：

> 手刃番黍血尚腥，忙鐫肌骨作人形；遍身競賭人多少，方信當場孰
>
> 慣經。（番每殺人，必於己身刺一人形；殺番則刺腰以下及兩足，
>
> 殺漢人則刺腰以上及兩手。以人形多者爲雄，同社人俱不敢與抗）。
>
> 〔註135〕

內山原住民殺人除了取其頭，剔骨飾金懸於家，以示英雄，在身上還鐫刻人形，以別所殺者爲漢人或原住民。馘首在早期臺灣原住民社會爲普遍的風習，早在〈東番記〉中即有記錄。吳廷華〈社寮雜詩〉〔註136〕中云：

> 金飾脂塗舊髑髏，爭相雄長在操矛。而今漸曉秋曹法，不掛人頭掛
>
> 獸頭（近亦畏法，取獸頭懸之）

顯示內山原住民馘首的情形，在歸化與原漢接觸下，馘首的習俗也有逐漸改變的情形。

〔註134〕李丕煜：〈傀儡番〉，收錄於《鳳山縣志‧藝文志》（臺灣文獻叢刊第124種），頁151。

〔註135〕夏之芳：《臺灣雜詠百韻》《臺灣詩鈔》（臺灣文獻叢刊第280），頁32。

〔註136〕吳廷華：〈社寮雜詩〉《淡水廳志‧文徵（下）》（臺灣文獻叢刊第172），頁431。

第四節　《臺海使槎錄》番曲的反映

　　原住民無文字對其文化及生活內容反映及紀錄，因此，對原住民的文化透過理解原住民語言的人，運用漢文字依音紀錄，並轉譯成漢文內容。這一點僅能依此推測，黃叔璥收錄的原住民歌曲，到底如何取得，使槎錄並未言及方法，就其分區標明歌曲所錄的番社地區來觀，我們可據信其爲某社某區原住民所發出的民歌。其反映的內容，我們可信爲當時原住民吟唱社會現實。不論其語言問題，黃叔璥所收錄的原住民歌曲的內容其歸類，用資理解原住民自己內心對當時社會的顯影與生活反映。〈番俗六考〉中，黃叔璥所錄之歌詞內容依地區其歸類爲鳳山縣之原住民歌曲與諸羅縣之原住民歌曲。

　　《臺海始槎錄》對於以諸羅縣爲名，此原住民歌曲反映的原住民社會樣貌的分法，這樣的分類原則，證明取材時間是在尙未分建彰化縣之前的區域分類方法。對於這些諸羅縣、鳳山縣的原住民的民歌來加以分類，首先在反映原住民婚姻愛情的歌曲爲收錄的大宗，多半反映男女追求的心境書寫，如〈崩山八社情歌〉〔註137〕：

　　　　夜間聽歌聲；我獨臥心悶；又聽鳥聲鳴；想是舊人來訪；走起去看，
　　　　卻是風吹竹聲；總是懷人心切，故爾。」

　　此歌反映那種對於情人的思念，由物牽引極其深刻。〈貓霧楝社男婦會飲應答歌〉〔註138〕：

　　　　幼番請番婦先歌；番婦請幼番先歌；番曰，汝婦人賢而且美；婦
　　　　曰，汝男人英雄兼能捷走；番曰，汝婦人在家能養雞豕、并能釀
　　　　酒；婦曰，汝男人上山能捕鹿、又能耕田園；今眾社皆大歡喜和
　　　　歌飲酒。

這首對唱的歌曲，反映出貓霧楝社會男女的生活工作內容，「婦人在家能養雞豕、并能釀酒」而「男人上山能捕鹿、又能耕田園」，原住民社會中「男常逸，女長勞」的社會狀況，也似乎在轉變當中。

　　在親情的反映上，對於原住民重女而輕男的社會描寫，方志之中多有說明，但〈牛罵、沙轆思歸歌〉〔註139〕的內容：

　　　　往山中捕鹿；忽想起兒子並我妻；速還家再來捕鹿；免得妻子在家

〔註137〕黃叔璥：《台海使槎錄》，卷六，〈番俗六考〉，北路諸羅番九，附番歌，頁132。
〔註138〕黃叔璥：《台海使槎錄》，卷六，〈番俗六考〉，北路諸羅番八，附番歌，頁126。
〔註139〕黃叔璥：《台海使槎錄》，卷六，〈番俗六考〉，北路諸羅番八，附番歌，頁126。

盼望。〈後壠社思子歌〉〔註140〕：

　　怪鳥飛去；飛倦了宿在樹上；見景心悶；想起我兒子；回家去看；

　　請諸親飲酒釋悶。

呈現的卻是「兒子」可見原住民社會風俗，同樣與重女輕男的方志紀錄並非一致。

　　在〈哆囉嘓社麻達遞送公文歌〉〔註141〕描述：

　　我遞公文；須當緊到；走如飛鳥；不敢失落；若有遲誤，便爲通事

　　所罰。

　　這首描述麻達遞送公文歌曲，由第一人稱所發出，是原住民所切身經歷的見聞，其中「若有遲誤，便爲通事所罰。」通事，原本只是漢人與原住民間譯溝通之人，在歌中反映出他具有裁罰原住民的現實。而原住民青年，對「遞送公文」表現出戒慎恐懼的心思。

　　對於影響原住民社會經濟嚴重的「贌社」制度，原住民自身在這內容反映上做了非常充分的顯示，捕鹿爲原住民「易銀完餉」主要的來源。〈大武郡社捕鹿歌〉〔註142〕、〈二林、馬芝遴、貓兒干、大突四社納餉歌〉〔註143〕〈東西螺度年歌〉〔註144〕所呈現出這樣生活現實。原住民嗜酒，但是「完餉」則比飲酒酬歌更爲重要。〈他里霧社土官認餉歌〉〔註145〕云：

　　請社眾聽説；我今同通事認餉；爾等須耕種；切勿飲酒失時；俟認

　　餉畢；請爾等來飲酒。

　　這些原住民歌謠作品所反映內容，主要都是「餉完再來會飲。」、「易餉銀得早完餉；可邀老爺愛惜；我等回來快樂；飲酒酬歌」、「易銀完餉，可去釀酒過年。」都顯示出生活上對「納餉」的重視。

　　在康雍之際，原住民歌謠中也反映出，原住民社會經濟也有所改變。除捕鹿之外，農耕、作田也是納餉來源。在〈竹塹社土官勸番歌〉〔註146〕：

　　社長，請爾等來飲酒；我祖公最善捕鹿、作田；爾少年子孫當聽我

〔註140〕黃叔璥：《台海使槎錄》，卷六，〈番俗六考〉，北路諸羅番九，附番歌，頁132。
〔註141〕黃叔璥：《台海使槎錄》，卷五，〈番俗六考〉，北路諸羅番二，附番歌，頁102。
〔註142〕黃叔璥：《台海使槎錄》，卷五，〈番俗六考〉，北路諸羅番三，附番歌，頁106。
〔註143〕黃叔璥：《台海使槎錄》，卷五，〈番俗六考〉，北路諸羅番三，附番歌，頁106。
〔註144〕黃叔璥：《台海使槎錄》，卷五，〈番俗六考〉，北路諸羅番三，附番歌，頁107。
〔註145〕黃叔璥：《台海使槎錄》，卷五，〈番俗六考〉，北路諸羅番三，附番歌，頁107。
〔註146〕黃叔璥：《台海使槎錄》，卷六，〈番俗六考〉，北路諸羅番九，附番歌，頁132。

教導：當學我祖勤謹耕捕；土官就愛惜爾；還邀來飲酒。

同時也顯示了，農耕射獵的經濟型態，透過學習傳承。〈蕭攏社種稻歌〉〔註147〕、〈南社會飲歌〉〔註148〕、〈諸羅山社豐年歌〉〔註149〕、〈大傑巔社祝年歌〉〔註150〕、〈大武壠社耕捕會飲歌〉〔註151〕、〈半線社聚飲歌〉〔註152〕都對原住民的經濟型態、飲酒風氣、豐年祈求的願望的呈現。但對於原住民先祖的描述雖有〈阿束社誦祖歌〉〔註153〕、〈大肚社祀祖歌〉〔註154〕雖描述祖先們的英勇，卻無任何事跡陳述。諸羅縣這些原住民歌曲反映了原住民社會的生活型態，但也由於他專對於各社而發，很難將他概括為全體原住民的生活形貌，惟對納餉一項來觀察，原住民社會是非常重視，並且是盡全力去達成這項工作。

　　鳳山縣原住民歌曲明顯反映原住民的社會重視農稼的社會型態，熟番社歌反映如〈澹水各社祭祀歌〉〔註155〕云：

　　虔請祖公；虔請祖母；爾來請爾酒；爾來請爾飯共菜；庇祐年年好
　　禾稼；自東自西好收成；捕鹿亦速擒獲。」

歌曲中請祖先保佑的反映祖先崇拜的現象，和北路諸番的射獵捕鹿完餉、飲酒不同。〈上澹水力田歌〉〔註156〕反映農耕型態的原住民生活型態。〈搭樓念祖被水歌〉〔註157〕更反應失去田園生生活面臨的痛苦，〈放索種薑歌〉〔註158〕云：

　　此時是三月天，好去犁園；不論男女老幼；同去犁園好種薑；俟薑
　　出後再來飲酒。」

〈力力飲酒捕鹿歌〉〔註159〕云：「種了薑；去換糯米；來釀酒」都反映了鳳山

〔註147〕黃叔璥：《台海使槎錄》，卷五，〈番俗六考〉，北路諸羅番一，附番歌，頁98。
〔註148〕黃叔璥：《台海使槎錄》，卷五，〈番俗六考〉，北路諸羅番三，附番歌，頁106。
〔註149〕黃叔璥：《台海使槎錄》，卷五，〈番俗六考〉，北路諸羅番二，附番歌，頁103。
〔註150〕黃叔璥：《台海使槎錄》，卷五，〈番俗六考〉，北路諸羅番四，附番歌，頁112。
〔註151〕黃叔璥：《台海使槎錄》，卷五，〈番俗六考〉，北路諸羅番四，附番歌，頁112。
〔註152〕黃叔璥：《台海使槎錄》，卷五，〈番俗六考〉，北路諸羅番六，附番歌，頁117。
〔註153〕黃叔璥：《台海使槎錄》，卷五，〈番俗六考〉，北路諸羅番三，附番歌，頁107。
〔註154〕黃叔璥：《台海使槎錄》，卷六，〈番俗六考〉，北路諸羅番八，附番歌，頁126。
〔註155〕黃叔璥：《台海使槎錄》，卷七，〈番俗六考〉，南路鳳山番一，附番歌，頁147。
〔註156〕黃叔璥：《台海使槎錄》，卷七，〈番俗六考〉，南路鳳山番一，附番歌，頁147。
〔註157〕黃叔璥：《台海使槎錄》，卷七，〈番俗六考〉，南路鳳山番一，附番歌，頁147。
〔註158〕黃叔璥：《台海使槎錄》，卷七，〈番俗六考〉，南路鳳山番一，附番歌，頁148。
〔註159〕黃叔璥：《台海使槎錄》，卷七，〈番俗六考〉，南路鳳山番一，附番歌，頁148。

縣原住民社會對農耕種作重視的社會型態，這與明鄭以來鳳山以丁米納稅，
重視農耕的紀錄完全相同。

　　對於祖先歌頌，鳳山縣與諸羅縣的描繪大致相同，多空言武勇，沒有什
麼歷史敘述。如〈下澹水頌祖歌〉〔註160〕云：

　　　　請爾等坐聽；論我祖先如同大魚；凡行走必在前；何等英雄；如今
　　　　我輩子孫不肖；如風隨舞；請爾等坐聽。

主旨只呈現今不如昔的感慨。而〈阿猴頌祖歌〉〔註161〕：「論我祖；實是好漢；
眾番無敵；誰敢相爭。」〈武洛頌祖歌〉〔註162〕：「有起曲之調！先時節；我
祖先能敵傀儡；聞風可畏；如今傀儡尚懼；不敢侵越我界。」則呈現了原住
民之間，互有衝突的狀況，卻沒能陳述出其先人們的行徑如何與實際的內容。

　　瑯嶠地區特別紀錄顯現與所謂內地人之間的互動，〈瑯嶠待客歌〉其內容：

　　　　爾來瑯嶠；此處不似內地；爾來無佳物供應；得罪得罪。

從充滿謙卑的歌詞來看，對於外來者，待之以禮，好客之形表露無疑。原住
民歌曲，雖透過譯轉，在語詞運用上已見修飾的痕跡，且各社獨立歌曲的描
繪，也只能說明這些各社風情，透過了相似內容的磨合，也似能表現一些當
時原住民社會共通的問題與習慣表現，亦可作爲爲理解原住民社會，爲原住
民自己直接表現的「少數」作品。

　　臺灣清治初期古典文學「原住民主題」就詩之類而論，文人的詩歌創作
與原住民社會的發展過程息息相關，陳述「原住民」文化、社會的內容，也
成探討臺灣原住民社會制度及其社會的反映的材料，不單只是風俗習慣的述
異、說釋。而「原住民主題」的文藝，他不只是文學作品，同時也是原住民
社會顯影的歷史材料。作爲文學觀察，在臺灣古典文學的發軔期，此主題更
爲臺灣古典文學創作的重要類型之一而，藏諸於各文學體式之中。它是漢文
學也是原住民社會的歷史文獻。臺灣有清統治（1682～1895）二百餘年，原
漢交會亦隨起隨落，當社餉終結之後，對於原住民社會的制約與管理並不終
止，續起的對原住民的番丁制度，原漢民間的交流（地權流動與組租稅關係），
治權範圍的逐漸擴大，開山撫番等等，對於原住民社會的描述，皆存之於諸
文學體式之中，而民間書契、地理圖集、清丈資料、稅課等的釐清與分析，

〔註160〕黃叔璥：《台海使槎錄》，卷七，〈番俗六考〉，南路鳳山番一，附番歌，頁147。
〔註161〕黃叔璥：《台海使槎錄》，卷七，〈番俗六考〉，南路鳳山番一，附番歌，頁147。
〔註162〕黃叔璥：《台海使槎錄》，卷七，〈番俗六考〉，南路鳳山番一，附番歌，頁148。

均有助於對清治漢原交會下的臺灣文學與社會的內涵再認識。

隨著朱一貴事件終結，進入雍正時代，置縣（雍正二年置）設廳（雍正九年設），隨著生番歸化的潮流，對於原住民社會的理解也逐漸擴大，原本混濛的臺北之區，以及原住民歸化之後區域的情形，詩人在創作上，均都加深了對於這些區域的風俗及社會的描述，夏之芳與吳廷華對於全臺番社不論是書寫界內或者界外原住民，不只單寫風俗狀描形象，同樣皆對於原住民納餉的問題提出書寫，並且對於社商的廢除，對原住民社會的影響，當其所見而各有描述，這康熙治臺以來對原住民社會影響至巨的制度，詩人在創作上總是無法忽略這個問題，可見「贌社」制度下番民所受到的壓迫是如此的顯而易見。

康、雍時期宦臺之文人往往受限於任免期限以及任官之區域往往不能全面或更加的深入，分別針對這些原住民主題的詩歌創作，整理之後我們不難發現，遊宦文人們都不免被臺灣原住民奇異風俗形象所吸引，並且創作不少相關性的詩篇，有描述番民之形狀者、生活風習者、使用器物者、番社地理者、生番之風俗者，或統括、或分區、或直指番社，這些不斷增長的原住民主題詩篇，往往不同時期集中摩寫一種類型的趨勢，隨著區域的開拓番民的風土習慣逐漸的清析，而且全臺番社內部生活所面臨的實況，也更趨於明朗，流移拓墾的情形，也在有意無意間表現出來。原民民生風俗的描述及其社會變化也從這些原住民主題詩歌作品中被片斷的表現出來。

當臺灣一地，正式納歸中國版圖之列時，宦臺之文人又何嘗不是如唐代詩人對於大漠及西域的物產、風候、人文、風俗一般，寫下他面所面對的臺灣風物及其見聞。臺灣的原住民的社會現實情況，由於歷史主軸以中國統治者為中心，根本無法反映也未在意臺灣原住民的社會現實問題。但有良心的官員，當然也發覺到這個問題，終也對於這無法改變並壓榨原住民極深的「贌社」制度加以書寫。民生風俗描寫雖能反映生活風貌，就前章述「經濟」視角來分析，我們可見到的是，臺灣原住民社會於統一至康熙末期面對社商、通事、社棍、官員、墾民開發土地等多重因素的影響，也顯示了康熙朝臺灣「原住民」所實處的社會環境情況顯現。宦臺文人們同樣對原住民社會狀況與現實反映在詩文作品之中並不缺乏，原住民社會被壓榨的真貌。這樣的詩文創作篇章，異於采風述異的風俗形象描繪之外，更加凸顯原住民社會真正面臨的問題。漢人進入臺灣拓墾，解決了自己的民生、社會問題。原住民賴

以維生的「鹿場」逐漸的消失之外，社商、通事貪婪之人盡其搜括之能，原住民射獵之所得，僅有「頭腸之物」那些倚望之婦子之心，於今時設想，臺灣是時原住民在「官、商、墾民」交相煎之情況，其真實境遇焉不令人備感堪憐。對於采風詩描繪了原住民的風俗形態，可說豐富了詩人的見聞曾廣了書寫題材，雖然明鄭時期將中國古典文學創作帶入東寧斯土，也開啓了對東寧風土的描述，但進入清治，詩人以「原風主題」的詩歌創作，才真正彌補了原住民沒有文字記錄缺憾，原住民的民生風俗習慣及社會問題被詩歌所記錄而流傳下來。

圖 6.1：《番社采風圖》織布

文字說明：織布淡防廳岸裏、大甲東、大甲西等社番婦織布，一名達戈紋。其彰邑各社番婦亦能。惟大甲社番婦所織者甚，然最佳者。

圖像出處：(中央研究院歷史語言研究所文物圖像研究室資料庫（珍藏《番社采風圖》圖象及解說）http://saturn.ihp.sinica.edu.tw/~wenwu/taiwan/index.htm

註：番女機杼以木，大如栳栲，鑿空其中，橫穿以竹使可轉；纏經於上，刓木為軸繫

於腰，穿梭闔而織之。以苧絲爲線，染以茜草，合鳥獸毛織帛，斑斕相間，名曰「達戈紋」。又有巾布等物，皆堅緻。六十七：《番社采風圖考》（台灣文獻叢刊第九○種）頁 3～4。

圖 6.2：《番社采風圖》乘屋

文字說明：乘屋臺邑新港社熟番，豐年收成後，乘屋起蓋。其諸邑各社亦如此。

圖像出處：中央研究院歷史語言研究所文物圖像研究室資料庫（珍藏《番社采風圖》圖象及解說）http://saturn.ihp.sinica.edu.tw/~wenwu/taiwan/index.htm

註：蓋屋先植棟柱於地，然後削竹爲椽，編茅爲瓦，成圓蓋，會社眾合力擎舉置棟上。前後皆有闔扇，繪雕髹漆，殊炫麗。兩旁皆細竹，編爲花草等紋。外堅密而中無間隔，形勢狹長，遠望有如畫舫焉。侍御黃叔璥有詩云：『剡竹爲椽扇縛笅，空擎梁上始編茅。落成合社欣相賀。六十七：《番社采風圖考》（台灣文獻叢刊第九〇種）頁4～5。

第七章　結　論

　　「贌社」制度起於荷蘭時期 1642 年的東印度公司的決定，而終於清治臺灣的乾隆二年，隨著政權的更替，跨越三個不同主政之政體（荷蘭統治時期、明鄭時期與清治時期初期）。這近百年制度加諸於臺灣原住民社會，對於原住民社會造成不同承度的衝擊與影響。不同的政權，在執行同一制度上也都有所變動。因此，有著不同的差異存在。藉由文獻的分析與歸納，數字統計釐清與比較，政令的解釋與文學的描述，論證各時期「贌社」制度的內涵與影響層面、異變，並透過本論的分析研究而能糾謬就真，且對此制度執行對於原住民社會生活的影響，反映出原住民社會的實質境遇為基，進而分析康、雍詩歌對於原住民文化主題表現的形式與內涵的分析。但就「以史證詩」之法，即面臨到對於原住民社會歷史演變紀錄的缺乏與記載簡略的問題，臺灣四百年來的歷史軸線，以統治者為中心，並分屬不同政體，原住民社會在其間存在是不斷被弱化的，甚至被邊緣化的一層。在研究法上變得無從著力與論證。因此，本論研究上不免對於先行論述釐清各時代贌社制度變異及其發展。

一、「贌社」制度的三個階段

　　首先「荷蘭人」所設立的包攬「村社貿易」的對象並非原住民而是商人，實際上，原本漢人可以藉獵人執照的發放而大量獵捕臺灣鹿產，由於村社貿易的限制反而捕鹿的權力回歸到原住民身上。商人透過與原住民間以貨物為貨幣作交換的商業交易，取得土產，最主要是鹿皮與鹿肉，鹿皮銷售到日本，而鹿肉則運輸中國，商人們。荷蘭人透過對關稅的抽取進口稅與出口稅，收

取村社貿易權力金（贌社稅）收取殖民地利益。從經濟數據與制度執行面來觀察與分析「贌社」制度的最初，並非為剝削原住民的利益而設，反而是「贌社」商人的競爭所帶來的利益，讓荷蘭方面獲得豐厚的利益，由於商人與原住民之間的的不公平交易，荷蘭人甚至提出諸多方法來抑制商人的行為。但就整體而言，制度的執行，對於荷蘭人、華商、原住民村社，可謂各取所需，透過數據的分析筆者並不認同此時期「村落承包制度」是對原住民「剝削」的論述或解釋。

其次，論明鄭時期所繼承的「贌社」制度，雖然此時期的直接的「數據」資料缺乏，村社的範圍模糊不清，但透過清人所接收明鄭的稅賦資料分析加上清人入臺議定稅賦的文書，再則方志中對於徵餉村社的載明，據此資料重建對於明鄭時期「贌社」制度的內容。此包含了「贌社」的執行方式、村社的範圍與各個村社的「贌金擬測」，擬測分析之結果與荷蘭時期的「贌社」相比較之下，明鄭對於「贌社」制度的修正，顯然政府在稅賦的收入上依照擬測數據與荷蘭時期只能說是概略相當，但對於商人的約束寬鬆，在此制度下，最大的獲利者，恐怕是那些「贌社」的商人。而明鄭「贌社」金，基本上還是屬從商人貿易利益中支付，與荷蘭時期相同，正如推測荷蘭時期「贌社」所之出的成本估算：當明鄭從中收取的「贌社」金額與荷蘭時期相當時，政府免除商人的出口稅外，又加上商人極盡所能的壓低與原住民間的交易成本，商人成為此制度之下的最大獲益者。而南路八社原住民的改納丁米的制度，成為明鄭時期對於原住民管理的上的最大變革。

再次，進入清治時期，雖言「贌社」上承於明鄭之制，但清人對於「贌社」本質上的認識，卻異於荷蘭與明鄭時期，實際上扭曲其本質，變成為直接向原住民村社徵收的雜稅，但卻包裹著前期「贌社」制度的外衣，徒有商業之名，而行直接向原住民徵稅之實。但若依照著原本從明鄭繼承的數據折算，對於各社而言，這項「數據」是減輕，但是減輕社商的負擔，社餉從出卻是徵自於村社，原住民反而是增加了這項負擔。而康熙末年廢除社商，更說明「贌社」本質上改變的現實。

進入清治的臺灣原住民社會，在此「贌社」制度之下官弁勞役、移民侵墾、加上賦稅問題的交迫下，還有官員索賄，社商、通事盤剝於原住民，才正是突顯出原住民社會遭受「剝削」的實質社會狀態。這些存在的問題和現況，其實並不缺乏記錄，政策上的奏議詔令的往來佈告，遊宦文人們的見聞

記錄與謳歌，雖不出於原住民自身的反應與說明，透過文學上的解析與建構，勾勒出原住民社會所遭受的實際情形。時間的推移下，原住民所承受的稅賦終康、雍二朝不曾改變，然而生活空間隨著移民不斷的拓墾，不論是明墾或者侵墾隱佔，原住民實際生活空間日益縮減。當鹿場變成田園，原住民主要賴以生存的打獵收穫也因此減少。加以官弁的不時勞役，造成原住民社會的動盪，雍末也開始對於這些存在數十年的原住民社會問題進行改革，「理番三議」所分析顯示出執行的狀況，目的就是為解決原住民社會所面臨之諸弊端。實際三個朝代原住民社會經歷主政者的更替、制度的變動、時空的變化、「贌社」演變的過程反映了歷史進程下原住民社會面臨統治者真實情境。而被錯論以及忽略的原住民社會實況透過這樣的分析體現出來。

二、對於贌社「剝削論」

從贌社的三階段研究分析，我們可藉由研究之內容得知，贌社最初的本質是一以原住民村舍為範圍的商業行為的稅收，三個階段分析下來，從此制度下正常收取的金額荷蘭時期的統計金額應是最高，明鄭次之，而清治政府收入應是最低的，若以數字來看，恐怕荷蘭時代的贌社收益最大，因此而下定義，構成荷蘭人「剝削」臺灣原住民？清治「贌社」制度裁減「金額」政府減輕番社負擔，因此得由，清治官方是照顧台灣原住民的。剝削原住民絕不會落在清治時期的頭上。但從負擔上來看荷蘭時期原住民並不負擔「贌金」，明鄭時期相同，而清治時期政府變相直接向原住民村社收取「社餉」，可見從負擔上來看清治原住民的負擔最大。商人貫穿三個時代，透過易物交易從中獲利最為豐厚，若說「剝削」原住民，贌社商人最為直接，而自 1652 年以後商人為中國人居之，也就是說「剝削」原住民最大的剝削者正是「中國的商人」。甚至進入清治時期清朝的官弁，壓迫社商、通事，從其受賄金額各多達社餉數倍，商人轉而從原住民身上盤剝利益，就此分析可見清治時期的官弁社商才是最大的剝削者，而原住民在此制度下受害最深的時期。雖然制度終結，也不能抹滅這一事實，「剝削」原住民的論述，絕對非為荷蘭時期或者是荷蘭人，也不是對臺灣無知的清廷中央而是清領時期的中國不肖官與商。

三、采風詩的開拓與印證

康、雍二朝臺灣傳統詩歌中「原住民」主題的開發，自沈光文有〈番婦〉

的純描繪「原住民」婦女的起始。季麒光對於原住民社會之理解，也創作不少相關的詩篇，又齊體物的〈臺灣雜詠〉、黃學明〈臺灣吟〉、高拱乾的〈東寧十詠〉，尚不全然以臺灣「原住民」爲主體。郁永河來臺採硫，一系列的「原住民」專題竹枝詞的開創，開啓對臺灣「原住民」風俗的細微描述與對臺灣「土番」的觀感與環境描繪，臺灣古典詩自此時對於原住民主題的詩歌則更形確立，成爲臺灣傳統詩歌創作的重要主題之一，從一首專題而逐漸演變成爲一種大範圍的「原住民」風俗描寫。臺灣的「原住民」形象也越加清晰，「原住民」社會狀況實際上亦託寄其中。

體察「原住民」社會，除政令、方志以外，臺灣傳統詩歌創作者對原住民社會的觀察與感想，補充了方志對原住民風俗描繪不足之處。擴大其描述的範圍深入體察番社、並寄託對「原住民」面臨清治管理者的社會處境。同時詩作對於原住民社會的反映，並不單純只有風俗描寫而已，從最初形貌風俗的創寫漸而轉變對其風物與社會生活內容的陳述，甚至對於原住民的治理方策、原住民遭受的社商與通事的侵剝、原住民服勞役之情形、番社地理、經濟稅賦、移民墾拓影響、生番的風俗等等，更有寄託對臺灣「原住民」的思想情感，也描寫到原住民社會面臨統治的情緒反應。原住民本身並沒有文字對於自身的風俗文化進行記錄與書寫，對於統治問題及自身情感來加以反映，大量的古典「原住民」主題詩篇，還有對於原住民番曲的轉錄，也恰好補充了原住民在這方面的不足及缺憾。

而康、雍二朝的古典詩歌中的「原住民」主題，多數以描述熟番爲主，生番爲次。一方面受到治權的影響，統一之初開府設縣，所轄之區多熟番。這也是依據當時政治現實與對臺灣原住民的管理分類上來發揮的結果。筆者爬梳台灣古典詩歌的初衷對於臺灣古典文學作品有著「以臺灣古典詩文敘說原住民史」的企圖，但畢竟康雍二朝原住民社會描述的作品，數量及其內容並未達到說史的寬度與廣度以及連續性薄弱，而且原住民社會描述的詩篇的內容也還在開發的階段，但卻是能以古典「詩文」創作作爲輔證「瞨社」此一制度下原住民會狀況，並非若風俗單純的書寫原住民若上古人民「無懷、葛天」之民，因清治繼承並改變了「瞨社」制度內涵後，原住民社會眞況並不像古典詩歌中純然對於原住民風俗、形象的描繪般的單純。古樸質實，無欲無求並不表示其社會就不會被剝削，透過制度分期分析研究，才更顯示出原住民在此制度下社會生活實境的對比情況，顯示采風詩歌的另一種在制度

下原住民的生活面貌。清治原住民村社的經濟壓力實際不減反增更勝於前代，當然在文學反映社會的前題下「原住民」社會被侵剝的現實也在文人筆下被一一的挖掘出來。

從康熙統一臺灣進入清治時期，宦臺官員針對原住民社會提出不少理番論述與說明，諸如季麒光的「社餉諸述」、郁永河的「社商、通事、社棍之陳」、孫元衡引援宋梅摯的「五瘴說」、陳璸的「教化之議」、藍鼎元的「制番論」及「反劃界之語」、周鍾瑄的〈上滿制總書〉、張嗣昌「巡臺諸建議」，以及為數眾多的公文書、牽涉的理番事務奏議與命令，都再再顯示中國統治者由來以史、傳、詩、文來敘寫紀錄當代諸事情況，清康熙統一臺灣後，一開始即繼承這些方面來對臺灣這片土地加以書寫記錄，這是時代的關係，並非清代的人漠視對臺灣「原住民」的問題研究，傳統的創作習慣使之然。但不用諱言的是，由於政權的主導者是清政府，在歷史的詮釋角度的主體，當然不會是臺灣原住民，這和荷蘭時期，明鄭時期，臺灣原住民在各信史資料中相同，雖然原住民為重要組成，卻非主體詮釋的中心。從過去到現在根本沒有成為歷史詮釋中心的主體，若歷史陳述本身就有脫漏與錯誤，當然這些臺灣傳統詩文在反映當時原住民社會也有偏頗而不一的情形。由於對於原住民社會史料零散與脫漏及陳述不明的情況，因此，有爬梳史料以求真實的必要，而用詩與歷史材料互證，過程中反映二者間陳述之社會文化真實情況與正確性。

清代對於臺灣的原住民也是處在初始認識的階段，尤其康、雍二朝，對臺灣全島也未完全納入統治範圍。更處於開拓的階段。對原住民的理解也順由墾民逐漸開拓之下而逐漸的接觸認識與理解。清初領臺後，並非對「原住民」少於研究，只不過透過中國既有的文學傳統來觀察記錄與說明，故存之方志、存之詩歌、存之遊紀、存之公文書札。還有，自華夏納臺土，自視「原住民」為我民，自然一體視之。然其類繁雜，又無文字，語言各異隔閡難通，種種差別，減緩及阻隔了文人們認識與理解的速度。但是，臺灣一新闢之地，所見異於華夏風光，為詩人們帶來豐富的詩料，臺灣「原住民」的歷史記憶也藉由這些詩文而流傳下來。臺灣詩壇對於原住民描述主題文學萌生與發展，同時也代表了宦臺官員及文人們對於臺灣「原住民」為臺灣社會不可忽略與忽視的一環做了有力的證明。

參考書目

一、荷蘭時期史料

1. 江樹生：《熱蘭遮城日記（一）》臺南：台南市政府，民88。
2. 江樹生：《熱蘭遮城日記（二）》臺南：台南市政府，民88。
3. 江樹生：《熱蘭遮城日記（三）》臺南：台南市政府，民88。
4. 周學普（譯）《被遺誤的台灣》台北：臺灣銀行經濟研究室，民45。
5. 郭輝（譯）：《巴達維亞城日記》（一）（二）臺中：台灣省文獻委員會，民59。
6. 程大學（譯）：《巴達維亞城日記》（三）臺中：台灣省文獻委員會，民79。
7. 程紹剛譯注：《荷蘭人在福爾摩莎》臺北：聯經出版社，民89。

二、明清古籍

1. 六十七：《番社採風圖考》台北市：台灣銀行經濟研究室，臺灣文獻叢刊第90。
2. 王禮：臺灣縣志》臺北：臺灣銀行經濟研究室，臺灣文獻叢刊第103。
3. 王瑛曾：《重修鳳山縣志》臺北：臺灣銀行經濟研究室，臺灣文獻叢刊第146。
4. 余文儀：《續修臺灣府志》臺北：臺灣銀行經濟研究室，臺灣文獻叢刊第121。
5. 吳幅元：《台灣詩鈔》臺北市：臺灣銀行經濟研究室，臺灣文獻叢刊第280。
6. 李丕煜：《鳳山縣志》臺北：臺灣銀行經濟研究室，臺灣文獻叢刊第124。
7. 沈有容：《閩海贈言》臺北市：臺灣銀行經濟研究室，臺灣文獻叢刊第56。

8. 周元文：《重修台灣府志》台北：臺灣銀行經濟研究室，臺灣文獻叢刊第66。

9. 周鍾瑄：《諸羅縣志》臺北：臺灣銀行經濟研究室，臺灣文獻叢刊第141。

10. 周璽：《彰化縣志》台北：臺灣銀行經濟研究室，臺灣文獻叢刊第156。

11. 季麒光：《台灣文獻匯刊第四輯；東寧政事集》北京市：九州出版社，民93。

12. 季麒光：《蓉洲詩文搞選集》香港：香港人民出版社，民95。

13. 林豪：《澎湖廳志》台北市：台灣銀行經濟研究室，臺灣文獻叢刊第164。

14. 施琅：《靖海記事》台北：臺灣銀行經濟研究室，臺灣文獻叢刊第156。

15. 洪麗完：《臺灣古文書集》上、下冊，豐原：台中縣立文化中心，民85。

16. 范咸：《重修臺灣府志》臺北：臺灣銀行經濟研究室，臺灣文獻叢刊第105。

17. 郁永河：《裨海記遊》台北：臺灣銀行經濟研究室，臺灣文獻叢刊第44。

18. 孫元衡：《赤崁集》台北市：臺灣銀行經濟研究室，臺灣文獻叢刊第10。

19. 高其倬：《清經世文編選錄》台北市：臺灣銀行經濟研究室，臺灣文獻叢刊第289。

20. 高拱乾：《台灣府志》，台北：臺灣銀行經濟研究室，臺灣文獻叢刊第56。

21. 高拱乾等，《臺灣府志三種》，北京：中華書局，民74。

22. 梁志輝、鐘幼蘭編：《臺灣原住民史料彙編第七輯：國立故宮博物院清代宮中檔奏摺台灣原住民史料》南投：臺灣省文獻委員會，民87。

23. 連橫，《臺灣通史》，台北市：眾文圖書公司，民68。

24. 陳支平主編：《臺灣番社風俗圖》北京市：九州出版社，民93。

25. 陳文達：《臺灣縣志》台北：臺灣銀行經濟研究室，臺灣文獻叢刊第103。

26. 陳培桂：《淡水廳志》臺北市：臺灣銀行經濟研究室，臺灣文獻叢刊第172。

27. 黃叔璥：《臺海使槎錄》台北：臺灣銀行經濟研究室，台灣文獻叢刊第4，。

28. 黃逢昶：《臺灣生熟番記事》台北：臺灣銀行經濟研究室，臺灣文獻叢刊第51。

29. 楊英：《從征實錄》台北：臺灣銀行經濟研究室，台灣文獻叢刊第32。

30. 臺灣史料集成編輯委員會編：《明清台灣檔案彙編》第二輯，台北市：遠流出版事業公司，民95。

31. 臺灣銀行經濟研究室編：《閩海紀要》台北市：臺灣銀行經濟研究室，台灣文獻叢刊第4。

32. 臺灣銀行經濟研究室編輯：《台灣府賦役冊》，南投：台灣省文獻委原會，

民 86。

33. 劉良璧：《重修福建台灣府志》台北：臺灣銀行經濟研究室，臺灣文獻叢刊第 74。

34. 劉良璧，《重修福建臺灣府志》台北市：臺灣銀行經濟研究室，臺灣文獻叢刊第 74。

35. 蔣毓英等：《台灣府志》廈門：廈門大學出版社，1985。

36. 盧若騰：《島噫詩》臺北市：臺灣銀行經濟研究室，臺灣文獻叢刊第 245。

37. 藍鼎元：《平臺紀略》台北：臺灣銀行經濟研究室，臺灣文獻叢刊第 14。

38. 藍鼎元：《東征集》台北：臺灣銀行經濟研究室，臺灣文獻叢刊第 12。

三、近人專著

1. 中村孝志：《荷蘭時代台灣史研究下卷》臺北：稻香出版社，民 93。

2. 中村孝志：《荷蘭時代台灣史研究上卷》臺北：稻香出版社，民 86。

3. 包亞明主編：《二十世紀西方美學經典文本》，上海：復旦大學出版社，民 89。

4. 伊能嘉矩著：《臺灣文化志》（三卷）（南投：台灣省文獻委員會）民 80。

5. 全臺詩編輯小組編撰：《全臺詩》，臺南市：國家臺灣文學館，民 93。

6. 吳密察、翁佳音《荷蘭時代臺灣史研究（下冊)》，台北：稻香出版社，民 91。

7. 吳密察、翁佳音《荷蘭時代臺灣史研究（上冊)》，台北：稻香出版社，民 86。

8. 杜正勝：《番社採風圖題解》，台北：中央研究院歷史語言研究所，民 87。

9. 周憲文：《荷蘭時代台灣之掠奪經濟》，台灣銀行經濟研究室（編印），《臺灣經濟史第四集》，台灣研究叢刊第 40 種，民 45。

10. 林淑惠：《黃叔璥及其臺海使槎錄研究》，台北市：萬卷樓，民 93。

11. 施懿琳：《從沈光文到賴和》，高雄市：春暉出版社 民 89。

12. 洪英聖編著：《畫說乾隆臺灣輿圖》，台北市：聯經出版事業公司，民 89。

13. 洪英聖編著：《畫說康熙輿圖》，台北市：聯經出版事業公司，民 89。

14. 洪敏麟：《臺灣之地名沿革》，南投：台灣省文獻會，民 69。

15. 洪麗完：《熟番社會網路與集體意識——台灣中部平埔族的歷史變遷》，台北：聯經出版事業公司，民 98。

16. 康培德：《台灣原住民史——政策篇（一）荷西時期》南投市：國史館臺灣文獻館，民 94。

17. 張子文、郭啓傳、林偉洲撰：《臺灣歷史人物小傳～明清暨日據時期》國家圖書館，民 92。

18. 張炎憲：《臺灣史論文精選》，臺北市：玉山出版事業股份有限公司，民85。

19. 曹永和：《台灣早期歷史研究》臺北：聯經出版事業公司，民60。

20. 曹永和：《台灣早期歷史研究續集》臺北：聯經出版事業公司，民89。

21. 許雪姬、薛化元、張淑雅等撰文：《臺灣歷史辭典》，臺北市：文建會，民93。

22. 連橫撰：《臺灣通史》，臺北市：眾文圖書，民68。

23. 陳漢光：《臺灣詩錄》，臺中：臺灣省文獻委員會，民60。

24. 黃富三、翁佳音（編）：《台灣商業傳統文化論文集》臺北：中央研究院台灣史研究所籌備處，1999。

25. 楊彥杰：《荷據時代台灣史》臺北：聯經出版事業公司，民89。

26. 楊雲萍：《臺灣史上的人物》，臺北市：成文出版社，民70。

27. 葉石濤：《臺灣文學史綱》，高雄市：春暉出版社，民92。

28. 詹素娟、潘英海（編）：《平埔研究論文集》臺北：中央研究院台灣史研究所籌備處，1995。

29. 詹素娟等（編）：《平埔族群與台灣歷史文化論文集》臺北：中央研究院台灣史研究所籌備處，2001。

30. 蔣毓英等：《臺灣府志三種》，北京：中華書局，民74。

31. 鄭喜夫：〈明鄭晚期臺灣之租稅〉，台灣銀行經濟研究室（編印），《臺灣經濟史第十一集》，台灣文獻叢刊第一一三種，頁97～115。民74。

32. 韓家寶：《荷蘭時代臺灣的經濟、土地與稅務》臺北：播種者文化，民91。

33. 簡後聰等編：《福爾摩沙傳奇——臺灣歷史的源流》，行政院文化建設委員會中部辦公室，民89。

四、研究期刊

1. 中村孝志：〈荷蘭時代的番社戶口表〉，《南方土俗》4.1：42～59。

2. 王世慶〈清代台灣米的外銷〉，《清代臺灣社會經濟》，台北：聯經出版社，頁93～129，民83。

3. 王世慶〈貓霧束藍興庄墾拓史料兩則〉，《史聯雜誌》23：16～22，民82。

4. 王玉輝：〈從《東寧政事集》考察清領之初的台灣社會問題〉臺灣文獻 第59卷 第1期。

5. 永積祥子〈荷蘭的台灣貿易〉，《荷蘭時代臺灣史論文集》，宜蘭：佛光人文社會學院，頁249～326，民90。

6. 永積祥子著，劉序楓譯：〈由荷蘭史料看十七世紀的台灣貿易〉，收於湯

熙勇主編《中國海洋發展史論文集》（台北：中央研究院中山人文社會科學研究所，民 88）第七集。

7. 田哲益：〈臺灣原住民婚前交際與擇偶〉，台中：臺灣源流雜誌，民 96.06。

8. 朱柏松：《臺灣土地制度史之研究──清據時期臺灣的開發及其土地制度》（日本交流協會報告書），民 93.12。

9. 何晉勳：〈六十七兩種《采風圖》與《圖考》之關係考查〉《臺灣學研究》第六期，民 97.12。

10. 吳炳輝：〈孫元衡《赤嵌集》詩中的臺灣風土〉，明新學報，民 94.10。

11. 吳聰敏：〈荷蘭統制時期之贌社制度〉《臺灣史研究》第十五卷第一期（臺灣史研究所），民 97.03。

12. 吳聰敏：〈贌社制度的演變：1644～1737〉民 98.02（未發表）。

13. 宋文勳、劉枝萬〈貓霧涑番社曲〉，《臺灣文獻專刊》3（1）：1～20，民 41。

14. 阮秀莉：〈原住民文學與文化研究：自我與異文化的接觸〉，中外文學，民 96.09。

15. 林玉茹：《番漢勢力交替下港口市街的遷變：以麻豆港為例（1624～1895）》（海峽兩岸臺灣史學術研討會論文）。

16. 林政華：〈臺灣文學起源問題研探〉《臺灣學研究》第二期，民 97.12。

17. 周婉窈：〈陳第〈東番記〉──十七世紀初臺灣西南地區的實地調查報告〉《故宮文物月刊》21（1）：31，民 92。

18. 邱輝塘：〈《全臺詩》之大醇小疵〉《臺灣學研究》第三期，民 96.6。

19. 翁佳音：〈地方會議、贌社與王田──台灣近代史研究筆記（一）〉，《台灣文獻》51.3：263～282，民 89。

20. 翁佳音：〈歷史記憶與歷史事實──原住民史研究的一個嘗試〉，《台灣史研究》3.1：5～30，民 85。

21. 翁佳音〈被遺忘的台灣原住民史──大肚番王初考〉，《異論台灣史》，台北：稻香出版社，民 91。頁 97～102。

22. 康培德：〈荷蘭東印度公司的原住民部落整併〉文化創造與社會實踐研討會（台北：中央研究院民族學研究所）民 97.11，頁 7～9。

23 康培德：〈荷蘭時代大肚王的統治與拍瀑拉族族群關係再思考〉曹永和先生八十壽慶論文集編輯委員會編《曹永和先生八十壽慶論文集》臺北：樂學頁 85-103，民 92。

24. 康培德：〈荷蘭時期與清代平埔族部分社會特質比較〉台中縣文化局（編）《臺中縣開發史學術研討會論文集》臺中縣：台中縣文化局，頁 49-61，民 90。

25. 康培德：〈環境、空間與區域——地理學觀點下十七世紀中葉大肚王統治的興衰〉《台大文史哲學報》59：97～116，民92。

26. 陳捷先：《回顧與展望：故宮檔案與清史研究》（文獻足徵——第二屆清代檔案國際學術研討會）。

27. 馮明珠：〈展圖分明看——十八世紀臺灣原住民分布圖〉，故宮文物月刊，民95.03。

28. 黃春枝：〈原住民的文身刺青〉，苗栗文獻，民94.09。

29. 楊政賢：〈臺灣原住民的酒文化〉，傳統藝術，民94.09。

30. 詹素娟：〈「熟番」身世——臺灣歷史上的原住民〉，臺北文獻直字，民95.12。

31. 詹素娟：〈清代平埔族的分佈與遷徙〉，（台灣語言方言分佈與族群遷徙工作坊），2008.12。

32. 詹素娟：〈瞨社、地域與平埔社群的成立〉，《台大文史哲學報》59：119～141，民92。

33. 鄭瑞明：〈臺灣明鄭與東南亞貿易關係初探——發展東南亞貿易之動機、實務及外商之前來〉《國立台灣師範大學歷史學報》14：頁57～108，民75。

34. 韓家寶〈東印度公司與中國人在大員一帶的經濟關係（1625～1640）〉《漢學研究》18.1：129～152。

35. 羅文華：〈臺灣清代方志中有關原住民傳說之研究〉，臺灣史料研究，民94.07。

（五）學位論文

1. 王幼華：《清代臺灣漢語文獻原住民記述研究》，國立中興大學中國文學研究所博士論文，民93。

2. 王慧芬：《清代番界政策》，台灣大學歷史學研究所碩士論文，民89。

3. 吳梨華：《從文獻資料解讀清代臺灣平埔族的社會文化》，臺南師範學院台灣文化研究所碩士論文，民92。

4. 林偉盛：《荷據時期東印度公司在臺灣的貿易（1622～1662）》，台灣大學歷史學研究所博士論文，民87。

5. 林淑慧：《黃叔璥及其《臺海使槎錄》研究》，國立臺灣師範大學，國文所碩士論文，民88。

6. 林瓊華：《臺灣原住民土地產權之演變，1624～1945》，東吳大學經濟學研究所博士論文，民86。

7. 施懿琳：《清代臺灣詩所反映的漢人社會》，國立台灣師範大學國文所博士論文，民80。

8. 陳虹如：《郁永河《裨海紀遊》研究》，國立臺灣師範大學國文研究所碩士論文，民 88。

9. 詹素娟：《清代臺灣平埔族與漢人關係之研究》，國立臺灣師範大學歷史研究所碩士論文，民 74。

10. 蔡清波：《臺灣古典詩自然寫作研究——明鄭時期至清朝》，國立中山大學中國文學研究所碩士論文，民 94。

（六）電子資料庫

1. 中央研究院（文物圖像研究室資料庫／《番社采風圖》圖象及解說）：http://saturn.ihp.sinica.edu.tw/~wenwu/taiwan/index.htm

2. 中央研究院漢籍電子文獻資料庫（臺灣文獻叢刊）：http://www.sinica.edu.tw

3. 國立台灣博物館（康熙輿圖）：http://163.22.14.153/~KSmap/nuke/index.php

4. 國立教育資料館（臺灣方志）：http://county.nioerar.edu.tw/books.php?page_id=8

5. 國家圖館臺灣記憶（臺灣人物誌（1895-1945））：http://memory.ncl.edu.tw/tm_cgi/hypage.cgi?HYPAGE=toolbox_figure_detail.hpg&project_id=twpeop&dtd_id=15&subject_name=%E8%87%E7%81%A3%E4%BA%BA%E7%89%A9%E8%AA%8C(1895～1945)&subject_url=toolbox_figure.hpg&xml_id=0000008610&who=%E5%AD%A3%E9%BA%92%E5%85%89

6. 教育部（《台灣原住民歷史語言文化大辭典》）：http://210.240.41.130/citing/

7. 教育部（《異體字字典》）：http://140.111.1.40/start.htm

8. 智慧型全臺詩知識庫（全臺詩）：http://cls.hs.yzu.edu.tw/TWP/b/b02.htm

9. 臺灣歷史詞典：http://nrch.cca.gov.tw/ccahome/website/site20/toc.html